BARUCH:

華爾街孤狼 巴魯克

交易市場中戰勝人性的生存哲學

MY OWN STORY

by

Bernard Baruch

伯納德·巴魯克——著 李祐寧——譯

CONTENTS

自序

第一個勸我寫下這一生故事的，是我的孩子。隨著他們慢慢長大，他們經常問：「那些人生正要起步的年輕男女，有辦法做到跟你一樣的事嗎？」或「在這瞬息萬變的世界上，有任何事是不會改變且永恆的嗎？」

此外，也有人希望我能分享自己在華爾街的故事——我發現他們期待從中找到致富的捷徑或必勝法則。當然，還有人更關心我對自己熟識的七屆美國總統——從威爾遜到艾森豪的看法和評價。

接著，更有一些人（我必須承認這些人對我有極大的影響）催促我再次省思自己歷經兩次世界大戰與戰後和平的經驗，探討當時我的觀點是否能應用在現代社會的存亡危機中。

事實上，早在一九三〇年代晚期，我就已開始著手自己的回憶錄，但進度總是一再延宕。隨著希特勒的崛起，我將大部分的時間貢獻給國家，試著讓美國成為戰爭中最堅強的防線。二次世界大戰爆發後，我把所有的精力都投注在如何提高國內資源應用的效率上，以期取得勝利，並試著防止我們再次重蹈曾在一次世界大戰中所犯下的錯。而在戰爭結束後，我致力解決戰後的社會困境，以及國際間的原子能源管制議題。

這些職責不僅讓我沒有餘裕著手回憶錄，甚至給了我更多值得著墨的地方。從這些經驗裡，我得到許多嶄新的視角，更讓我必須改寫先前的文字。

起初，我並不打算將未完成的自傳出版。但要想將美國重建時期和延伸至原子彈所造成的沉痛後果，同時濃縮到單一作品中是極為困難的事情。此外，我也認為一個人的自傳應趁其在世時出版，如此一來，那些對內容有所質疑者，便能和作者進行直接思辯。

就這樣到了八十七歲，我認為是時候該推出第一部了。希望在不久後，我此刻手邊正進行的最後一部，也能跟著出版。

如果你能細細關注我的人格塑成時期，或許會有意想不到的收穫。我想，沒有人能完全根除其童年時期的習慣。我們常常可以發現成年人在面對危機的方式，和他們在成長過程習慣解決問題的方式相差不大。

小時候的我很害羞又膽怯，非常畏懼在眾人面前發言。我的脾氣暴躁難以駕馭。隨著年紀增長，我喜愛上賭博，無論是賽馬、球賽或職業拳擊賽，這些活動至今依舊讓我熱血沸騰，讓我覺得彷彿回到年輕時代。

只要看到別人成功的經驗，就會讓我躍躍欲試。在多年的努力下，我終於學會控制自己的情緒，理解自己擅長哪些事務，並將自己不拿手的任務交給他人。

　如果我的成長過程真有所謂的「訣竅」，那或許就是我有計畫地讓自己接受嚴厲的自我檢驗。當我越來越了解自己，我也越來越了解其他人。

　事實上，在華爾街與業界的日子對我來說，是一個教化人性的長遠課題。幾乎所有出現在證券交易所或其他業界交易中的問題，都考驗著我們該如何從基於人類心理所衍生出的事件中抽絲剝繭，挑出客觀事實。在我離開華爾街、走進公眾領域後，我發現眼前面對的依舊是同樣的難題——在我們所身處的世界裡，我們該如何在事件本質與人性本質間，取得平衡。

　當然，人類本性變化的速度遠不及外在世界。當新的情況出現時，有些人選擇武斷地站在過去，宣稱人類必須堅信往日的教條。有些人則認為每一種新情況都需要「全新」的方法，他們不斷嘗試與犯錯，彷彿歷史從未給予他們任何學習的價值。

　為了讓自身更有效率，這兩種極端情況都必須避免。真正的問題在於我們必須知道何時該與舊真理為伍，何時該踏出嶄新、實驗性的一步。在這部回憶錄中，我試著提出一個方法，協助人們在承受新風險的同時，避免重蹈往日的錯誤。

　我曾經做過的某些事，或許引人議論。但我依舊選擇將自己的失敗與錯誤開誠布公，因為我發現與成功相比，挫折往往是更好的老師。

　在準備回憶錄的過程中，朋友哈洛德・艾彼斯坦（Harold Epstein）、山繆・魯貝爾

（Samuel Lubell）和赫伯・斯沃普（Herbert Bayard Swope）給予我極大的協助。亨利霍爾特出版社（Henry Holt and Company）的羅伯特・萊雪（Robert Lescher）也給予我極珍貴的編輯建議。

第一章

我的父親：南方邦聯軍醫

加入南方邦聯軍隊對父親來說，是最自然、最符合本性的行為。第一次，父親對這個接納他的國度，產生了效忠之心。

一八七〇年八月十九日，我在一棟位於南卡羅來納州卡姆登大街上的兩層樓洋房中出生。但那裡的生活就跟在野外鄉間沒兩樣，緊接在房子後頭的是蔬菜園、馬廄和穀倉。在這些建築物身後，是一片三畝大的田地，父親將此處變成某種「實驗農場」。我記得某一年那裡種滿了甘蔗，父親廢寢忘食地耕種，並將它們視為跟棉花一樣能賺錢的作物。

父親習慣將大段時間投入在「農場」，儘管母親認為父親應該將那些時間奉獻給醫療職務。雖然如此，他依舊是國內最傑出的醫生之一。當他獲選為南卡羅來納醫學協會（South Carolina Medical Association）主席時，年僅三十三歲。他也是國家衛生委員會（State Board of Health）會長，並在重建時期那混亂、甚至有些血腥的政治氛圍中活躍著。

最近，我瀏覽了他早期的病例報告書。穿雜在頁面間的潦草註記中，反映出他的社會傾向。在病症與事故上，他對黑人與白人的方法與態度毫無差別，無論是大腿被魚鉤勾住的年輕小夥子，或因前主人過世而不吃不喝長達十八天、決心餓死的可憐老黑人。

當父親駕駛著一輛兩人座的輕便馬車到郊外時，他經常會帶上我。每當他在讀書或打盹的時候，我就有機會可以負責操控韁繩。有一次，我們在一間簡陋的木屋前停下。父親進入小屋內，我在外頭等著。但沒一會兒，他迅速地走出來，並舉起斧頭砍掉木頭窗板，驚呼著：「裡面的人快要因為缺乏新鮮空氣而死了！」

父親在他那「實驗農場」的作為，反映出他終其一生試著改善社會的志向。在過完我十歲生日的六個月後，我們搬到紐約，他率先在擁擠不堪的廉價出租公寓社區中，建立公共澡堂。當時，我們還住在南卡羅來納州，而該州還沒有成立用於實驗以找出更佳耕作法的農業研發單位。但父親深深明白測試的必要性，儘管他從來沒有耕作的經驗，他依舊在很短的時間內，讓自己成為農業專家。

在他辦公室的醫療書籍旁，堆著一落黃色書背的農業期刊。他在自己的三畝地上，一一測試他從期刊上看到的農業理論。他種出來的棉花、玉米、燕麥和甘蔗，都在農產品交易會上得到第一名。

他贈與別人自己的作物種子，並且總是協助農夫解決難題。有一次，父親買下一塊低窪地，並證明我們可以透過排水管將多餘的水排出。我相信他的做法在當時的美國農業範疇中，絕屬首創。

父親的外表也很值得一提——身高一米八三，挺拔，宛若軍人，黑色的鬍鬚，溫和且果決的藍眼睛。他的衣著總是體面正式。在我的印象裡，從未見到他沒穿襯衫的時候。他總是謙和有禮，擁有溫柔的聲音，和一點都聽不出來他是外國人的口音。

父親，西蒙．巴魯克（Simon Baruch），於一八四〇年七月二十九日出生在波茲南附近的施沃森村莊裡，當時那裡屬於德國。他鮮少說自己的母語。當他的背景被提及時，他會說一個人的出身並不重要，重要的是他的志向。

直到我二十歲，父親帶我到歐洲拜訪他的雙親時，我才終於知道巴魯克家族的一切事蹟。我的祖父伯納德．巴魯克（我繼承了他的名字），擁有一個家族遺物——骷髏頭，上面記載著家族宗譜。根據其內容，巴魯克家族是一個猶太教家庭，應為葡萄牙裔西班牙人，儘管在世代交替的過程中，我們必然地混入了波蘭或俄羅斯血統。

祖父同時宣稱巴魯克家是猶太法學家，負責編纂耶利米（Jeremiah）的預言，其名字也被用在其中一本《偽經》（*Apocrypha*）[1]的命名上。關於這個說法，父親選擇沉默。

祖父和我成為要好的朋友。他不會說英文，但自從我學會德文後，我們兩人一拍即合。他的身高至少有一米八三，一頭漂亮的棕髮，玫瑰色的雙頰，深色的雙眼被厚重的老花眼鏡放大，氣質帶點學者與夢想家的特性。他喜歡坐在啤酒花園中，一邊抽著雪茄，一邊聊天。當父親在家裡陪伴祖母時，我和祖父就以這樣的方式，共度許多時光。

而巴魯克祖母的個性很不一樣，她工作認真、勤儉、嚴厲且務實。她身高不高，有著深藍色的眼睛，而這也遺傳給了父親和我。她的頭髮從中間分成兩半，嚴謹地貼著兩側腦袋向下延伸。她婚前的名字是特瑞莎．古倫（Theresa Gruen），我一直相信她擁有波蘭血統。

一八五五年，父親為了避開普魯士軍隊的徵兵，選擇離開。當年他才十五歲，是波茲南皇家體育學院（Royal Gymnasium）的學生，在相當程度的保密下，他前往了美國。這個舉動需要一點勇氣，畢竟他在美國唯一認識的人只有一位來自施沃森的同鄉：曼尼斯．包（Mannes Baum），此人在卡姆登開了一家雜貨店。

爾後，曼尼斯．包成為了父親的監護人。年輕的西蒙擔任曼尼斯的簿記員，並透過手邊一本翻譯字典研讀美國歷史，學習英文。包先生的太太——也是母親的阿姨、更是兩人結識的媒人，很快就發現這名年輕男孩的聰穎。她說服曼尼斯將父親送到位於查爾斯頓的南卡羅來納醫學院（South Carolina Medical College），後來更到了里士滿的維吉尼亞醫學院（Medical College of Virginia）。

父親一輩子都沒有忘記曼尼斯．包的恩情。曼尼斯也成為了我的中間名。為此我深感驕傲。儘管曼尼斯身材嬌小，但當地人總說曼尼斯「擁有凱撒大帝般的勇氣」。

父親喜歡向我敘說某個惡棍到曼尼斯店裡，要他收回自己的話的故事。在曼尼斯拒絕後，那人用鋤頭鐵製的部位毆打他。曼尼斯的頭皮被割破，鮮血流了下來，但他依舊不肯

---

1 類似於聖經，但未經教會認可的初期教會作品，後作為聖經的補充，以推廣教導與信仰。

退讓。於是對方將他摔倒在地，用兩手的大拇指按住曼尼斯的眼睛，威脅著要把他的雙眼挖出。

「你現在要不要收回那句話？」對方惡狠狠地說。

「不要！」曼尼斯吼著。

攻擊者開始將他的言語化為行動。曼尼斯不斷掙扎。對方的拇指滑掉，曼尼斯用嘴巴將其中一隻拇指緊緊咬住，直到惡棍大聲哀嚎，求他鬆口。儘管這就好像一個用拇指換眼睛的交易，但即便是修訂過的摩西律法（Mosaic Law）也沒有這麼可怕的處置。

父親為什麼要跟我說這個故事呢？他的心中自有想法。在當時的南卡羅來納州，捍衛自己的名譽（即便是為此進行決鬥）是常見的行為。在表揚過曼尼斯．包的勇敢後，父親給予我忠告，「兒子，絕不要容忍侮辱。」

一八六二年四月四日，父親穿著曼尼斯．包給予他的制服與佩劍，加入了南卡羅來納州步兵團第三營。剛畢業的父親立刻被指派為外科助理醫師，但其實他「連割開腫囊的經驗都沒有」，他經常這樣說。

加入南方邦聯軍隊對父親來說，是最自然、最符合本性的行為。就像羅伯特．愛德華．李[2]等許多沒有奴隸、也反對奴隸制度的人那般。第一次，父親對這個接納他的國度，產生了效忠之心。除此之外，所有他在卡姆登認識的年輕人，也都加入了軍隊。

在父親隨著軍隊朝北方推進前，他向從德國來到此地的十七歲弟弟赫曼（Herman）勸戒，要他遠離戰火。九個月後，他們重逢了，赫曼隸屬於邦聯騎兵隊。當父親責備他時，赫曼解釋：「我再也無法置身事外。那些年輕女士臉上的表情我看都不敢看。」

身為一名軍醫，父親看盡了戰爭中最悲痛且駭人的一面。他不常提起這段過往。當我和三個兄弟央求他「告訴我們戰爭的事」時，他通常會趕我們去唸書或做點雜活兒，轉移我們的注意力。

但總有些時候，父親會在四個兒子的環繞下，開始緬懷起過往。其中一個最受歡迎的故事，是他試著阻止邦聯軍在面對從溫徹斯特殺過來的謝里登[3]將軍，節節敗退的情勢，著實令人難忘。

「我看到爾利將軍[4]揮舞著旗子，懇求軍人們停止撤退，」父親回憶道，「我騎馬衝向前，大喊，『集合，看在上帝的份上，快點集合！』北方軍發射的砲彈在四面八方炸開。其中一枚在我頭頂上爆炸。我騎的母馬開始失控，帶著我竄逃。在我身後的男人大喊，

2 羅伯特．愛德華．李（Robert Edward Lee），常被世人稱為李將軍，為美國南北戰爭期間邦聯最出色的將軍。

3 菲利普．亨利．謝里登（Philip Henry Sheridan），美國陸軍軍官，南北戰爭時期的聯邦軍將領，對後期聯邦取勝有著十分重要的貢獻。

4 具伯．爾利（Jubal Early），南北戰爭期間邦聯的將領，為李將軍的重要手下。

『你自己怎麼不去集合一下？』」

另一個深受我們喜愛的故事，則是父親在第二次馬納薩斯之戰（Second Battle of Manassas）中，以戰地軍醫的身分首次登場。當父親向戰地醫院報到時，有位老軍醫正在執行切除手術。對方一眼就看出父親經驗不足，故意遞上手術刀，挖苦地說：「搞不好你會想接手呢，醫生。」父親接受這個略帶挑釁的挑戰，進行他人生中的第一次手術。他表現傑出，贏得了老軍醫的讚許。

儘管父親經歷多場血腥戰事，對於雙方陣營所展現出的騎士精神，他依舊經常掛在嘴邊。當第一次世界大戰爆發時，他在比較之下，認為南北戰爭是「紳士之爭」。其中一件顯示戰場上所表現的騎士精神的例子，更讓他終身難忘，直到一九二一年，臨終前的父親還再度想起這件往事。

在莽原之役（Battle of Wilderness）中的喪生者，也包括了聯邦陣營的少將詹姆斯・沃茲沃斯（James S. Wadsworth），其孫子後來成為紐約州的參議員。當時，他頭部中彈。在發現屍體後，李將軍向聯邦陣營傳話，表示自己很樂意送還如此英勇的勇士軀體給聯邦陣營。當掛著休戰旗幟的救護車載著沃茲沃斯少將的遺體，穿越聯盟陣地時，灰頭土臉的士兵們紛紛摘下了自己的帽子，表達對少將的敬意。

在父親對戰爭的回憶中，從未對北方軍透露出一絲怨懟。這或許和他數次成為戰俘時的經驗有所關聯。

他第一次被俘，是在安提耶坦之戰（Battle of Antietam）。在南山開展的初步會戰中，南卡羅來納第三營遭到嚴重的傷害，指揮官喬治・詹姆斯（George S. James）上校身亡。當邦聯軍開始折返撤退時，父親被指派去照料在布恩斯伯勒教會後院的傷者。他們將一扇門架在兩個橡木桶上，架設了一個簡陋的手術檯，一名身受重傷的軍人被抬上來。就在病患被施打麻醉、父親拿起手術刀的時候，突然一陣槍林彈雨，手術被迫中斷。隨後傷者被抬進教會，手術又繼續進行。

當父親結束手術後，外頭的街道上全是聯邦陣營的騎兵。父親和他的看護兵繼續手邊的工作，直到幾哩外的夏普斯堡炮襲，撼動了大地。一名聯邦軍醫走進來，詢問父親是否需要幫助。這個意外的舉動在父親心中留下了難以抹滅的激動，直到五十多年後，他依舊清楚記得對方的名字。他叫戴利（J. P. Daly）。

外科助理醫師巴魯克成為了戰俘。但他知道自己很快就能重獲自由，因為雙方協議在戰爭中以最快的速度，交換被俘虜的醫生。他在布恩斯伯勒待了將近兩個月，而他也經常說這也是他在軍隊中最快樂的兩個月。接著，他和幾名軍醫搭上火車，前往巴爾的摩。途中，戰俘們得知他們將在車站和南方支持者見面，並住在當地大人物的家中，直到交換戰俘的日子到來。

但負責看管他們的北軍中尉對這份友好的協議並不認同，因此將他們帶去見憲兵司令。結果，憲兵司令為人更親切。他給予父親和另一名軍官在鎮上行動的自由，只要他們發誓隔天會到司令部報到。這兩名年輕的邦聯軍被帶到鎮上一戶有錢人的家中參加了愉快的舞會，直到凌晨兩點。

隔天早晨，用完早餐後，在幾名年輕女性的要求下，他們乘坐一輛沒有遮篷的馬車前往一位攝影師的工作室，和大家進行合照。其中一張由父親仰慕者所付費買下的照片，還掛在我幼時的卡姆登家中。隔日，被俘虜的聯盟國軍醫們前往維吉尼亞州，進行戰俘交換。

十個月後，父親在蓋茨堡第二次被俘。我長大成人後，和父親一起去了蓋茨堡，他形容起戰役，生動的宛如眼前就是當時的戰場般。他一邊說著，一邊用自己的黑帽子比劃著，長長的白髮在風中飛舞。他形容皮克特將軍[5]的軍隊如何在桃園向前移動的文字，就如同一幅扣人心弦的畫。根據父親的回憶，因為邦聯方指揮下令改變前進方向，幾乎所有傷者都是側身遭到北軍射擊。

邦聯軍的戰地醫院設定在黑馬客棧。父親指著沼澤河旁的一處，表示勤務兵會從那裡替軍醫取水。他說自己有整整兩天兩夜都在動手術或看護傷者。

接著，在邦聯軍開始進行令人心碎的撤退行動時，李將軍下達命令，要父親和另外兩位醫生繼續留在醫院，等候進一步的指示——這等同於一道要他們被俘虜的命令。

在等待聯邦軍隊出現的時候，父親和另外兩位醫生忙著燒烤一隻從附近草地上抓到的孔雀。這是三天以來，他們第一次吃到肉。就在他們將最後一根骨頭啃乾淨後沒多久，聯邦騎兵隊出現了。

北方聯邦軍隊對待父親的方式，讓他畢生難忘。一名看起來像是文書官的醫生溫斯洛（Winslow）幾乎立刻找上父親，準備提供他緊急補給品。接著，他帶著父親前往蓋茨堡的衛生委員會倉庫——滿滿的補給品甚至堆放到馬路上，這對在窮困軍隊中服役的南方人來說，根本是前所未見的情況。

這名醫官建議父親向軍需官申請一輛載貨馬車。對此心存懷疑的父親去了軍需官總部，再一次，他為自己得到的待遇大吃一驚。

「請坐，醫生，」年輕的軍官禮貌地說，「這是紐約《先鋒報》（*Herald*），你可以從

5 喬治．皮克特（George Pickett），南北戰爭期間的邦聯將領，李將軍的重要手下。

上面看到李將軍的近況。在馬車到來前，請先看看報紙吧。」

很快地，一輛由騾子拉著的馬車來了，等候父親差遣。他將至少足夠一個月的藥品用量和軍需品搬上車。其中還包括了一大桶置放於木屑中的蛋，還有一些以冰塊冰鎮的酒、檸檬和牛油。

兩名馬里蘭州的女性和一名年長的英國護士，一同協助照料傷者。一名來自巴爾的摩的醫生為父親買了一套上好的手術用具，箱子上還刻有父親的名字。在戰爭結束後，父親將這套用具送到了卡姆登，作為他執業的幫手。

就這樣，父親在俘虜的狀態下度過了六週。突然間，他和其他被虜的邦聯軍被送上載運家畜的車子，前往巴爾的摩的麥克亨利堡。父親和其他邦聯陣營的軍醫，被當成人質。

住在西維吉尼亞州的查爾斯頓，有位聯邦支持者洛克（Rucker）醫生，在一樁謀殺案中被判有罪，並處以絞刑。他的妻子向聯邦政府上訴，宣稱丈夫的判決並不公平。華盛頓宣布暫緩與邦聯國交換醫官戰俘的行動，直到洛克醫生被釋放。

關在麥克亨利堡的日子並不如想像般那樣悲慘，父親總是這樣跟我們說。事實上，他還經常以「在海濱度假村度過的夏日時光」來形容。他和其他醫生在堡壘內享有行動的自由。他們一起踢足球、下棋，還主辦語言學習課程和辯論比賽。最振奮人心的事，莫過於每天都會有年輕女子來堡壘內為戰俘打氣，而那些戰俘則爭著買紙襯領，好讓自己看起來較帥。

其中一位巡佐被收買，讓部分犯人在夜晚時分溜到巴爾的摩。這樣的行為一直持續著，直到幾位醫生錯過早點名。儘管其他犯人企圖替外出未歸的人應聲，但詭計很快就被拆穿。於是管控變得更加嚴格，直到留下的戰俘承諾自己絕對不會逃跑。兩個月後，雙方政府間的僵局因為洛克醫生的逃脫而得以化解。麥克亨利堡的戰犯均被遣返南方。

在麥克亨利堡的期間，父親寫了一篇醫學論文，後來以《胸部雙刺刀穿刺傷》（*Two Penetrating Bayonet Wounds of the Chest*）為題公開發表。在一次世界大戰中，軍醫處處長梅瑞塔・艾爾蘭（Merritte W. Ireland）告訴我，直到當時，這份論文對軍醫來說依舊很有用。

另一個父親說過的故事，則是他在戰爭中的最後一個、也是最為艱鉅的一個任務。一八六四年七月，他被升為軍醫。隔年三月，他被派往北卡羅來納州的湯瑪斯維爾，準備醫院設備，此時南方邦聯軍隊正努力阻止薛爾曼將軍[6]的部隊向北推進。

6 威廉・特庫姆塞・薛爾曼（William Tecumseh Sherman），美國南北戰爭中的北方聯邦軍名將。

在組織了一隊由半職業軍人所組成的隊伍後，軍醫巴魯克將兩間小工廠和一間旅館，改造成醫院病房區。之後消息傳來，有二百八十名來自阿福拉斯戰役（Battle of Averyboro）的傷患要前往這裡，父親立刻派出一支武裝護衛，徵召附近地區的成年男子和大男孩來幫忙。他們負責將兩間教會中的長椅搬出，以挪出更大的空間停放傷患，並蒐集掉落的松葉還有樹節。松葉放進布袋中，充當床墊。並打亮松樹的樹節，作為醫院的臨時指標，好讓那些在夜間搭著火車抵達此處的傷患知道方向。

傷兵情況慘不忍睹，躺在車上的傷者不斷呻吟與咒罵著，鬆脫的棉花上也滿是鮮血。

當天稍早，父親一一拜訪了在地平民人家，拜託婦女烘焙麵包，替傷者準備黑麥咖啡和培根。在他確認每個能進食的病患都吃過了，盡可能地確保他們得到舒服的照料後，他短暫睡了兩個小時，接著準備動手術。

父親和兩名協助他的醫生不眠不休地工作，直到處理完每一位傷患。這是整場戰爭中，最讓父親精疲力竭的經驗。任務結束後，他傳電報給該區的醫療首長。因為他的腦袋出現劇烈的疼痛，他要求暫時解除軍醫職務。接著，他昏過去了。

後來，父親被診斷出染上了傷寒，但他在值班時卻對自己的病症渾然不覺。兩個禮拜後，他恢復了意識，戰爭也結束了。當父親還神智不清地躺在病床上時，聯邦軍抵達了醫院，父親遭到「逮捕」，且在完全不知情的情況下正式得到假釋。

當他可以旅行後，他立刻返回曼尼斯．包位於卡姆登的家，這也是父親在美國唯一的家。傷寒嚴重影響了他的身體，虛弱的父親拄著拐杖返家。與成千上萬名邦聯軍一樣，他一無所有。唯一能讓他繼續行醫的工具、也就是巴爾的摩朋友贈與他的醫療器材。但這些僅有的器材卻被薛爾曼手下的人奪走了。

戰爭在父親身上留下了一個永難磨滅的影響。每當樂隊奏起〈迪克西〉（Dixie）[7]，不管父親身在何處，他都會跳起來吼著當時的口號。

只要音樂奏起，母親便知道將要發生什麼事，我們也是如此。母親會抓住父親的外衣尾端拜託他，「噓！醫生，噓！」但這句話從未發揮效用。我的父親是矜持與莊重的最佳典範，但我曾親眼見過他在大都會歌劇院中縱身跳起，釋放自己尖銳的嘶吼。

7 丹尼爾．迪凱特．埃米特（Daniel Decatur Emmett）在一八五九年時，創作了這首歌曲。作為黑人樂隊演出的曲目，〈迪克西〉在一八五〇年代迅速走紅。隨著南北戰爭爆發，南方人將這首歌作為自己的歌。

第二章

殖民時期的先祖

儘管如此，在物換星移的外在環境下，這個國家的精神卻是歷久彌新。這是一個象徵自由與機會之地，在過了兩百五十多年後的今天，依舊如此。

從父親身世背景來看，我是一名移民者的孩子。但從母親的背景來看，我是一支早在一六九〇年代，便來到美國的家族成員。

母親家中第一代抵達此處的祖先為埃薩克・羅德里格斯・馬克（Isaac Rodriguez Marques），其名字在一些舊時檔案中也拼做「Marquiz」、「Marquis」和「Marquise」。他在一七〇〇年前不久，抵達紐約，他以船主的身分確立自己的事業，他的船和三大洲進行買賣。馬克和傳奇人物威廉・基德（William Kidd）船長，是同時代的人。基德因海盜罪名被吊死，但現在有許多人認為他是冤枉的。基德的遺孀就住在我的祖先埃薩克・馬克家的對面。在基德過世後，她打入上層社交圈，最終另嫁一位富裕且受人景仰的男士。

祖先埃薩克對都市與職業的選擇，顯示出他對商業風向的敏銳觀察。當時的紐約從木板城牆向北延伸不超過兩、三條街。然而，此處依舊是擁有三千五百名居民的繁華之地。其興盛的主因在於此處的殖民地皇家總督班傑明・弗萊徹（Benjamin Fletcher），對於各種海上行為包括海盜活動，抱持寬大的態度。

他歡迎所有水手，包括知名海盜湯瑪斯・圖（Thomas Tew），他在行政官邸款待對方，並稱對方為「讓人愉快且友善的人」。作為回報，海盜湯瑪斯・圖答應放棄新港，將紐約作為自己的根據地。

在弗萊徹總督的統治下，從不詢問貨物來源等使人尷尬問題的紐約，因便於進行各類海岸貿易，而成為足以跟新港、查爾斯頓匹敵之處。曾有人說，在弗萊徹的治理下，幾乎每一位在紐約行動的船主，都涉嫌進行海盜行為。

如果我能宣稱自己擁有海盜的血統，那該有多麼好玩。可惜我蒐集到的檔案，全都不允許我這麼做。證據顯示，埃薩克．馬克的海上冒險事業，全都是合法的。

另一項可以支持此結論的間接證據，應該是在他成為該城市自由人的一年後，突然不再流行海盜這個行業。因為新任總督——貝洛蒙特伯爵（Earl of Bellomont）一上任，就採取和弗萊徹迥然不同的政策，發起一波強烈的反海盜運動。而基德船長就是此波運動的其中一位犧牲者。

貝洛蒙特的改革打亂了部分由紐約資深公民謹慎建立起的商業組織，其中也包括幾位我祖先的朋友。但從埃薩克迅速激增的財富，以及他並未出現在貝洛蒙特反貪腐的黑名單上來判斷，埃薩克並沒有遭到這波反海盜運動的影響。

沒有任何文件或紀錄可告訴我埃薩克．馬克的確切出生日期與地點。其中一項家族傳統認定他是丹麥人，但另一項又讓他成了牙買加人，不過這個推測更為真實。無論如何，他是西班牙裔葡萄牙籍的猶太人。

我所能找到的最早一份關於第一代美國祖先的檔案，日期是一六九七年九月十七日。那天，埃薩克踏上市政廳的階梯，站在市長和自治會市議員的面前，通過適當的檢測並繳交五英鎊後，成為了該市的自由人。這項權益讓他可以參與當地的投票，同時也讓他必須在自衛隊服役。

在埃薩克獲得這些伴隨著自由人身分而來的權利與義務前，他究竟在紐約住了多久我們無從得知，但他想必沒有耽擱太久。儘管不需具備市民身分，任何人都可以在此居住，但該身分給予你「除了獨立自主的市民外，任何其他身分的個人……不可在該城市內以工藝交易技藝或進行勞動職業……不得販售或展示各類商品。」因此，在埃薩克成為自由人之前，他就已經忙碌地開始進行海上事業這份「工藝」與「技藝」。

據傳，他擁有三艘船。我只找到一艘船「海豚號」的記錄，其航線主要有兩條：第一條，從紐約至英格蘭並折返；第二條，紐約到英格蘭，再到非洲奴隸海岸、西印度，接著返航，這也是著名的三角貿易航線。有時，航線會直接從非洲回到紐約，大量地將奴工送往殖民地。

值得關注的是，在「海豚號」的航行中，至少有一次有醫生同行，顯示了其對船員與奴工健康的關心，這在當時的商人與奴隸間，並不常見。另一個值得注意的是，無論埃薩克在殘酷的奴隸航線中累積多少財富，其後代子孫——無論是北方或南方人，已經在各個戰爭中一次又一次地償還出自己的財富甚至是性命。

在他成為自由人的一年後，埃薩克的妻子瑞秋（Rachel）誕下一名男嬰——雅各

（Jacob）。他們還有一個女兒伊絲特（Easter），這個名字來自埃薩克本人的發想。

隨著他的事業漸漸興盛，埃薩克以五百五十英鎊的價格在皇后大街上買下一棟如合約所說的「紅磚大宅邸」，其範圍延伸至東河。在這幢大宅院中，房子佇立的地方正是今日的珍珠街一百三十二號。

在我所讀到的記錄中，可窺見當時紐約管理者在立法規範上的有趣想法。在月光昏暗的時候，根據法律條文內容，皇后街上每隔七戶人家，就會點起一盞油燈懸掛在杆子上，該費用將由所有市民平均承擔。晚上，守衛會帶著鈴鐺在大街上巡邏，宣布隔天的天氣狀況並報時。每隔一段時間，防火員就會檢查所有煙囪與壁爐的爐床。

從他留存的筆記中，可看出埃薩克成功進入有錢人與大人物的社交圈。他在皇后大街上的房子，僅離前市長亞伯拉罕・迪皮斯特（Abraham DePeyster）的宅邸一個街區。糖類進口商尼可拉斯・羅斯福（Nicholas Roosevelt），則是該選區的議員。

埃薩克遺囑的見證人有市長艾比尼瑟・威爾遜（Ebenezer Willson）、第一位在美國出生並擔任殖民地政府職務的瑞普・達姆（Rip Van Dam），以及從船員一路做到船主、販賣奴隸、後來更成為紐約市長並成立紐約第一所免費學校的威廉・派楚（William Peartree）。

比佛街猶太教會拉比亞伯拉罕・盧塞納（Abraham de Lucena），以及另一名傑出猶太市民路易斯‧戈麥茲（Luiz Gomez），應該是我祖先特別信任的摯友，他在遺囑中指名他們協助自己的太太管理財產。

這份簽署日期為一七〇六年十月十七日的遺囑，有著非常奇特的開場：「由於局限在前往西印度群島牙買加的航行上，鑑於思考到死亡的必然性，及死亡時間的不確定性下……」

接著，遺囑寫下了埃薩克的所有遺言。他指名一位被買來擔任他母親貼身女侍的奴隸，也可以享有他的資產。剩餘財產則均分給妻子及兩個小孩：伊絲特和雅各。此外，伊絲特還可以擁有「在她十八歲那年、或在母親同意下結婚時，用來添購珠寶的五十英鎊。」

在這份遺囑之後，關於埃薩克‧馬克的記錄就突然中斷了。我也無法找到其他關於他的孩子——伊絲特、雅各，或妻子瑞秋的相關事蹟。

我經常想起埃薩克‧馬克，尤其是站在即將駛入紐約港的船隻上時。朝著港灣那頭眺望，我忍不住讚嘆起紐約在外觀上的轉變——從埃薩克登陸時眼中所看見的木板城牆到今日，這之間的變化是多麼地讓人吃驚。

儘管如此，在物換星移的外在環境下，這個國家的精神卻是歷久彌新。對埃薩克‧馬克來說，這是一個象徵自由與機會之地，在過了兩百五十多年後的今天，依舊如此。

長久以來，這個國家代表的意義從未改變——即便大環境早就不再與從前一樣，而這也恰恰證明了美國的民族特性有多麼強韌。物質生活一次又一次的革新，而我們依舊站在同個自由的海岸。

—

在埃薩克·羅德里格斯·馬克之後我所能找到的祖先記錄，是埃薩克·馬克斯（Isaac Marks，根據他本人的拼法）。儘管他被列為埃薩克·羅德里格斯的兒子，但其出生年為一七三二年，所以推測比較可能是馬克的孫子輩。

在美國獨立戰爭期間，當大陸軍（Continental Army）從紐約撤往奧爾巴尼時，馬克斯加入了他們的行列，他加入的軍隊為奧爾巴尼郡第四兵團。

一直到了馬克斯的兒子山繆爾（Samuel），才開始建立起母親這一脈在南卡羅來納州的根基。他於一七六二年在紐約市出生。長大後，他搬到了南卡羅來納州的查爾斯頓，開了一間小商店，其中一個女兒黛博拉（Deborah），嫁給了查爾斯頓的猶太拉比哈特維希·柯恩（Hartwig Cohen），她也是我的外曾祖母。

在我認識外曾祖母時，她已年過八十。她是一位追求完美的老婦人，總是披著雅緻的披肩，套著被當時人們稱做「半手（half-hands）」的仕女無指手套。

與所有老人一樣，她的心中裝滿各式各樣的回憶，卻鮮少有近日的記憶。而十一歲的我，成為她往日記憶的最佳聆聽者。她最珍貴的回憶莫過於一八二五年在查爾斯頓舞會上，和到美國旅遊的拉法葉（Lafayette）侯爵[1]共舞。一八一二年的戰爭對她來說，只是兒時記憶。但她從母親口中聽到的故事依舊活靈活現，在美國獨立戰爭開戰時，她的母親還只是小女孩，住在被英軍占領的紐約。

每當我想到外曾祖母，就會猛然驚覺這個國家是如此年輕。透過我的觀察和她的故事，我彷彿榮幸地目睹了這個國家爭取獨立時的歷史。

黛博拉和哈特維希．柯恩的女兒莎拉．柯恩（Sarah Cohen）、也就是我的外婆，在溫斯伯勒認識了一位來自「內地」南卡羅來納洲的年輕商人兼農場主人賽林．沃爾夫（Saling Wolfe），他對她展開大力追求。兩人在一八四五年十一月成婚。在他們根據猶太教會形式所寫下的希伯來文婚姻契約中，點出了新娘的嫁妝和新郎的義務：

「在這個禮拜的第四天、瑪西班月的第二十六日，猶太曆五千六百〇六年，也是自我們在南卡羅來納州查爾斯頓安居、美國獨立後的第七十年。埃薩克之子澤布（Zeaib，也就是賽林．沃爾夫）請求莎拉——祭司澤彼（Zabee）後代黛博拉之女，作為他的妻子，根據摩西與希伯來的律法……莎拉表示願意成為他的妻子，並帶上她所擁有的金與銀、服裝、寢具和傢具，總價值為一千美元，除前述所提，新郎此基礎上添加自己的財產兩千美元，以及作為自己與其後代之遺產，申請人與執行人從今爾後，將替新娘支付澤彼、雅吉爾（Yecheal）之子（哈特維希．柯恩）和耶和華之子以塞亞的基金，除前述所說的金額，還必須加上該城市現所使用貨幣的三千美元，與最有價值的資產……也是他在這世上所擁有或必須取得的資產……」

莎拉和賽林．沃爾夫總共生下十三名子女，其中三名在孩提時代不幸早逝。我的母親伊莎貝爾．沃爾夫（Isabelle Wolfe）於一八五〇年三月四日出生，排行第三，也是家中第一個女兒。在我們家族的聖經上，是如此記錄她的生日，「上帝賜予她祝福。」我總喜歡將這句話當成母親和父親結婚的預言，因為在希伯來文中，「巴魯克」（Baruch）代表「祝福」。

當南北戰爭爆發時，外祖父沃爾夫是一名富有的奴隸主。戰爭摧毀了他，如同戰爭摧毀了他所身處的社會結構般。四年的戰爭過去了，他僅剩一丁點兒的財富，而那些財富也遭到薛爾曼的襲擊隊剝奪。

為了保護手邊僅剩的財物，外祖父沃爾夫將銀子藏在水井中。當北方軍出現並大肆搜

1 吉爾伯特．杜．莫提耶（Gilbert du Motier），拉法葉侯爵，法國將軍、政治家，參與過美國革命與法國革命，被譽為「兩個世界的英雄」。

刮房舍時，一些站在水井附近的有色人開始大聲哭鬧：「噢！他們要發現銀盤子了！」果不其然，他們找到了。房子和其他建築、棉花都被付之一炬，家畜也全被趕走。

當地聖公會的牧師和鎮上一些女性（包括外祖母）找上薛爾曼將軍，請求他停止惡意的破壞行為，但他們卻只得到「無能為力」的回應。

當年幼的我見到外祖父時，他依舊努力不懈地重建家園。他擁有幾個大農莊，為他們帶來如往日般的榮耀。但戰爭時所欠下的債務，幾乎奪走他所有成就。在他英勇不懈地奮鬥後，於八十四歲那年過世，死時依舊清貧。在他生病期間，家人允許他下床坐到火爐前，在傾斜的椅子上好烘烘冰冷的腳。一天，椅子翻倒，他跌進火爐，嚴重燒傷不治。後來的我才知道，他沒有留下任何一點財產，只有滿滿一抽屜的邦聯國鈔票。

外祖父母的家是在戰後重建的，而我非常喜愛童年時期在他們家度過的時光。每天早晨，外祖父都用著英國鄉紳的儀態，替他的馬——摩根（Morgan）安上馬鞍，並騎著牠四處巡視作物。有時，他會讓我們兄弟協助分發每週的糖、咖啡、培根和大米給黑人。而我們兄弟的酬勞是一把紅糖。

我最珍貴的回憶莫過於那條行經夏洛特、哥倫比亞和奧古斯塔的鐵路，當火車從房子後面經過時，我會對著車廂丟石頭。每當我看到火車的煞車手來回走動時，我的心裡就想著如果長大能開火車該有多好。這股熱烈想要擁有一條鐵路的企圖心在我的一生中（尤其是身處在金融業時），未曾消失。有幾次，我甚至試著買下一條鐵路的所有權，但這個夢想最終沒能開花結果。

其中一件發生在母親舊家的事，是我們全家最喜愛的故事。在南北戰爭開始前，父親曾到外祖父賽林．沃爾夫的家中作客，並開始對他們家的大女兒——伊莎貝爾，產生好感。戰爭期間，只要父親休假返鄉，他們就一定會碰面。在其中一次的會面中，伊莎貝爾親手畫下這位年輕醫生的畫像。

當薛爾曼手下的突擊隊放火燒賽林．沃爾夫的家時，十五歲的母親救出了這幅畫。那時，母親抱著這幅畫跑過院子，當時一名北方軍試圖從她手中奪下這幅畫，並以刺刀劃破。但母親堅持不肯放手，對方還因此打了她一巴掌。

後來，另一名北方軍康坦（Cantine）上尉衝上來，用刀背打退那名窩囊的士兵。年輕的伊莎貝爾自然非常感激對方如騎士般的舉動。在聯邦軍離開溫斯伯勒前，一段羅曼史因而悄悄地開展。

當西蒙．巴魯克自戰爭中返家時，發現他和伊莎貝爾的感情陷入危機。她和康坦上尉交換情書，兩人之間的聯繫持續了好一段時間。但西蒙．巴魯克很快就將主控權奪回來。一八六七年，在他以醫生身分開始執業後，順利與我的母親伊莎貝爾結婚了。

他們有四個孩子，全都是男孩。最年長的哈特維希（Hartwig）生於一八六八年；兩年後，我出生了；一八七二年誕下赫曼；一八七四年，賽林（Saling）誕生。

在第一次世界大戰中，我曾任戰時工業委員，當時有一名訪客出現在我的辦公室裡，請我幫他飄洋過海，抵達戰爭最前線。他帶著一封母親手寫的引薦信。

母親在信裡寫道：「攜帶此信者，是康坦上尉的兒子。我知道你一定會盡己所能地協助他。」

第三章

鄉村男孩

在教室的角落會放著一些備用的棍子，我不記得那些棍子是否曾經落在我的身上過，但我忘不了在華萊士先生的教室中第一次感受到被自己良心鞭打的滋味。

在經歷薛爾曼突擊隊的攻擊後，母親家裡遭到極大的變故，導致她再也沒能好好打扮自己。但隨著父親的事業逐漸步上軌道，她開始以每堂課二十五分硬幣的收費，教人彈鋼琴或唱歌。此外，她也負責販賣澤西牛所產的奶與牛油，這群牛同時也是父親的驕傲。

儘管如此，母親依舊保留了一項奢侈的習慣——她總是在床上用早餐。每天早晨，我和另外三個兄弟會到她的房間接受檢查。「讓我看你們的手指頭。讓我看你的耳朵。你刷牙了嗎？」在經過一番檢查後，我們往往還是要到浴室好好梳洗一番。

回首當時，卡姆登只是一個住著兩千人的小鎮，其中有一半是黑人。在獨立戰爭之時，卡姆登被康沃利斯[1]勳爵占領。在這裡，有一個觀光景點是一名女子的墳墓，她是艾倫・格拉斯哥（Ellen Glasgow），跟著自己的戀人康沃利斯將軍遠走他鄉，來到美國。每當鄰近的沃特利河泛濫時，附近的黑人就會說艾倫的鬼魂擁有魔力，可讓河水遠離她的墳墓。

卡姆登曾出了六位將軍，全都上了當時被稱為聯盟戰爭（Confederate War）的戰場，卡姆登對於這個歷史還是非常自豪的。與所有南方城鎮相同，戰爭讓卡姆登的經濟陷入困境。然而在我記憶裡，卻從未感受到家裡經濟出現窘迫的情況。

我們住在一幢寬敞、舒適的房子裡，擁有和鄰居差不多的物質環境。在父親的收入中，有很大一部分是採取「以貨物交換服務」的形式——一捆木柴、一大袋棉花，一落玉米、雞、小馬或小牛，或是一日的農活。我們自己種植用來食用的蔬菜、水果和莓果，處理莓果的方式通常會採用風乾或醃製，以供冬天使用。我們也在院子裡種布拉斯李子、胡桃、桑樹。當桑樹沒有產果的時候，家中的黑人護士米諾娃（Minerva）便會要我們用細軟枝條鞭打樹幹，這樣就能確保明年會採收到桑椹。

連糖也是我們自製的，直到後來搬遷到北方，我才知道原來也存在著不是黃色的糖。等到了秋天，大家會一起撿拾山核桃和胡桃。只有在特殊節日如聖誕節，我們才會拿到糖果、橘子、香蕉和葡萄乾。平日最常購買的物資則是衣服、鞋子、咖啡、茶、鹽和香料。而書籍、雜誌和查爾斯頓的《新聞信使報》（*News and Courier*）[2]則屬於珍貴的物資，常常挨家挨戶地傳閱。

草莓慶典和馬戲團的到來，是令人雀躍不已的時刻。此外，當地的戲劇社也會在卡姆登市鎮廳表演莎士比亞的詩歌朗誦會或舞台劇。在某一場由威廉・崔弗斯（William Travers）主演的《凱瑟琳・麥福林》（*Kathleen Mavourneen*）中，我的母親在劇中擔任女

---

1 查爾斯・康沃利斯（Charles Cornwallis），美國獨立戰爭時於一七七八年至一七八一年擔任北美英軍副總司令，在約克鎮圍城戰役中大敗，率軍投降。

2 現稱為《信使郵報》（*The Post and Courier*）。

主角，叔叔奈森·巴魯克（Nathan Baruch）則扮演小惡棍。在一幕高潮戲中，小惡棍拿著刀子威脅女主角，在台下的我看見叔叔奈森耀武揚威地揮著刀，母親一臉驚恐的樣子，實在讓我暗暗著急。於是，我忍不住跳到椅子上哭著大喊：「奈森叔叔，你不要欺負媽媽！」當時，台上的演員全都呆掉了，接著我就被半推半趕的趕出了戲院。

小時候的我非常害羞且敏感，經常黏著母親。晚餐時，我總是坐在母親的右手邊，為了保留這份特權，我總是拼盡全力。在我結婚後，我讓妻子坐在母親習慣會坐的位子上——而我會坐在她的右手邊。

母親曾教我們如何朗誦，大我兩歲的哥哥哈特維希展現了不凡的天分。事實上，他後來也成為演員。但對我而言，要在大家面前演講實在太痛苦了。

我從未忘卻某天晚上在曼尼斯·包家中所發生的災難性經歷。母親牽著我的手，帶我走到房間中央，要求「說些什麼吧，親愛的。」

儘管我緊張得要死，卻以歌頌般的聲音開始說。這件事是如此深烙在我腦海，直至今日我還記得自己當時開場時所使用的詩，是摘錄自蘇格蘭詩人湯瑪斯·坎貝爾（Thomas Campbell）的作品《霍亨林登》（*Hohenlinden*）：

在林登，太陽西沉，

蒼白之人倒在罕無人跡的新雪上；
如冬夜般濃黑的伊賽爾河，
奔湧流去。

當我念到這裡時，父親將一隻手指舉起，放到鼻子旁，弄出一個聲音，聽起來就像是：掰掰啦！

這個舉動讓我瞬間呆若木雞。接著，我衝出房間，在自己向來畏懼的黑夜中一路奔跑回家，並哭著入眠。

在往後的日子裡，父親總是一再告訴我，他有多麼後悔自己開了那個玩笑。我心中對於掌握演說這門技藝的小小希望，也幾乎被這個事件摧毀。在接下來的幾年內，我幾乎無法在不想起「掰掰啦！」的情況下，起身說話。

有一次，我和威爾遜總統提起這個故事。最初，他為了安慰我於是說，「這個世界上有太多愛說話、卻不愛做事之人。但他們的話根本無人在意。我絕不建議你學他們。」

但我不同意。我認為擁有想法很重要，但一個男人懂得如何清楚表達自己的想法也同等重要。

後來，威爾遜總統幫我改善表達的能力。在巴黎和會（Paris Peace Conference）期間的某天晚上，他花了很多時間教我該如何優雅而不是莽撞地表現手勢。「你應該這樣做。」他一邊解釋一邊慢慢地做出手勢，「但絕不要這樣！」他猛然地戳一下，生動地模擬他的意思。

其他朋友也幫了我不少。我有一個習慣，總是將話語從緊閉的雙唇中擠出來。赫伯·斯沃普總是說：「看在老天的份上，張開你的嘴！」一九三九年，我受邀在電台上對教宗庇護十一世（Pope Pius XI）的過世，發表簡短演說。當我一邊發表演說時，另一頭斯沃普不斷用臉部表情提醒我：「張開你的嘴巴。」

—

在我四歲或五歲時，我開始在威廉·華萊士（William Wallace）夫婦管理的學校上課。學校離家約一英里，我總是和哈特維希一同走路上學，帶著我們的午餐——用裝飾襯紙包著並放在鐵盒中。那時候，「餐巾紙」是你用來清理嬰兒的紙，有很長一段時間我還以為那是一個不好的字。

華萊士太太負責管理今日我們所稱的幼稚園。「教室」就是她的廚房。當她忙著照顧自己的嬰兒或準備大家的午餐時，我會趴在地板上學習字母。而華萊士先生則在另一棟放有長椅和簡陋桌椅的建築中，負責管理更高年級的學生秩序。

華萊士先生是一位好老師，儘管他使用的方法在今日或許不能得到社會的認同。如果有人不專心，他會用尺打他們的指節或手掌。持續的分心和其他更嚴重的違規事項，則會遭到一頓痛打。那時，在教室的角落會放著一些備用的棍子，我不記得那些棍子是否曾經落在我的身上過，但我忘不了在華萊士先生的教室中第一次感受到被自己良心鞭打的滋味。

在某天下午的課後，我看到一個男生將紅白相間的薄荷棒棒糖放在桌上。店裡的糖果對我來說是如此稀罕，我的意志力抵抗不了誘惑。我和朋友一起計畫著該如何偷走糖果。

等到學校下課，空無一人的時候，我們溜了回教室，在建築外匍匐前進，用手將一塊鬆脫的地板用力推開，並擠了進去。我們拿走了糖果，跑到樹下開始吃起來。

曾經有那麼一瞬間，罪惡感出現在我心中。嘴裡嘗著的薄荷糖似乎也留下了一絲苦澀的餘韻。說來奇怪，在往後的日子裡，這件事不斷縈繞在我心頭。

有一次，當我剛進入華爾街時，當時最著名的投機者詹姆斯·基恩（James R. Keene）要我調查一間新公司——布魯克林燃氣公司（Brooklyn Gas）的證券。調查結果告訴我，這是一項優良投資項目。接著，一名負責銷售該公司股票的年輕人找上我，以一千五百美元的代價，要我做出一份正面的評價。

一千五百美元對當時的我來說，是一大筆錢。但薄荷棒棒糖的回憶突然竄進腦中，因此我拒絕了對方。此外，對方的舉動讓我對股票本身產生疑慮，於是我再次展開調查。在交給基恩的資料中，我也向他報告了這件事。

華萊士學校的操場上，也是一個試煉所。你必須戰鬥，否則就會被視為膽小鬼。哥哥哈特維希天生就是打架好手。我則不同，我花了許多時間才摸清楚打架的技巧，以及如何保持冷靜。

我最大的問題在於易怒。我很胖、滿臉雀斑，在男孩中身形矮小，自從「胖克」（Bunch）成為我的暱稱後，所有事情都與之脫不了關係。被打的恥辱並沒有增進我的自信，也沒能改善我的脾氣。

有一次，哈特維希拿走我的釣竿並一溜煙地跑到街上去，我追了出去，並撿起一顆石頭憤怒地朝他扔過去。當我發現石頭就要砸中他時，趕緊發出警告。哈特維希聽到了轉過頭來，不偏不倚地用嘴巴接到了石頭。從此，他的嘴唇上留下一條永久性的疤痕。

另一次，我們去探望外祖父沃爾夫，結果我在早餐桌上發起脾氣。我想不起來自己生氣的原因，但我當時實在氣到了極點，於是我衝過桌子，抓起一塊肉塞進自己的嘴巴。我沒有傷到自己，但我的肉是從祖母盤中「捕」過來的。

在卡姆登的男孩們分成兩派，其中一個我們所屬的派別，叫做「上城」，另一派比我們凶狠的，叫做「下城」。在這樣的派別中，隱藏著我當時還不能明瞭的社會衝突。舉例來說，每天晚上「上城」男孩都需要洗乾淨他們的腳，但「下城」的人很少這麼做。

雙方的競爭非常激烈。每年發生在我們兩派人馬間的棒球賽，是一項非常興奮人心的活動，我們通常會在舊監獄後頭的空地上舉行比賽。在某一場球賽中，我試著將球打向三壘。我沒能成功，卻撞到了壘包上的對手，他的球掉了。雙方立刻開打，而我也一如往常般輸掉勝利。

我們的生活，確實有《頑童歷險記》或《湯姆歷險記》的色彩。每當我看到馬克·吐溫的書、克萊爾·布里格西（Clare Briggs）的卡通，或H·T·偉伯斯特（H. T. Webster）的《生命最灰暗的時刻》（*Life's Darkest Moment*）時，我心中總會湧起一股對孩提時代的思念。

每年春天，沃特利河就會侵襲卡姆登郊區。對大人來說，淹水是一場災難，但對小孩來說，災區就是我們的遊樂場。我們會製作小木筏，在不超過一英里的範圍內探索災區。每當洪水消退，我們就滿心惆悵，望著河水感到空虛。

最佳釣魚場所與游泳之處，則是工廠池塘，這個池塘也替馬龍磨坊——棉花壓縮兼玉米碾磨場帶來動力，有時還是施行洗禮的地點。在漫漫夏日裡，每天都有水上活動。由於我們這群孩子只有一件襯衫和褲子，因此在奔跑到池塘的沿路上，我們便會一一解開所有扣子。當我們一掙脫了衣服的束縛，便毫不猶豫與停頓地像牛蛙一樣「砰！」地跳進水裡。

池塘裡有排成一行的第一木樁、第二木樁、第三木樁和第四木樁。我還記得自己第一次成功游到第一木樁並折返的那一刻，我的內心有多麼地雀躍。接著，我游到了較遠的第二木樁。然而，當我正努力達成更遠的第三木樁的目標時，我們全家搬離了南卡羅來納州。

在鎮上，幾乎所有男孩都會搜集鳥蛋，我們還時常彼此交換。哈特維希特別擅長爬樹，儘管母親對於我們兄弟倆去打劫鳥巢之事總是感到非常不悅。哈特維希跟我也會用裝填式獵槍，在樹林中打些野味。

我人生中第一次學會開槍，應該是在六歲或七歲時。我們和父親達成協議，只要我們在父親的田裡和黑人們一起採摘棉花，父親就會給我們一些零錢。我們會將這些錢拿去購買火藥。我們的槍用一個舊皮套裝著，火藥粉則裝在一個中心挖空、外觀薄透的牛角裡。

當我們去狩獵時，總會帶上夏普（Sharp）。夏普是爸爸的一位病患送的白色英國獒犬。雖然夏普心中的主人是哈特維希，但牠也願意陪伴其他人，更是孩子們最忠實的伴侶。牠總是和我們一起游泳，也會跟我們一同去學校。牠善於捕鼠，每當夏普用牠厚重的腳掌猛烈挖著玉米穀倉下的土、企圖找出老鼠的時候，在一旁看著這一切實在是件非常有趣的事。然而，當我們搬到北方時，父親卻將夏普送給朋友了。那場與夏普的離別是我一生中，最讓人鼻酸的回憶之一。

父母很少用言語之外的方式譴責我們，除非我們過分調皮或惹出麻煩時。在我印象裡，從來沒被父親或母親打過。父親傾向以更嚴格的方式管教我們，但每當他氣急敗壞準備教訓我們時，母親就會上前制止他。我會聽到她說：「好了，醫生，不要對孩子們這麼凶，不然他們可就不愛你了。」

但這不代表我們不懂被打屁股的滋味。我們家的黑護士米諾娃可不喜歡溫和式的教育。在她年邁之後，她不時會來南卡羅來納州的農場拜訪我，並開心地向那些來自北方的客人們，描述她自己在過去如何在我調皮的時候懲罰我。

說真的，我非常畏懼米諾娃的右手，我的兄弟們也是，但更讓我印象深刻的是她為我們說的故事，以及她的歌聲。

米諾娃有著原始黑人所保有的迷信觀念。對她來說，樹林、水、田野，甚至是我們的後院及花園中，都住著孤魂野鬼。有一次，她向我們解釋黑人一向不太喜歡在家中安裝玻璃窗的原因，是因為野鬼會透過玻璃窺視屋內。

因為米諾娃的關係，我認識了布雷爾兔（Brer Rabbit）、布雷爾狐狸（Brer Fox）、布雷爾龜（Brer Terrapin）等喬爾・哈里斯[3]在其《雷摩大叔》（*Uncle Remus*）系列中，所塑造的角色。

米諾娃經常會唱一首悲傷的歌，歌詞說著一隻叫鮑恩（Bolem）的獅子失去了牠的尾巴。直到現在我還依稀能聽見她淒婉的歌聲：

鮑恩，鮑恩，你的尾巴呢？
鮑恩，鮑恩，你的尾巴呢？

接著，掉落的尾巴就會回答：

鮑恩，鮑恩，我在這兒。
鮑恩，鮑恩，我在這兒。

鮑恩的悲劇和永無止盡的「尋尾」之旅，對我來說都是真的。在許多個夜裡，只要想到鮑恩在外頭遊蕩的尾巴，就會讓我輾轉難眠。

我愛米諾娃，正如她愛我那般。這一生，她從未停止用熱烈地擁抱和親吻向我打招呼，表達對我的愛，因為我這輩子都是她的孩子。

她自己也有許多孩子，儘管她從來沒有結婚。她總會對母親說：「伊莎貝爾小姐，我又犯了另一個錯。」過去，我們總會和她的孩子及附近的黑人小孩一起玩耍。我對米諾娃的兒子法蘭克（Frank），印象特別深。無論是釣魚、打獵或設陷阱捕鳥，他總是第一名，我對此敬佩不已。但最殘酷的事莫過於當我們長大後，我這才懂得在白人與黑人之間存在著如此大的鴻溝！我真的不明白，法蘭克怎麼可能比我們差。

在我五、六歲時的某個秋天，我和哈特維希在家中的閣樓中玩著探索遊戲。我們試著找出一個地方，收藏我們在每年秋天搜集到的堅果，就像松鼠那樣。無意間，我們發現一個用馬皮蓋住的箱子，看起來是個收藏堅果的好選擇。打開後，我們看到父親的邦聯軍服。經歷一番更仔細的搜索後，我們拉出一件有著白色連帽的長袍，胸前還有紅色十字——這是三K黨的標誌。

3 喬爾·哈里斯（Joel Chandler Harris），美國記者、小說家，最著名的作品是《雷摩大叔》系列。

現在，三K黨成為了背負著仇恨與偏見的標誌，但在一九二〇年代，他們在南方獲得了不容小覷的勢力，並進行了許多活動。我有很好的理由可以告訴你們，為什麼我會認識現代的三K黨，因為我也是他們憎恨的目標之一。

但回到重建時期的南方，最初的三K黨領袖納坦．弗雷斯特（Nathan Bedford Forrest）將軍對人民來說，是一位偉大的英雄，努力拯救南方，使其免於外來政策的蠶食。對我和哥哥來說，想到父親居然屬於這個組織，就讓我們幼小的心靈充滿無比的崇敬。

由於我們過於專心地玩弄父親留下的這些服裝，導致我們根本沒聽到媽媽踏上閣樓的腳步聲。她狠狠地訓斥了我們一番，並要我們發誓絕對會保守這個祕密。這是一個重大的祕密。當時，三K黨被聯邦政府視為非法組織。只要你能讓其成員被定罪，就能得到大筆賞金，因此有不少間諜默默潛伏在南方，伺機試圖揪出這些三K黨成員。當我和哥哥從閣樓上走下，我們感覺到自己又長大了一些。

戰爭對經濟的衝擊是如此嚴峻，而那些趁著南方戰後情勢不定、趁機牟利者，讓情況更加難堪與漫長。即便現在的南方已經非常富裕，但昔日在政治與種族上的陰影依舊揮之不去。

這些外來政客[4]主要是透過那些得以控制黑人選票的無賴們，來維持自己龐大的權勢。他們經常利用種族傷痕、奴隸史和戰爭，來刺激那些較沒受過教育的黑人。最終，被他們傷得最深的，還是黑人，而美國的種族關係的進化之路也因此延宕了至少二十五年。

在我全部的童年記憶中，任何曾經加入邦聯軍隊的白人，都不能投票，但所有黑人都可以投，即便有些人根本連自己的名字都不太會寫。我們州的參議員是黑人，縣審計官和督學也是——儘管在州裡，幾乎不到三分之一的公務人員是黑人。簡而言之，那些在華盛頓的黑人共和黨宣布他們將永遠持續這種狀態。

這樣的暴政實在令人難以忍受，連我的父親都忍不住寫信給舊時的邦聯軍隊同袍，說自己寧死也不願苟活在這樣的環境中。「在失去一切時，我們還有一個求助的對象，那就是劍。」父親寫的信在克勞德・鮑爾斯（Claude Bowers）的《悲劇年代》（*The Tragic Era*）中，被引用。「活在這樣的暴政下有何意義，如果我們可以快樂地為自己的意志犧牲，又為何要承受這種道德與肉體的壓迫？」

這個議題在一八七六年韋德・漢普頓（Wade Hampton）將軍和現任外來政客市長丹尼爾・張伯倫（Daniel H. Chamberlain）的州長競選中，得到解答。我清楚記得那場漢普頓在卡姆登舉辦的媒體見面會，當時，每個街角的樹脂桶都被點亮了。其中有一個競選口號，是我們所有男孩都會喊的：

---

4 在美國歷史上，外來政客特別指的是那些在南北戰爭後，在重建時期搬到南方居住的北方人。

漢普頓吃雞蛋，
張伯倫吃蛋殼，
漢普頓上天堂，
張伯倫下地獄。

讓這個口號份外吸引人的原因在於，這是我第一次可以光明正大地使用「地獄」一詞，而不受處罰。

在往後的歲月裡，父親告訴我們許多關於漢普頓如何在這場黑人優勢的選舉中痛擊對手的故事。其中一個策略，是將選票分發給選舉日時正在外地進行表演的馬戲團團員。另一個策略則是反過來使用對方的手段：善用黑人的純真。

在那個時候，每位候選人會分配到幾個獨立的票箱。儘管多數黑人看不懂箱子上的字，但他們在排隊時，總會有人告訴他們哪個票箱是共和黨的。當一群黑人擠在一起等著投票時，漢普頓的人朝著空中鳴槍，並在接下來的騷動中，調換兩名候選人的箱子。混亂中，所有的黑人都急著衝到最前面完成投票手續。於是，許多選票就這樣掉進了漢普頓的箱子。

十歲那年的另一個投票日，父親因為職業或政治因素而不在家（也有可能是兩個原因兼有），畢竟在那些日子裡，每次的政治活動結束後，醫生都會變得非常忙碌。某天，一陣嘈雜的聲音靠近了屋子。母親驚覺了。她要哈特維希和我去拿出自己的獵槍。

我們取出了槍——單管和雙管的前膛槍各一支。母親要我們先填好火藥，並在二樓的走廊上擺好射擊位置。

「絕對不要亂開槍，除非我叫你們動手。」她謹慎地警告我們兄弟

我們穩當地站在位子上，心臟劇烈地砰砰跳動，舉著一把跟自己差不多高的獵槍，看著門外的黑人們在街上遊行。他們喝著廉價的威士忌，打算去參加投票或示威行動。

後來發生的事情，我的印象有些模糊。我記得自己看到一個黑人從後面的樹上跌下來。瞬間，所有人都開始竄逃。我們衝下樓，跑到那名男子躺著的地方，看看發生了什麼事。他的頭被類似斧頭的武器砍傷了。母親急忙端來一盆水，開始清理傷口。我不知道那名男子後來的情況如何，但肯定活不長，那可是個致命的傷口。類似這種性質的傷亡並不罕見，而受最多苦的通常是黑人。

正是在這樣的時空背景下，我們發現父親是三K黨的一份子，這個發現違反了我們過去所知道的一切。記憶中，他不是一個喜歡使用暴力或展現恨意的人。有一次，一名南方共和黨白人即將過世，父親被召了過去。回家後，父親說沒有任何朋友或至親家人來探望

那位垂死的男子，「看到人們因為不同的政治傾向而漠視人性」，著實讓人感到悲傷。

父親也從未對黑人抱持任何偏見，更不曾怨恨北軍。他責備南北戰爭兩方人馬中的極端分子，不願用理智的方式解決爭端。他認為亞伯拉罕．林肯是一位偉人，要是他還活著，他一定能將分裂的國家再度團結起來。

然而，重建時期的法規大大打擊了父親，而他也努力地想讓南方脫離困境。而黑人受這場鬥爭的牽累實則是一樁悲劇，而這樁悲劇的影響至今仍未消失。

——

如同所有男孩，我也有孩童時期的英雄。他們鮮少是來自書籍，多半都是我們親戚或社區的偶像。

從小到大，我都相信羅伯特．李是集所有美德於一身的人。父親總是引述李將軍的箴言，來管理我的品行：

「凡事盡責。如果你做不了這麼多，也不該期望做得更少。」

博雷加德（Beauregard）、石牆．傑克森（Stonewall Jackson）和傑布．史都華（Jeb Stuart）三位將軍，則是我心目中崇拜的其他偶像，他們就像獨立戰爭中的馬里昂

（Marion）、薩姆特（Sumter）和皮肯斯（Pickens）等人一樣英勇。就連喬治・華盛頓的地位也沒有比那些在泥濘中作戰的軍人來得崇高。

除了這些軍事家偶像，我最喜歡的英雄莫過於曼尼斯・包、赫曼和喬伊・巴魯克（Joe Baruch）叔叔，以及叔公費雪・柯恩（Fischel Cohen）。

赫曼叔叔因承受不了女士們譴責的目光而去從軍，他天生就是一個無憂無慮且愛花錢的人。在離開了當時已成為卡姆登最大貿易商的曼尼斯・包商店後，赫曼叔叔自己開了一間店。他總是將自己去紐約進行採購時所發生的故事說給我們聽。但最讓我們驚奇的是，他從來沒有忘記替家中每個成員採購禮物。

喬伊叔叔是父親最小的弟弟，在德國時曾加入烏蘭騎兵隊。他是眾人公認的「運動家體型」，他更在我們家後院設置了單雙槓，並教我們該如何表演。我的莎拉阿姨是媽媽最年輕的妹妹，從小跟我玩在一起，經常從溫斯伯勒來探訪我們，並且時常加入我們的單槓遊戲。我還記得當她用腳趾將自己掛在橫槓上時，大家的表情有多麼吃驚。

我非常崇拜叔公費雪・柯恩，他曾替博雷加德將軍的成員操作電報，而且可以連續好幾個小時滔滔不絕地說著各種他在戰爭時期所遇到的有趣故事。

「沒錯，」他總是這樣說，「在戰爭中我是一名勇敢的男子，總是身處在戰場上火藥味最濃厚的地方——載運火藥的馬車下。」

費雪叔公還會談班卓琴，腦中還有唱不完的歌。其中一段副歌是這樣的：

我情願當一個私人家鄉護衛軍，
也不要當一個受傷被帶回家鄉等死的准將。

我還記得許多個晚上，費雪叔公會彈著班卓琴、母親以鋼琴伴奏，所有聚在房間裡的朋友則會一起唱著南方歌曲，度過愉快的夜晚。其中一首我有七十餘年沒再聽過的歌曲，其每一句都是這樣結尾：「鐘都將為莎拉敲響。」

身為一位頗具才華的業餘演員，我的母親總是深切希望她的兒子可以演奏樂器和唱歌。關於這點，四個兒子都辜負了她。只有哈特維希跟賽林學會演奏樂器，而他們學的都是班卓琴。而我連吹口哨都很難吹出一點音調。

另一個讓我偷偷崇拜的當地人，則是著名的決鬥家伯根・凱斯（Boggan Cash），他來自切斯特菲爾德縣。他的父親凱斯（E. B. C. Cash）上校曾指揮過父親所屬的營隊。當時，年輕的伯根還不能參加南北戰爭，但他用盡一切心力，將錯過的機會投注到射擊訓練上。

在我小時候，「決鬥」在南卡羅來納州很常見。卡姆登儼然就是決鬥上演的中心。我還留有一些記憶，兒時曾觀看伯根進行射擊練習，旋轉、並射擊設置在工廠池塘岸邊的金屬假人。有時候，他會讓其中一位年紀比較大的男孩替他喊，「準備，開槍！」

其中一場有凱斯家族牽涉其中的決鬥，讓父親決定離開南卡羅來納州，並因此對我造成深刻的影響。

一切肇因於凱斯太太的其中一名兄弟，在飲酒狂歡的場合中侮辱了另外一位男士。為了逃避法院的判決，凱斯太太的兄弟將部分財產轉移到姊姊名下。身為被侮辱男士代理人的威廉·雪儂（William M. Shannon）上校，以推定詐欺罪向凱斯太太的兄弟提起訴訟。

凱斯太太、凱斯上校和他的兒子伯根視這項罪名為侮辱，他們開始對個性溫和的雪儂上校展開挑釁，而他也很有耐心地忍受了一年。最後，雪儂上校忍不住了，要求和凱斯上校進行決鬥。

雪儂一家和我們非常親近。雪儂上校曾試著帶領大家重新舉辦農產品交易會，他認為這樣可激勵眾人發展更棒的農耕技術。母親也經常以他作為我們學習禮貌的典範。

決鬥的日期是一八八〇年七月五日，地點是達令敦縣的杜波塞橋上。父親希望可以避免流血，因此在雪儂上校不知情的情況下，告訴警長決鬥的時間和地點。警長承諾他將會在決鬥時現身，阻止雙方的對峙。

第一個抵達決鬥地點的人為雪儂上校，陪伴他一同前往的還有他的私人醫生伯納特

（Burnett）、決鬥助手，和幾名朋友（包括父親）。幾分鐘後，凱斯上校也抵達了，然而警長卻不見蹤影。

助手開始測量地面距離，並透過抽籤來決定位置和給予信號的方式。警長依舊沒有出現。

兩位主角站到他們的位置上。當口號一發出來，雪儂上校立即開槍。子彈擊中凱斯上校身前的地面。凱斯從容地瞄準並開槍，雪儂倒下。當人們衝向他時，他已回天乏術。幾分鐘後，警長奔馳而來。

這是美國本土所發生的最後一場決鬥。其後果引起極大的騷動，畢竟，雪儂上校是卡姆登最受尊敬的人。我記得當時有一群表情嚴肅的人帶著來福槍與獵槍，騎著馬來找父親。在這些人之中，我認出其中一個是雪儂上校女兒的未婚夫。

父親允許他們進入辦公室。很快地，他們又走出來，跳上馬，慢慢地騎遠。父親說服他們，希望他們千萬不要動用私刑，殺掉凱斯。人們群起激憤，替雪儂上校報了仇。過去在社區中總是高人一等的凱斯，遭到眾人的放逐，並落得和阿龍．伯爾[5]同樣的下場。

這場悲劇也警醒了立法機關，嚴正重視南卡羅來納州的決鬥，並解除曾參與決鬥的公務人員職務。一九五一年，當州長詹姆斯．伯恩斯（James F. Byrnes）在宣誓就職典禮上，宣誓自己從未參與過任何一場決鬥，我聽了很開心。

有一段時間，母親一直鼓勵父親到機會更多的北方發展。但父親遲遲沒有決定，直到雪儂上校事件發生後，讓他深受打擊，他才下定決心往北遷移，畢竟他事前曾盡力嘗試阻止悲劇的發生。

一八八〇年的冬天，父親賣掉診所與附帶著「小農場」的家。賣掉的錢再加上積蓄，總共有一萬八千美元，這也是行醫十六年的所得。

父親決定前往紐約，母親也帶著四個孩子追隨他。這趟旅程的第一段，先是搭著家中的舊馬車前往溫斯伯勒，再搭火車到北方。在我們帶上火車的食物籃裡，裝著外祖母沃爾夫的餅乾。吃完食物籃中的存糧後，我們會下車到熟食店吃東西。途中最棒的一餐出現在里士滿，直到今日，我都認為那個城市代表著美食的保證。我們在傍晚時分抵達哈德遜河畔的紐澤西，並搭著渡輪過河。

---

5 阿龍．伯爾（Aaron Burr），美國政治家，也是獨立戰爭時的英雄，美國共和黨黨員，曾任參議員和副總統。在一場決鬥中殺死對手，雖然後來免於謀殺罪名，但遭受社會輿論大力撻伐，最終導致其政治生涯落幕。

第四章

大城市

關於這個大城市的其他最初印象，我現在仍能想起，當我看見蒸汽火車吐著白煙，從高架鐵軌上呼嘯而過時的興奮，以及只要打開水龍頭，就會看見水流進廚房流理槽或浴缸時的驚奇。

紐約市對我們四個鄉村男孩來說，是個奇怪的新世界。最初這裡的一切顛覆並嚇壞了我。當時我就快滿十一歲，卻還是非常害羞。在南卡羅來納州發生的一件小插曲，也讓我對紐約留下了不友善的偏見。

一位來自紐約的親戚，拜訪了我們位於卡姆登的家。我們四個男孩洗好臉，準備去見這位親戚。所有人都在腦中不停想著：紐約的女生會長什麼樣。

回憶中，那位訪客斜眼看著我們。當時是夏天，因此我們都光著腳。那位紐約女士看見我們的光腳丫，丟給我們幾個銅板，說：「去幫自己買雙鞋吧。」她其實只是想開個玩笑，但對孩子來說，這樣的玩笑根本無法消化。於是，我們只能狼狽地逃跑。

在卡姆登，只有天氣不佳或舉辦猶太洗禮時，我們才會穿上鞋子。在紐約，我們自然必須每天穿著鞋，這也讓我們覺得紐約的人行道遠比不上被林蔭環繞的卡姆登小路。

關於這個大城市的其他最初印象，我現在仍能想起，當我看見蒸汽火車吐著白煙，從高架鐵軌上呼嘯而過時的興奮，以及只要打開水龍頭，就會看見水流進廚房流理槽或浴缸時的驚奇。紐約另一件讓人開心的事，就是當你洗澡時，不需要像在南邊那樣，去井邊打水挑回家。

如果沒有哈特維希作為我最堅實可靠的榜樣，我真不知道該如何在紐約這個大城市立足。沒有任何事情能嚇退哈特維希，他將這座城市視為一個高大、強悍、試圖向他挑釁的男孩，而他成功地征服了對方。

與卡姆登寬敞的大房子相比，我們的新家顯得狹隘不堪。父親在五十七街西，一四四號的褐色磚房建築內，租了頂樓的兩間房間。母親、父親、赫曼和賽林住一間，我和哈特維希共用一間。在北方度過的第一個冬天，我們總是將身體緊緊貼在牆上，因為後面就是溫暖的排煙管。

我們住的地方有供餐。幾年後，我迷上了喜劇表演，在聽到某些喜劇演員的笑話後，我總是無法克制地狂笑不止。但是以寄宿公寓為主題的笑話從來就沒有辦法逗我笑，因為那些笑話總讓我回想最初到紐約的時光。

我們的房東盡可能地讓我們住得舒服。她的名字是雅各布斯（Jacobs）女士或太太——那時的我對頭銜不太在意。我還記得她身型高大，前額掛著一排鬈髮。

她很疼我們這些小男孩。桌上總是擺著葡萄乾或水果，她還經常塞些糖果到我們口袋。她的親切對於我們這些初來乍到、惶惶不安的男孩們，起了很大的安撫作用。

在我們抵達此處不久後，父親生病了。診斷結果為心臟問題，醫生甚至表示他能活的時間不長了。這句話帶給他的第一個念頭就是——回去南方。幸好，他當時找了第二個醫生阿弗爾德·盧米斯（Alfred Loomis），這位醫生診斷父親是因過度憂慮生計，而引起嚴重的消化不良。不久後，父親開始收到一些病患，他的病況也隨著逐漸消失。

與此同時，母親替我們註冊了當時位於五十四街上的六十九公立學校，介於第六與第七大道間。我清楚記得，當時的校長是馬修．艾格斯（Mathew Elgas）。他親自帶著我去見我的老師，而那位老師給了我許多美好的回憶。我的老師叫凱薩琳．布萊克（Katherine Devereux Blake），那些因紐約而產生的困惑，有大部分都是她幫助我克服的。在我記憶中，老師的第一句話是「伯納德，很高興認識你。我相信其他男孩也跟我同樣高興。」

她讓我在前排坐下，接著似乎就不再特別關注我。但是到了中午及那天放學，她問了，「有沒有男孩自願帶伯納德回家，並跟他一起上學，直到伯納德記住路線？」一個臉圓圓的男孩克拉倫斯．豪斯曼（Clarence Housman）很快地舉起手。十四年後，他成為我在華爾街的商業夥伴。

凱薩琳．布萊克給了我生平第一個獎品，是一本《孤雛淚》（*Oliver Twist*），至今依舊擺放在我的書房裡。布萊克老師在上面提字：「贈與伯納德．巴魯克，獎勵其優雅的儀態與優異的表現。一八八一年六月。」

畢業後，我們一直都保持著聯繫，直到老師於一九五〇年過世。當時我也在約翰．赫蒙（John Haynes Holmen）社區教會上，為她演說悼詞。每當我想到她，就會感慨這個社會對於這些學校老師的付出是多麼地不珍惜。

正是這些老師（尤其是教導幼童者），塑造了美國人如今的個性與道德。我們不斷期待他們能賦予下一代道德觀感，並抱持著做到最好的決心。然而，不久之前，我還記得自己曾經讀到有一群高中生投票表決，最不想進入的職業就是教書。

教師們應該得到足以讓自己過得舒適的薪水。他們對社會所帶來的巨大貢獻，應該得到公開表揚。我總是敦促應該每年也頒個類似「奧斯卡」的大獎給那些最傑出的教師們。如此實質的貢獻，絕對值得榮獲如同那些定期頒給男女演員、作家、運動員等的獎座榮譽。

—

隨著我們越來越了解紐約市，舊家與新家之間的差異也越來越小。我們發現，這座城市有許多空間可以讓男孩們玩耍。在五十九街的空地、也就是現在廣場飯店座落之處，是一個空蕩蕩的停車場，但裡面有一個男人擅自占領公家土地，並私蓋了一間簡陋小屋，還有他那隻邪惡的小狗。而五十七街的北邊，位於第六和第七大道之間，也有一個空的停車場，供第六大道幾棟房子和加德納（Gardner）的鐵舖使用。他的兒子跟我同班。我們時常一起去看他父親打鐵，並對加德納擁有的肌肉羨慕不已。

這些停車場就是我們的玩耍場所，也是附近小孩們的戰場。事實上，我們發現自己很快地就又處於如同卡姆登「上城」與「下城」之爭的氣氛中。在鄰近區域中，「五十二街幫」可說是其中最凶狠的一群人。

跟在卡姆登的日子一樣，哈特維希再次肩負起維護我們兄弟們立場的角色。他打敗了五十二街幫的好幾名成員，包括一名外表英俊的愛爾蘭男孩強斯頓（Johnston）。他總是喜歡欺負那些年幼的成員，包括我。哈特維希最後一次教訓強斯頓的地點，在學校樓梯上。最後，強斯頓因不滿而跑去向老師告狀，害得哈特維希被學校勒令退學。後來，他去了另外一所學校。但也因為有了這場教訓，後來強斯頓再也沒有找過我們的麻煩。

對我們來說，夏天無疑是最歡樂的時光，因為我們會在華盛頓高地度過，當時那裡大部分還處於鄉村狀態。威廉．弗辛漢（William Frothingham）醫生說服父親，希望父親在夏季能暫時接手他的診所，而這樣的安排也維持了好幾年。我們住在弗辛漢的家中，那是一棟位於一百五十七街和聖尼可拉斯大道交界的舒適房子。

我還記得自己的房間位於房子後側，可以一眼看盡後方景色——也是如今波羅球場（Polo Grounds）所在之處。當時，那裡盡是凌亂的樹林、黑莓、忍冬、灌木叢，還有一些野生的毒藤蔓，我曾因走太近而學到這種植物有毒的教訓。

只要五十美分，就可以租到一艘平底船，這種船特別適合用來穿越河床短淺、充滿鹽沼的哈林河，當時的哈林河裡還有大量軟殼蟹。

曾經有一趟河上探險，差點成為我的最後一程。那天，我和哈特維希整個早上都在釣魚、抓螃蟹。中午吃完野餐食物後，我們加入了一群男孩，當時他們正坐在紐約中央鐵路高架橋上。我們虛構了一些在南海島嶼上和野人相遇的冒險故事，吸引他們的注意。

在我們划船回家的路上，我們一路狂笑著那些男孩是如何被我們唬得一愣一愣。當時，我坐在船的後面，保持船緣的平衡。突然間，我們撞到另外一條小船。一隻槳打到我，將我頭下腳上地撞進淺淺的河床中。

我不斷掙扎著，試圖讓自己從泥濘的河床中脫身，我覺得時間就好像停止一般。直到今日，我依然記得當時在我腦中閃現的念頭：第一，我就是因為用南海故事欺騙別人，才會遭受這個懲罰；第二，我實在不應該殺了那隻黑貓——大家都知道這樣做會帶來厄運；第三，我這般悲慘的下場，將會令我的母親有多麼傷心。

差不多在這時候，我終於浮出水面，臉上還沾著柔軟黏膩的黑泥。那些撞到我們船的男子，正努力用船槳搜尋我的下落，而哈特維希蹲在我們的船邊，正準備跳下來找我。當他們一看到我的臉時，忍不住笑了出來，但在發現我因為喝了太多水而變得非常虛弱時，他們隨即停住了笑聲。那群男子將我們兄弟拉到岸邊，並設法讓我把水吐出來。

在我和哈特維希走回家的路上，我們唯一的念頭就是猜想媽媽會不會發現我的衣服全濕了。我們回家晚了，焦急的母親一看到我們，終於放下心來，什麼問題都沒有問。

對父母來說，紐約同樣充滿各式各樣令人愉快的社團。父親穩定地建立起自己的聲譽，並因此獲得許多醫學上的認可。他得到了一個或許他是人生中最高的讚譽——美國的科學水療之父，更成為美國國內第一位水療教授。但早在得到這個稱號之前，父親就創新地為窮人設立公共澡堂，也是第一個為病人診斷出穿孔性闌尾炎的醫生，並成功地完成手術。

這件事發生在一八八七年的聖誕週。當時，赫曼叔叔的夥伴山繆・維特科斯基（Samuel Wittkowsky）來到紐約，而他的兒子突然病了，患了當時所謂的「腸道炎」。父親找來兩位外科顧問醫師——山迪斯（H. B. Sands）和威廉・布爾（William T. Bull），並建議他們拿掉男孩的闌尾。山迪斯醫師卻反對這個方案，並與父親爭論著如果動刀，男孩可能會因此而死。「但如果我們不做，他一定會死。」父親回答說。

結果發炎的闌尾被摘除了，那天是一八八七年十二月三十日，男孩康復了。

一八八九年，傑出的惠氏（A. J. Wyeth）醫生在紐約醫學研究院（New York Academy of Medicine）開幕前演講中，提起這個案例並表示：「在闌尾手術的發展史上，巴魯克醫生所展現的專業和人性化思維，比任何一個人都要多。」

在暫時接手弗辛漢醫生診所的同時，父親也掌管了紐約青少年觀護所。或許是因為這份工作，激發了公共澡堂的點子。在當時，該城市還保留了位在北河一帶的「流動澡堂」。澡堂建立在大型的木造平底船上，其正中間會挖出一個大孔，夏天時，小孩還可以在這裡面游泳。但是，當時這座城市的廢棄物排放點，也是北河，因此父親曾形容曼哈頓島是「被汙水環繞之處」。

身為紐約郡醫學會的衛生委員會會長，父親展開了漫長的征戰，並成功地在紐約與芝加哥分別建立第一座市立澡堂。於一九〇一年開幕的利文街澡堂，後來改成父親的名字，以紀念他的奉獻。

我的母親也同樣熱衷於公民活動。她是一名出色的演講者，許多俱樂部和慈善機構都搶著要找她。她隸屬於美國革命婦女會（Daughters of the American Revolution）和美國邦聯婦女會（Daughters of the Confederacy）的紐約分部。她也投身於各式各樣的慈善活動——猶太人、新教和天主教。宗教派別的差異，並不能阻止她進行任何對社會有益的事。

某個夏天，母親和摩根大通集團合夥人德雷克希爾（Drexel）的太太胡德．萊特（J. Hood Wright），變得很要好。當時，萊特女士為了替胡德．萊特醫院籌募資金，而舉辦了一場晚會，並發現母親是一位非常得力的助手。後來，胡德．萊特醫院改名為尼克伯克醫院（Knickerbocker Hospital），父親也成為那裡的門診醫師。

紐約也滿足了母親在猶太教堂做禮拜的心願。從前在卡姆登並沒有猶太教會，因此只有偶爾去查爾斯頓時，母親才能順便上猶太教堂。

在紐約時，母親除了去猶太教堂外，也會和其他非猶太教的朋友去一般教會做禮拜。她很喜歡聽牧師托瑪斯．迪克遜[1]布道，他也是《同族人》（*The Clansman*）的作者。除此之外，她也經常去布魯克林聽亨利．畢奇爾[2]的布道。

畢奇爾牧師後來涉及一樁醜聞，因此出現一首與此有關的粗俗歌曲，在街頭遊蕩的孩子們很愛唱這首歌。我還記得有天，我的弟弟邊進家門，邊唱著：

「亨利．畢奇爾，主日學的老師……」

但當弟弟一看到父親的臉色，歌聲瞬間戛然而止。

有一次，我聽到母親被問到身為一位猶太教信徒，她為什麼能走進一間以崇拜基督為信念的教堂。她說，「即便祂非神聖，祂的行為、生命與死亡都是神聖的。」

某個冬天，我與哈特維希一同和兩個叫德魯克（Drucker）的男孩在加德納鐵鋪旁玩

要時，另一派的小孩和我們打起了雪仗。很快地，他們開始朝我們丟石頭，由於我們寡不敵眾，只好退守到出租公寓的階梯上。對方沒有跑上台階，只是站在排水溝上叫著我們的名字。

這是我第一次聽到「sheenie」（對猶太人輕蔑的叫法）。由於我們說話帶著南方口音，因此有些小男生喜歡模仿我們說話，而這些舉動總會引起打架，但「sheenie」是一個新的嘲笑。哈特維希和我都聽不懂這個詞，直到德魯克兄弟向我們解釋，我們才知道這是一個用來侮辱猶太人的用語。

我看到對方的首領——微胖的壯男孩，有著藍眼睛、深色睫毛、娃娃臉。當哈特維希朝他走過去，大家就開始圍住他。我衝過去想要幫忙，卻被打倒。哈特維希叫我趕緊上樓，拿出他放在大廳旁的馬車輪輻。我立刻拿了過來，哈特維希接著開始反擊。很快地，那些男孩又退到遠方。

在大聲嘲笑對方「懦夫」後，哈特維希表示願意獨自跟其中任意兩個人對打。其中一個大男孩站出來，願意與哈特維希單挑。最後哥哥徹底擊敗對手，從此以後，哈特維希的名字成為該區的禁忌。再也沒有任何一派的小孩，敢戲稱我們「sheenie」。

---

1 托馬斯・迪克遜（Thomas Dixon），美國作家。其作品採取南方立場，宣揚白人至上主義。

2 亨利・畢奇爾（Henry Ward Beecher），美國公理教會神職人員、社會改革家，廢除奴隸制度的支持者。

這場戰鬥也是我頭一次感受到人們對猶太人的偏見，而往後的人生裡，我遭遇到許多種這類情況。

在南卡羅來納州，我們從未因為自己是猶太人而受歧視。卡姆登全鎮只有五或六個猶太家族，其中一個就是我們家。德萊昂家族（De Leons）和利維家族（Levys）在獨立戰爭前就在此安居；包家族和維特科斯基家族，則稍晚。他們全是受人尊敬的居民。德萊昂家族更是人數眾多，人才輩出，並在邦聯軍隊中擔任軍醫處長，後來成為駐法的外交代表。我從來沒見過老德萊昂將軍，他是唯一一位不肯接受投降，並逃到墨西哥的邦聯軍官。後來，他在格蘭特[3]總統的邀請下返國，往後的日子在西岸行醫，度過餘生。

由於卡姆登沒有猶太教會，母親便在家中為我們唸主禱文。每個禮拜六，我們會穿上最好的衣服和鞋子，且不被允許走到院子之外。這是一件很難熬的事，因為禮拜六可是卡姆登的「大日子」，所有人都會從附近的農莊來鎮上趕集。

為了表示對鄰居的尊重，母親會在禮拜天替我們打扮好，並要我們「規矩點兒」。

如果要說宗教之間有什麼差異的話，我會認為宗教的差異，孕育了互相尊重的態度。

三十多年後，我於一九一三年回到卡姆登，並發現那邊的人對父親有著極大的敬佩。一名黑人司機到火車站來接我。當車子開過我們以前居住的房子時，那黑人說，「有一位醫生曾住在這裡。北方人花大錢拜託他過去。在他離開後，人們紛紛病倒，像蒼蠅一樣死掉。」

母親在嚴謹遵守猶太教規的家庭長大，與父親相比，她更遵守猶太節日的規矩。在南卡羅來納州，父親曾領導過希伯來互助會（Hebrew Benevolent Association），我手邊依舊留著當年他準備前往紐約時所寫的辭職信。在信裡，他呼籲眾人繼續宣揚猶太教的「高尚品德」和聖經。儘管父親是一位道德卓越的男子，我記得他曾對我說：「我不相信會有一位復仇之神，舉著一把劍站在人群之上。」

有一天，父親將我們四兄弟都叫進他的書房裡。在將門關上後，他要我們答應他，當他彌留之際，我們絕對不會讓母親請猶太拉比替他進行任何猶太教祈禱。他向我們解釋：「在最後一刻愚弄主，是沒有任何意義的。」

父親在八十一歲的時候中風，並知道自己快要死了。當時，母親也病得很嚴重（她在父親過世的六個月後，也一同歸去），無法從床上起身。當她躺在二樓的房間時，父親躺在三樓的房間。

母親把我們叫進去，並要我們請來八十二街西的猶太教會拉比斐德烈克·曼迪斯（Frederick Mendes），替父親進行臨終祈禱。奇妙的是，幾天前，父親剛提醒我們信守之

---

3 尤利西斯·格蘭特（Hiram Ulysses Grant），美國第十八任總統。是美國重建時期的重要總統，但由於政績普通，執政官員頻傳貪汙腐敗，收受賄賂，並對奴隸主的妥協而遭批評，使得南方黨派在重建時期控制南方長達將近一百年。

前的承諾，並說：「我能為你們做的最後一件事，就是讓你們知道該如何死去。」

我們只能說，「媽，不行，你知道我們承諾過父親。」母親背過身，輕輕地啜泣起來。

父親一直擔心在死亡的過程中，他可能會變得歇斯底里或精神錯亂，但一直到死亡前，他都穩穩地控制住自己。同樣擔任醫生的弟弟赫曼，坐在父親床邊想要測試父親的神智，「我是哈特維希。我是哈特維希。」父親已經說不出話，但他將眼睛轉向哈特維希，表示他還認得我們。父親要求火葬。當母親過世時，我們依照母親的遺願，將父親的骨灰放在她的腳邊一起埋葬。

在我年輕的時候，我比其他兄弟更注重宗教儀式，就跟母親一樣。我在猶太拉比曼迪斯的指導下修讀希伯來文，且熟稔到可以跟上祈禱文。我上猶太教堂，還上了主日學校。一直到大學畢業後，我還是會過每個猶太聖日，並在贖罪日禁食。

在大學的時候，儘管我在班上頗受歡迎，也被選為好幾門課的負責人，卻從來沒有加入過所謂的「祕密社團」，也就是現在的「兄弟會」。到了華爾街，我還是必須忍受同樣的偏見與歧視，甚至成了公眾人物時也依舊如此。

在我取得了許多成就後，我成為那些專門反猶太者的頭號目標。亨利．福特[4]的《德寶獨立報》（*The Dearborn Independent*）曾大篇幅地描寫我是「國際猶太陰謀組織」的領導。這則人身攻擊後來得到三K黨的回應：查爾斯．考福林（Charles E. Coughlin）神父、傑拉德．史密斯（Gerald L. K. Smith）、達得利．佩利（Dudley Pelley），更不用說赫曼．戈培爾（Herman Goebbels）和希特勒。

但這些攻擊跟我在得知孩子受歧視時相比，根本不算什麼。我的兩個女兒在成長過程中，跟著母親信仰聖公會。然而，她們母親參加的舞蹈學校，卻拒絕招收她們入學。即便當她們教會的牧師介入後，還是有一些女子私人學校拒收她們。

要向孩子們解釋，為什麼他們會受到這樣無理的歧視，並不是件容易的事。與其讓她們因為這些事情煩惱或難過，我要她們將這些歧視視作成功的動力，因為這正是我自己遇到歧視時所採取的態度。

更重要的，我告訴孩子千萬不要讓某些小人的作為，遮掩了美國的偉大。那些起草《獨立宣言》的人，在這方面就顯得非常明智。當他們試著界定哪些是人類不可被剝奪的權利時，他們謹慎地選擇用字——「生命、自由及追求幸福。」

不是「幸福」，而是「追求幸福」。他們並沒有承諾一個烏托邦的世界。他們只是承諾一個追求更好生活的機會。

4 亨利．福特（Henry Ford），福特汽車公司的創辦人，第一位將裝配線概念應用在汽車工廠並大量生產的人，成功讓汽車成為大眾產品並在美國普及化。

如果法律可以規定人們不可以偏執或歧視，那確實很棒。但人的本性並不是可以輕易改變的。宗教與種族認同的進步關鍵，在於人們可以追求個人成就的基礎上。

美國給予我們最珍貴的遺產（美國本身就是一份遺產），就是我們每個人都可以透過自己的雙手，爭取獲得更好生活的機會。沒有任何一種的政府，能給予人民比這更棒的承諾。只要這份寶物一直握在我們的手中，我們就能慢慢理解每個人的價值，並朝著更理想的宗教與種族認同邁進。

第五章

大學生活

在任何人生奮鬥裡，你必須學著接受喜悅中所帶著的苦澀——別的男孩的取笑與嘲諷、輕視、威脅、永無止盡地阻撓，以及失望所帶來的酸楚。

在我進入紐約市立學院（College of the City of New York）時，只有十四歲。但我必須澄清，這並不代表我在任何方面展現特殊才華。在當時，並沒有所謂的市立高中，因此從文法學校畢業後，只要能通過大學的入學要求，就可以直接上大學。

我的理想學校是耶魯。為了籌措學費，我曾想過去當服務生，但母親認為我年紀太小，不放心我離家。

紐約市立學院當時就簡稱為CCNY，現在亦是如此，座落在二十三街和萊辛頓大道。儘管學校最舊的建築早已被拆掉，但商學院和公共行政學院的位置依舊沒變。我們家住在六十街東四十九號，通常我每天都要穿越四十多個街區上下學。

走路上學能讓我那每週二十五美分的零用錢，多出一點點金額。當我年紀更大一些，父親把零用錢調升到了五十美分。但在某個早晨，我走路上學絕不僅僅是為了省下那麼一點錢——而是那天發生了一八八八年那場著名的暴風雪。街上的車根本動彈不得，因此我也只能靠雙腳走去學校。為了躲避風雪，我選擇走在第三大道地鐵線的高架橋下，為我抵禦暴風雪的威力。那天，沒有什麼老師和學生來上學。

我總是自己攜帶午餐到學校，剛開始身為大學新鮮人的那一年，我身上穿的都是父親的舊衣服。但在這個階段，我的身高突然快速抽高，就像吃了傑克的神奇豌豆般。很快地，我的腳已經長到穿不下父親的褲子，但母親依然將父親的舊夾克修改成我的合身尺寸。

如同現在，想要接受教育的人可以在紐約市立學院得到不錯的指導，且不用付錢。我們不用付任何學費，還能拿到課本、筆記本，甚至是鉛筆。作為回報，我們必須用功讀書。入學門檻很高，每學期有兩次考試，標準十分嚴格；無法跟上進度的學生，只能被學校退學。

一開始，班上有三百多名學生，最後只有五十人畢業。然而，在那些休學的人之中，其實有許多人是因為經濟因素而非能力不足。

許多人在下課後還需要去打工。那位後來成為電機工程師、並獲得無數殊榮（一張紙都寫不夠）的加諾·鄧恩[1]，獨力負擔自己唸書時的生活支出，為了扶養守寡母親，鄧恩還去公園大道飯店擔任晚班的電報員。而我則是替父親整理書籍，並幫他收清欠款。

最初，我註冊了科學課程，其學習重點為科學和現代語言。然而，我很快便轉去強調經典語文的經典課程。為此，我必須雇用私人教師，才能跟上課程。

整套大學課程共花了五年——前一年、兩年的課程內容就像高中課程，作為進入高等教育的銜接軌道。那時，沒有什麼是「好混」的課，實際上也沒有選修制度。

1 加諾·鄧恩（Gano Dunn），曾任柯柏聯盟學院的校長，以及美國國家科學委員會的主席。並有多項電子機械的設備發明，曾獲IEEE愛迪生獎章。

在公共學校時，我是以班上第二名的成績畢業，但在大學時，我平白浪費了自己的大好機會。我表現最差的科目為繪畫和科學。對於化學課的所有記憶，都是關於我們如何將硫酸加到一個惡臭難聞的藥劑中，再將這東西滴到同學的口袋上。而那些「學問們」——生物學、動物學和地質學都是由威廉．史特拉福德（William Stratford）教授來教。他身高約一百九十公分出頭，面容英俊，還有飄逸的金色鬍子。我總感覺到他對某些學生特別偏心，然而我剛好不屬於那群學生之一。我是如此討厭史特拉福德，導致他每次一問我問題，我腦中僅存的那點知識就飛到九霄雲外。

最讓我印象深刻的教授，莫過於政治經濟學系的喬治．紐寇伯（George B. Newcomb）。他戴著金邊眼鏡，看上去就像是舊時的英國人。他經常用尖細（儘管他試圖透過含些喉糖改善）的聲音說：「那些想要下棋的男士們，請坐到後面。其他想要聽我上課的男士們，請向前移。」

儘管我確實很喜歡下棋，我還是選擇前排的位置，仔細聽他上課。

我人生之後的成功，有許多成分必須歸諸於他的教導。紐寇伯教授從來就不喜歡當下那些最受歡迎的經濟理論。他苦心鑽研供需原理，並教我們融會貫通。是他，讓我第一次學到：

「當價格提高，有兩件事會發生——供給增加，購買減少。其效果會讓價格逐漸下降。如果市場價格太低，則會有兩件事發生——生產量下降，因為人們不會想繼續生產讓自己虧本的產品，其次，購買量增加。而這兩種力量會建立起一種常態平衡。」

十年後，我因為謹記著這些話，而變得富有。

紐寇伯教授不僅教導我們政治經濟學，更教導我們哲學、邏輯、倫理和心理學——這些全都濃縮在一門課裡。現在的課程，往往會將這些主題拆給數個教授分開授課。但我認為將這些學科合併並讓同個教授指導，會更具優勢。許多教育者似乎忘記了如果不將經濟、政治、道德或邏輯視為一個大整體，絕對無法教好這些學科的。

大學教的經濟學通常不太好。在過度專門化的情況下，容易讓人以錯誤的方式運用知識，並成為所謂的「解題專家」——腦中塞滿了各式各樣的有用資訊，卻不懂得該如何思考。

我也認為學校不再規定學生必須修讀希臘文與拉丁文，是一個錯誤的決定。在讀紐約市立學院的時候，我唸過所有希臘與拉丁經典原文書，更可以用拉丁文進行對話。這樣的學習經驗，讓我有機會欣賞孕育出人類文明的文化遺產，否則我可能一輩子都不會接觸到。

在市長普瑞．米契爾（Purroy Mitchell）就任期間，在我當紐約市立學院理事的時候，學校正推動一項政策，想讓學院變成職業學校。某一天，所有的理事都被請到市政廳，準備和市長開會。當時，我腦中還想著自己剛剛在華爾街進行的交易，盯著窗外的我突然聽到有人說：「第一步要除掉的內容，就是希臘文與拉丁文課。」

我猛然將椅子轉過來，問道：「怎麼回事？」

有人向我解釋了。

接著，我開始滔滔不絕。曾有人試圖打斷我，但我沒有閉嘴。我跟他們爭論教育的價值，並不單是你腦中所儲存的那些知識。其價值在於你所面對的磨練，以及透過探索古聖先賢的思想，所獲得的人生哲理。教育應該要能開啟智能的新視野。剝奪學生們修讀希臘文與拉丁文的權力，將使他們的心靈貧乏。

我猜在場的每個人都沒有料到，一位投身於金錢事業的人，居然會提出這樣的異議。但無論如何，我的演講成功阻止了將學院變成職業學校的改革。面對讓課程「自由化」的提案時，我也是那個反對最大聲的人。我甚至反對所謂的選修機制，堅持那些不受歡迎的課程深具教化意義，值得年輕人修讀。在人生裡，日子不會總是順你所意。而選修制度就像火車頭那般，將我直接輾過。

如果我現在依然是理事，我會努力刪掉那些輕鬆的課程，讓「死掉的語言」重新恢復其往日的重要性。

讓學生聆聽演講，則是另一個在我求學時非常流行的「老派」教育方法，我認為如果恢復這個制度，能為學生帶來極大好處。

每天早上，我們會有秩序地集合。校長亞歷山大・韋伯（Alexander Stewart Webb）將軍會朗誦聖經，作為開場。接著，一名大二學生會走上講台，在大家面前朗誦，朗誦的內容可以是詩歌或散文；兩名分別為大三和大四的學生，會在朗誦結束後，演說自己寫的講稿給眾人聽。

大二第一次負責朗誦時，我心中充滿了恐懼，害怕的程度就跟兒時「掰掰啦」那個事件時一樣。大三演說時，我穿著條紋西裝褲、黑色外套和背心。當我站到講台上，我的膝蓋顫抖著，心臟就像要從嘴裡跳出來般。我先向校長鞠躬，再向師長鞠躬，最後是學生。當台下的學生試著用鬼臉或各種奇怪的動作逗你笑時，要保持冷靜鎮定實在是件很辛苦的事。

對於自己所發表的第一場演說，我唯一記得的就是開場白：「沒有任何享樂是不需要犧牲。」我不太確定這句話是引用他人還是自己寫的，但我知道這句話是真理。

即便如此，我們依然在大學時代，度過了許多歡樂的時光。

上大學的時候，我成為喜劇表演的粉絲。只要二十五美分，你就可以坐到戲院的頂樓看台。我們總是擠在售票亭前，爭先恐後地交出自己的二十五美分，再飛快地衝上樓梯，希望自己可以搶到前排的位置。

尼布羅花園和另一間位於二十三街西的劇院，讓我印象最深。在更北邊的地方還有一間新蓋的劇院，當時我們家的經濟狀況逐漸穩定，因此我們也會去那間劇院。母親和父親總是試著讓我們接觸當時最棒的莎士比亞劇。可惜的是，比起那些莎士比亞的舞台劇，《惡騙子》（*The Black Crook*）[2]讓我印象更深刻。

在這齣戲裡，我第一次看到女性穿褲襪。如果看了《惡騙子》，你也算是長大了。

當時的我們對國內政治都不太感興趣，儘管我隱約記得自己好像曾經有人付我五十美分，要我在格羅弗．克里夫蘭（Grover Cleveland）遊行[3]中舉火炬。當然，我們對於學校的政策還是非常關心。在我升上大四的上半年，我當選班上的班長；下半年，我成為祕書。我的摯友、也是未來的紐約最高法院法官迪克．萊登（Dick Lydon），和我輪流擔任這些職務。同時，我也是學校日間部大四學生會的會長。

希臘文協會（Greek-letter Societies），或俗稱的兄弟會，在學校占有極重要的地位。儘管許多猶太人在校內表現傑出，這些社團卻總是將他們擋在門外。每一年，我的名字都會被人提名，接著大家就會因為我的提名大吵一架，而最後我從來不會當選。對於那些認為北方人比南方人更懂得包容的人來說，有一件事我不得不提：我的弟弟赫曼在上維吉尼亞大學（University of Virginia）時，很快就被兄弟會接納。

除了這些「祕密社團」，在我大學時期「最紅」的社團還有各種文學社與辯論社。我屬於兩個社團——艾波尼亞（Eiponia），只限高年級生參加；另一個則是芙納科斯馬（Phrenocosmia）。

艾波尼亞社團的人會輪流在成員家中聚會，聆聽關於霍桑（Hawthorne）、愛默生（Emerson）或梭羅（Thoreau）的報告，接著被指定為該活動評論者的人，必須試著將講者攻擊得體無完膚。根據記錄，我報告了一篇關於威廉．豪威爾斯[4]的文章，並擔任另外一位報告奧利佛．霍姆斯[5]成員的評論員。

辯論社——芙納科斯馬，對於任何膚淺的事物更顯厭惡。在我身為高年級生時所進行的辯論題目有：

「辯題：為達目的，不擇手段。」

---

2 也譯作《黑魔鬼》，是百老匯音樂劇的起源，結合了喜劇、鬧劇和芭蕾舞。

3 美國慶祝勞工節的遊行。

4 威廉．豪威爾斯（William Dean Howells），美國寫實派作家、文學評論家。

5 奧利佛．霍姆斯（Oliver Wendell Holmes），著名作家，被譽為美國十九世紀最佳詩人之一。

「辯題：莎士比亞的戲劇出自培根之手。」

「辯題：托拉斯[6]會損害美國利益。」

我不記得自己是否曾參與辯論。雖然我很高興讓別人知道我是辯論社社員，但只要一想到必須在大家面前開口說話，就會讓我惴惴不安，因此我一直避免擔任辯論員的角色。

儘管現在的我已經不再害羞，但身處在派對或熱鬧的場合時，我依舊會感到渾身不自在。有一次，我們一家人去參加遠房親戚的婚禮。在坐立難安的情況下，我偷偷溜出會客室，跑到地下室躲起來，直到婚禮結束。

我永遠不會忘記自己在人生中第一個大型派對上所感受到的驚慌失措。那是迪克·萊登最大的妹妹瑪莉（Marie），第一次踏入社交圈的日子。迪克和我經常互相去對方的家中拜訪，因此我跟他那些可愛的妹妹們都很熟悉；但參加正式宴會的想法，還是讓我冷汗直流。對於我的靦腆了然於胸的迪克，向母親提出這個邀約，並請她確保我務必出席。果然，母親告訴我，她非常希望我去參加這個活動，當時我差點想掐死迪克。

我提醒母親，自己連一件晚宴服都沒有。她說父親的衣服非常適合我。這一年，也是我在大學的最後一年或是倒數第二年，儘管父親身高有一米八，此刻的我卻比他更高。

宴會當天晚上，母親拿出父親的西裝、襯衫和白領帶。我穿上它們。褲子顯得太短。它們看起起來就像男孩們所謂的「高腳褲」。母親拿出幾枚別針，將吊帶補綴在褲腳，試圖讓褲子顯得稍長一些，這樣它們至少可以蓋到我的鞋面。背心也太短。母親用別針將背心固定在襯衫上，這樣缺陷的地方就變得比較不明顯。

但我又長又細的手臂，大刺刺地從父親外套的袖口中跑出來。對於這點，母親真的是一籌莫展。每當我動一下手臂，外套的背部也會怪異地突起，而這點也屬於無法挽救的部分。當我看向鏡子，斗大的汗珠就掛在我的前額，我的臉色蒼白如紙。

經過最後一番檢查，確定所有別針都很穩妥後，母親牽著我的手走到前廳，並勾著我的頭，親了我一下。

「你是世界上最帥的男孩，」她說。

這給了我一點勇氣。

「記得，你的血液中流著皇室的血。」（母親總說她是大衛王的後代。如果她說了什麼，那一定就是指這個。）接著，她又說，「沒有人比你更棒，但直到你證明自己之前，你也不比任何人優秀。」

我匆匆套上自己的大衣。母親拍了拍我的背，並向我保證，大家見到我一定會很高興。於是，我安心關上門，輕快地邁出腳步。但才走不過幾步，我的勇氣就溜走了。當我

---

6 托拉斯（Trust），是指在一個行業（商品領域）中，通過企業間的收購、合併以及託管等等形式，由一家公司兼併、包容、控股大量同行業企業來達到企業一體化的壟斷。

走到萊登家前面時，一看見閃閃發亮的燈光和前門的遮雨棚，此刻的我簡直嚇壞了。在我鼓起勇氣走進去前，我在外面來來回回地踱步了好幾趟。

走進屋內後，我注意到上前迎接我的傭人穿著。連他的衣服都不知道比我合身好幾倍！

「先生，請上二樓後側的房間。」他給了我方向。

我找到了房間，並脫下我的大衣。這裡一個人都沒有。顯然所有賓客都在樓下，我能聽到那裡傳來音樂聲與笑聲。在瞥了一眼鏡中那慘白的臉龐和不協調的服裝後，我實在提不起勇氣踏出這個房間。

我不知道自己到底在那個房間裡待了多久，突然間聽到一個女生的聲音：

「伯納德·巴魯克！你躲在這裡做什麼？」

那是貝絲·萊登（Bessie Lydon），迪克的第二個妹妹。

她抓住我的手，一把將我拖到樓下。我總覺得自己一路上掉了不少別針下來。就在我整個人還處於恍恍惚惚的狀態之時，貝絲將我介紹給一位美麗的女性，她就像是乘著淺藍色的雲朵，從天空上走下來的天使。至少，那是我那狂亂神智中所留下來的印象。

等我一回過神，我已經在跳舞了。更多別針叮叮噹噹地落到地上，但是大家好像都沒有察覺。儘管當時我的舞跳得很笨拙彆扭，我的拍子還是抓得滿準。在此之後，我的心情變得非常愉快。

晚餐時，我狼吞虎嚥吃了超級多食物！在此之前，我已經餓了好多天了，只要一想到要來參加這場恐怖的宴會，就讓我食不下咽。

或許我對自己當晚服裝的形容有些誇大了，但可以確定的是，我的服裝一點都不合身。然而，那些有趣的人們讓我遺忘了這件事，並讓我懂得如何在這類大型社交派對中，盡情享受。

此後，每當我看到別人（無論年紀多大）因為不自在而表現得僵硬或尷尬時，就會讓我回憶起這次經歷。而我也總會試著做些事情，好讓對方可以放鬆下來。

除了害羞之外，我個性上最大的缺點就是脾氣暴躁。我的母親經常在看到我怒氣竄起來的時候，走過來並用抑制的手按著我的肩頭，同時一邊勸告我：「讓你的舌頭乖乖地待著，除非你有什麼好聽的話想說。」

我的脾氣或許根源於我童年時候老是打輸別人。但隨著我對自己身體的自信逐漸提高，我的脾氣也確實穩定地改善。

上大學時，我在房間裡放了雙槓，每天一定會進行鍛鍊。此外，我還會去當時位於四十二街的希伯來青年會（YMHA）健身房。

當時，其中一項非常受歡迎的運動是為期七天的「隨意越野賽」，在這個比賽中，選手可以自由選擇要跑步、競走或走路。我經常在中央公園內，試著仿效走路、跑步和快走組的贏家。

在大學的最後階段，我的體能變得相當不錯。我長到了一百九十公分，七十七公斤。奇怪的是，大部分的體重都來自我的上半身。我的雙腿就像煙管那麼細，因此每當我穿上棒球服或慢跑短褲時，纖細的雙腿與相對厚實的胸膛總會引起大家的玩笑。

我是曲棍球校隊的一員，也有參加拔河隊，由於我在體重上的條件並不出色，因此我盡可能以精神上來彌補缺陷。有一陣子，我甚至覺得自己是競走和短跑的天生好手。直到我發現自己跑一百碼的時間需要十三秒後，我放棄了這個想法。

我的怒氣依舊非常容易被點燃。在大學時期，有一個學生在我走過樓梯時咒罵我，甚至說了一些冒犯我母親的話。我一個轉身，將他打倒在地。我們兩人被叫到韋伯校長面前，他曾擔任蓋茨堡聯邦陣營的指揮官，在我們眼中，他就是軍事紀律的縮影。

被我打的學生正留著血。韋伯將軍嚴厲地盯著我，並說：「身為一位紳士，而且還是另外一位紳士的兒子，居然如此胡鬧！」

「是的，長官。我正企圖殺死他！因為他用無恥的方式稱呼我母親。」我憤怒地回應。

韋伯將軍聽了之後，要求我進去他的辦公室，他說：

「你就是那種適合去西點軍校的年輕人，但我必須暫時將你停學。」

在聽了韋伯校長的建議後，我決定試試看進入西點軍校。由父親替我進行詳細的身體檢查，但讓我們驚訝的是，當父親將時鐘拿到我的左耳邊時，我完全聽不見秒針走動的聲音。我的左耳聽力幾乎是零。

接著，我想起了自己曾跟曼哈頓學院（Manhattan College）進行一場棒球賽，地點應該就是現在的晨邊高地。比賽進入第九局，兩個或三個隊員踩在壘包上，我代表著致勝的關鍵一棒。有些男孩甚至開始大吼，「全壘打，小矮個兒！全壘打！」

第一球就被我完全叼中。至今我都還記得那種衝擊力道。跑者安全返回本壘，但在我跑回本壘時，球也正好傳進捕手的手套中。我直直衝向他，他手中的球掉了。裁判大喊，「安全上壘！」

大家開始打架，有一個人用球棒打到我的左耳。儘管我當下並沒有發現，但那一下震破了我的鼓膜，並因此葬送了我進入西點軍校的機會。

在第一次和第二次世界大戰中，我在華盛頓和許多軍官一起商討如何解決動員的問題。那時，我會和他們說這個故事，並說要不是那場球賽，自己原本很有可能成為一位將軍。

當我從學校畢業的期間，由於我在班上很活躍，在運動方面也表現突出，因此我開始幻想自己也算是城中的某種風雲人物。

離開大學後，我成為了約翰・伍茲（John Woods）所經營的健身房常客，繼續鍛鍊身體。伍茲的健身館位於第五和麥迪森大道間、二十八街馬房附近，相當於運動員俱樂部，非常熱門。在那些熟客之中，不乏當時最有名的演員、律師、掮客、神職人員、職業拳擊手，以及各類運動的職業好手。

我在那邊最擅長玩的是手球，但多數時間都花在拳擊上。在健身房中健身的職業拳擊手有鮑伯・菲茨西蒙斯（Bob Fitzsimmons）、喬・卓恩斯基（Joe Choynski）、比利・史密斯（Billy Smith）、塞勒・夏奇（Sailor Sharkey）和湯姆・瑞恩（Tom Ryan）。我會花數個小時盯著他們，期待學到一點技巧。在他們心情不錯的時候，他們可能會指出我的缺點，並教我們該如何克服改進笨拙的動作。

菲茨西蒙斯告訴我，我的主要缺點在於出拳不夠狠。他建議，「當你打到對方的下巴時，試著將他的下巴打歪。當你要打對方的肚子時，試著將拳套打穿他的肚子。」此外，菲茨西蒙斯也經常警告我，「打拳時，絕對不能動怒。」

其中一場在伍茲健身房內進行的拳擊，讓我至今依舊熱血沸騰。和我較量的對手是一位負責巡視第五大道的紅髮警察。他的身高和我差不多，但體重卻比我重了好多磅。他也是一位拳擊好手。

很快地，我就在場上被他打得到處跑。我的鼻子和嘴巴都在流血，但我依舊苦撐著，使盡每一個自己學過的招式與拳法，但就是沒有發揮任何效果。

當我的意識就在神遊的邊緣，而我的對手可能也有些鬆懈。總之，他在某個瞬間暴露出自己的弱點，我用盡自己全身每一分力氣，以左勾拳打中他的胃，並接著使出右勾拳，直擊下顎。

看著壯碩的警察倒下，是我此生中最吃驚的一刻。在那個時候，選手被打倒後，裁判不會要求其回到自己的角落。雙肩已處於完全無力狀態的我，站在對方旁邊，等著他站起身。但他動也沒動，直到一桶水倒在他的臉上。有人拍了一下我的背，我轉過身去，滿臉雀斑的鮑伯．菲茨西蒙斯咧嘴笑著。

「可惜拳擊界失去一個像你這樣的好手，」他笑著說，「你被痛擊了一頓，但你拒絕放棄。這就是你一貫的態度。你明白自己現在的感覺如何，或許很難受。但你不知道對方的感受是怎麼樣的，或許他的感覺比你更慘。」

「在對方倒下之前，戰鬥都沒有結束，」他強調，「只要你一直瞄準對方，機會就在你手裡。要想當一個冠軍選手，你必須學會如何把握，否則你將無法做到。」

我試著將這句話的哲理應用到更廣泛的人生中。儘管它並非總是能讓我成為第一名，卻讓我贏得許多原本差點就會輸掉的戰鬥。在任何人生奮鬥裡，你必須學著接受喜悅中所帶著的苦澀——別的男孩的取笑與嘲諷、輕視、威脅、永無止盡地阻撓，以及失望所帶來的酸楚。

直到今日，我都是拳擊賽的死忠觀眾。年輕的時候，我會搜集那些傑出拳擊手的照片，甚至到我結婚後，我在家裡的地下室設置了一個拳擊台，我會在裡面和沙袋對打。我一直保持著運動的習慣，而這也讓我保持身體健康。但拳擊帶給我最大的好處在於控制自己的脾氣，並讓我從不斷精進的體格中獲得更多自信。曾有人這麼跟我說：「當你知道如果自己輸了，就必須打一場時，你會更傾向於取得和解或諒解。」我非常同意這句話。

在我二十二歲的時候，我拍了一張照片，相片中的我留著鬍鬚，還有一頭黑色捲髮，結實的雙臂抱在赤裸的胸前。這張照片一直放在我的客廳裡，每當我看見它，我就會想起自己如何從一個剛到紐約的胖男孩，變成如今的自己。

第六章

初入華爾街

但讓我真正踏入華爾街的際遇，卻不像那些收錄在勵志書中的情節般明亮。而是當時，我去了一趟賭場，或那些正直之人所謂的「賭博地獄」。

和所有家庭一樣，我父母對我們這四個孩子所懷抱的期望，並沒有完全實現。母親和父親希望所有的孩子都能接受大學教育，但只有赫曼和我兩人對此展現充分的興趣。

全家最小的孩子賽林，在他十二或十三歲那年，被送到軍校。但他因為和其他學生打架，不得不離開學校。他嘗試過各種工作和職業，他當過巡邏員，也經營過成衣工廠，但最終，他跟著我的腳步，進入了華爾街。

赫曼原本要當律師。後來，他成為了醫生，也是美國資優學生聯誼會（Phi Beta Kappa）的成員，更以接近最高的成績從哥倫比亞大學醫學院（Columbia University College of Physicians and Surgeons）畢業。在他擔任醫生幾年後，進入華爾街，後來更成為首任駐葡萄牙大使，接著是荷蘭大使。他於一九五三年過世，享年八十一歲。

對於哈特維希，母親希望他能成為一位猶太拉比。他的名字源自於外曾祖父哈特維希·柯恩，他也是一位猶太拉比。哈特維希很小的時候，曾經生過一場很嚴重的病，母親在替他禱告時發誓，如果哈特維希的病可以痊癒，他將來就會成為一位猶太拉比。但哈特維希後來卻走上舞台，成了一位演員。

俊挺的外貌加上一百八十公分以上的身高，哈特維希就像刻板印象中的英雄。他擁有如泰山般的體魄與力氣。他可以後空翻，也可以像職業選手那樣在雙槓與單槓上表演動作，更是重量級的舉重選手。有一次，我親眼看到他舉起一名男子，並把他扔進一間位於百老匯、四十二街附近的咖啡廳旋轉門。

即便到了七十九歲，哈特維希的身體依舊相當硬朗，還捱過了一次腿部切除手術。他於五年後過世，只比弟弟赫曼早走兩個禮拜。

我還記得哈特維希初次登台的情況。事實上，也是我一手促成這件事。不過這實在不是什麼值得到處吹噓的事，因此我也鮮少提起。然而，在一次世界大戰期間，讓我感到驚訝的是，威爾遜總統竟想到這個故事，而且顯然地，他認為這件事非常有趣。

哈特維希的好友——戲劇製作人約翰．高登（John Golden）向總統說了這個故事，他還形容是「伯納德．巴魯克身為戲劇製作人的戲劇性退場，要不然就該是萬眾矚目的登場」。

當時，我剛從大學畢業一年，依舊對哈特維希非常欽佩。當時他正就讀迪翁．布希高勒（Dion Boucicault）開辦的戲劇學校，學校裡有一名比他年長的女性，他非常欣賞她的演技。她在哈特維希心中燃起一把火，更經常灌輸他，說他們兩人擁有怎樣光明的未來。而他們唯一需要的資源，就是贊助者，好讓他們有機會站上舞台，向世界證明他們不凡的天分。

哈特維希帶著他的女演員朋友來和我討論這個計畫。這位女性幾乎體現了一切戲劇的美，而說來慚愧，我自己也處於最容易動心的年紀。再加上她也是馬克・吐溫作品《莫伯里・塞勒斯上校》（*Colonel Mulberry Sellers*）的忠實粉絲。

很快地，她就在我眼前勾勒出一幅藝術家贊助人如何致富的美景。一間戲院擁有上百個座位。一個位子的價格又可以賣得如此高，一場戲就可以大賺一筆。而演出一場戲的開銷也不過那麼一些錢，因此剩餘的錢都將進到製作人的口袋。這個道理再簡單不過。

在當時，我的薪水一週五美元，但我還是透過一些方法攢了點錢。我們計畫在紐澤西森特維爾的劇院內，以劇本《林恩東鎮》（*East Lynne*）作為起點。找齊一群演員，但卻從來不曾排練過一次。顯然地，他們認為這麼棒的公司加上這麼棒的演員們，排練是完全不必要的。

到了開幕當天的晚上，我盡可能地提早下班，並趕去碼頭加入演員們的行列。在我們抵達紐澤西後，我向大家發放火車票。當我走到男主角跟前時，他向我要了十美元。由於他帶著「不給錢就走人」的態度，於是我給了他十美元。

當簾幕升起，在這美好的春日晚間，觀眾席內舒舒服服地坐了三排人。他們一再向我保證，劇團的全體成員都是藝術家。至少在挑選飾演劇中世故都市人的選角上，那位男主角的氣質確實很符合——他懂得事前先將酬勞弄到手。我們甚至還為女主角在第三幕的戲，準備了一個真的嬰兒讓她帶上舞台。你要明白，可不是每部《林恩東鎮》都會有真的嬰兒。不過事實證明，這個小嬰兒對演出效果帶來不太好的影響。這場戲只演出了兩幕。

如他們所言，或許那些演員的確都是出色的藝術家。但即便如此，他們也不屬於熟悉《林恩東鎮》台詞的藝術家。在第一幕戲的期間，觀眾有時憤怒，有時大笑。但到了第二幕，觀眾只剩下憤怒。

儘管觀眾人數稀少，他們的數量依舊多過於演員，因此我只能對售票處的工作人員說，讓顧客拿回他們的錢。如同《頑童歷險記》中的伯爵，我走到後台對著演員們說，好險我買的火車票是來回票，而且走到車站的路途並不遠，儘管外頭一片漆黑。

我想，我們應該在觀眾明白根本不會有第三幕戲之前，就抵達了火車站。一輛火車進站。所有人一湧而上，根本沒有人在意火車的去向。好險，那輛火車的目的是紐約。

哈特維希並沒有被這場慘劇擊倒。他繼續在布希高勒的戲劇學校和波士頓學園（Boston Lyceum）修讀戲劇，並在那裡認識了充滿雄心壯志的約翰·高登。兩人成了交情十分深厚的好友，好到母親常說高登是「我的第五個兒子」。

哈特維希在多個巡迴演出中扮演小角色後，他開始用藝名奈森尼爾·哈特維希（Nathanial Harttwig）在紐約初登台，當時演的是《科西嘉兄弟》（*The Corsican Brothers*），而羅伯特·曼特爾（Robert Mantell）飾演男主角。後來，哈特維希加入瑪莉·溫賴特（Marie Wainwright）的團隊，成為她的當家男演員，演出的戲劇包括《卡蜜兒》（*Camille*）、《醜聞》（*A School for Scandal*）及幾齣莎士比亞的戲劇。

哈特維希也在《卡門》一劇中，和奧佳・奈格松（Olga Nethersole）演對手戲，更讓「奈格松之吻」紅了起來。最精彩的一場戲莫過於哈特維希詮釋的唐・荷西站在吧檯，而卡門在他面前獻舞。哈特維希必須輕擁奈格松小姐到他懷中，並用自己的嘴唇貼著她的唇，兩人一路走上二樓，而這一幕堪稱舞台上最長的一吻。在之後《莎芙》（*Sappho*）的演出中，奈格松設計了一個比這更長的擁抱，導致警察不得不闖進來突襲表演。在此之後，哈特維希離開舞台，進入華爾街。

至於我，家人的計畫是讓我跟隨父親的腳步，當一名醫生。然而，母親不久後就改變了她的想法。她的想法在某些程度上，朝著不太傳統的方向移動。

在我們搬到紐約後不久，叔叔赫曼的商業夥伴山繆・維特科斯基也從南卡羅來納州北上，進行採買。維特科斯基在和母親談論了我們四個孩子的未來志向後，建議母親帶我去找福勒（Fowler）醫生，他是一名骨相學家，我記得他的辦公室就在A・T・史都華（A. T. Stewart）商店對面——後來這家商店成了約翰・華納梅克（John Wanamaker）商店。

印象中，福勒醫生是一個帶著金框眼鏡、舉止奇異的人。他檢查了我的頭，並在用他的手指摸過我眉毛上的眉骨後，問：

「妳打算讓這名年輕人做什麼？」

「我想讓他當醫生。」母親回答。

「他會是一名傑出的醫生。」福勒醫生同意。「但我的建議是讓他進行一些更大的事，像是經濟或政治。」

後來母親對我說，因為這場會面，讓她打定主意不要讓我以醫生為業。

一八八九年於紐約市立學院畢業後，我踏實地念起醫療書籍，想著秋天可以進入醫學院。但這個決定並不容易。每當我的未來志向被提起，母親就會回想起那位骨相醫生的話。父親當然知道這是母親試著用自己的方式，讓我轉而從商。他只是對我說，「兒子，除非你真的熱愛醫生的工作，不然不要當醫生。」

在母親的驅使下，我開始找工作。但這是一個令人夢想幻滅的過程。正如所有大學畢業生那樣，我根本不想從底層做起。在四處奔波地打探那些職務空缺卻徒勞無功、以及有如石沉大海的自薦後，我甚至開始搜尋父親病人的名單，看能不能讓其中一個人雇用我。

第一個被我找上的人，叫丹尼爾・古根漢（Daniel Guggenheim），來自知名的古根漢家族。十九歲的我可能比丹尼爾先生高了快三十公分，而這種落差卻讓我更不自在。

丹尼爾先生給了我一個溫暖的微笑，讓我稍稍鎮定了些。在讓我放鬆之後，丹尼爾先生告訴我古根漢家族打算進行採礦和熔煉事業，「你願不願意前往墨西哥，代表我們家族擔任礦產收購員？」

但母親堅決反對我的墨西哥之行。儘管她不斷要我們激發自己的雄心壯志，但她還是希望四個孩子不要離家太遠。

她希望我們這群孩子都能住得離她近一些。有一天我們走在第五大道上，她指著威廉・惠特尼（William C. Whitney）位於五十七街角落的宅邸，對我說：

「有一天，你會住在這裡。」

許多年後，當我告訴母親，我在八十六街和第五大道處置下房產時，她想起了那次的對話。

於是，我只好再試了父親另一位病人查爾斯・塔圖（Charles Tatum），他的公司是位於巴克萊街八十六號的威妥・塔圖公司（Whitall, Tatum & Company），是專門生產供藥劑師使用的玻璃器皿批發商。一八八九年的夏末或早秋時分，信仰費城貴格教派的塔圖先生雇用了我，讓我擔任辦公室助手。我第一份工作的薪水是一個禮拜三美元。

一天，塔圖先生要我去「摩根先生的辦公室」領些證券。「摩根先生的辦公室」指的就是德雷克希爾—摩根公司（Drexel, Morgan & Co）的銀行辦公室。我進入華爾街上的舊大樓中（也是現在摩根大樓聳立之處），並在沒有任何耽擱或辦手續的情況下，被帶到摩根先生本人的面前。

我不記得摩根先生是否有對我說話，但我確實仔細地看了看他那有名的鼻子和黃褐色的眼睛。它們讓我感受到摩根先生無與倫比的權勢。

那時我已經開始練拳擊，因此我腦中唯一想到的就是：「不知道摩根先生在拳擊場上會是怎麼樣的對手。」然後我思緒一轉，想到他如果騎上馬，不知道會有多像查理曼大帝，一手舉著戰斧，如同那偉大的法蘭克人國王。

如果我說正是這場讓人難忘的會面，讓我決定進入華爾街，那肯定可以造成很大的戲劇張力。但讓我真正踏入華爾街的際遇，卻不像那些收錄在勵志書中的情節般明亮。而是當時，我去了一趟賭場，或那些正直之人所謂的「賭博地獄」。

——

那時，我的父母正在紐澤西的朗布蘭奇避暑，當時那裡有一間大受歡迎的山莊，可以釣魚、划船、游泳和賭博。

父親是西方飯店（West End Hotel）的住院醫師。他擁有兩間房間、一間辦公室、一間臥室。平日，我會乖乖待在城裡，但一到了星期六下午，哈特維希和我就會一起去朗布蘭奇度過週末，晚上就睡在父親辦公室的折疊床上。

偶爾，我會到紐澤西一間叫「小銀」（Little Silver）的寄宿公寓住，大家都稱那裡的房東為迪克·波登（Dick Borden）叔叔。在那裡，帆船賽是一項非常受歡迎的運動競賽。我還記得自己操控著波登的獨桅船「艾瑪·B」，穿越舒茲伯利，通過普萊斯碼頭。我穿著普通的帆船服：一條耐磨的帆布褲，沒有上衣、帽子或鞋子。

我操控著帆船的舵柄和主帆，使船身以極近的距離駛過提防，賣弄自己的身手，這時，我聽到一位女士的聲音。抬起頭來，碼頭上站著一位美麗動人的女子，她身旁是運動員弗萊迪·格布哈特（Freddie Gebhardt）。那位女士為了逗旁邊的伴侶開心，正精確地描述著我的外表。出於自謙，我就不在這裡加以敘述。

儘管如此，我當下確實非常高興——現在也依然是。在那一瞬間，我分了心。一陣大風直接打上船帆。其他船夫的咒罵聲，讓我趕緊回了神。好在，我剛好來得及將主帆放開，並解決危機。接下來的整天，我沒有什麼特殊表現。回家時，只要想到那位美麗的女士稱讚我的話語，我就心神不寧。後來，我才知道那位女士就是知名演員莉莉·蘭特里（Lillie Langtry）。

當我住在波登叔叔的旅館時，我會步行約五公里的路到蒙茅斯看賽馬，再走同樣的路回家，只為了多省下五十分投注。當時，最著名的賽馬馬匹有「唐尼．斯衛貝克」（Tenny the Swayback）、「宿醉」（Hanover）和「校正」（Correction）。當時，知名的馬匹主人有奧格斯特．貝爾蒙特（August Belmont）、弗萊迪．格布哈特、羅利亞（Lorillards）、莫里斯（Morrises）和德懷爾（Dwyers），德懷爾可能也是在自家馬身上下注最多的人。我記得的賽馬騎師有莫非（Murphy）、麥克勞克林（McLaughlin）和加里森（Garrison），此人正是造成「加里森終結」（Garrison finish，在最後衝刺時超越獲勝）這句話出現的原因。

賭場是讓朗布蘭奇更熱鬧的原因。在西方酒店附近，就是菲爾．達利（Phil Daly's）賭場。我無法經常光顧那裡，畢竟那裡最小的籌碼是一美元，但我喜歡在裡面逛逛，看其他人怎麼玩。賭場內的場面十分驚人壯觀，有賽馬莊家、攤商、運動員和運動選手（這兩者不太一樣）、保險經紀人、批發商、銀行家，不過沒有女人。賭場裡還有所謂的私人房間，專供那些不希望曝光的人使用。

有一天晚上，正當我在觀賞輪盤和法羅牌時，知名的賭博家派特．希迪（Pat Sheedy）走過來對著我說，「年輕人，我有話對你說。」我們走到外面的長廊，他說道：

「年輕人，我注意到你常在這裡虛度時光。請聽我這個過來人的勸，遠離這種地方。我見過你母親那溫柔的臉，還有英挺的父親。事實上，某個晚上你父親還幫我治好了我的腹痛。如果你不遠離賭場，你會讓他們因此傷心難過，對你自己更不會帶來任何好處。」

但我並沒有聽進派特・希迪的勸戒。幾天晚上後，與我年紀相仿，且家境富裕的迪克・邦索（Dick Bonsal），建議我們可以去另外一間賭場，那裡最小的籌碼從五十分開始。我買了兩、三個籌碼，並節儉地使用在輪盤上，只敢押顏色。很快地，我就贏了兩美元，心中充滿得意。突然間，整個房間都陷入了死寂。輪盤停止轉動。

我抬起頭。父親站在一扇門之前。如果老天爺當下能讓我許一個願，我會希望大地裂開，把我吞進去。

我人生中第一次下注的賭金，是父親給我的。當時我告訴他，我認為那匹叫帕沙（Pash）的馬會贏。父親給了我兩枚銀幣，並說如果我真的這麼想，我最好用行動支持自己的判斷。最後帕沙證明自己只是虛有其表。

但在父親眼中，在賽馬場下注跟進入賭場賭博是完全不同的兩件事。他走到賭桌旁，用最輕柔、小聲的語調說，「孩子，等你準備好了，我們就回家吧。」

我很快就出來了。我比父親更快走出賭場的大門。哈特維希正在外頭等著，我滿腔的羞恥立刻轉為憤怒。

「你為什麼要讓父親來這裡？」我壓低聲音質問哈特維希。

哈特維希解釋自己真的沒有辦法。全家人都擔心地想著我是不是溺死了。哈特維希說他自己還在海邊來回徘徊，大聲呼喚我的名字。

回到飯店，我和哈特維希沉默地換下衣服。在我們鑽進床上後，父親最後說了，「站在我的立場想想，為什麼我要把兒子從賭場叫回來。」

過了好一陣子，我才開始有睡意，但母親坐到我的床旁，讓我又醒了。她抱了抱我，並小聲地安撫了我幾句。

那天晚上，我再也睡不著，想著我自己是如何讓家人蒙羞。大約在清晨五點，我爬起床，安靜地換好衣服，並小聲地走出去。我去了火車站，和一些馬伕及馬販在大廳裡吃著早餐，並搭上第一班前往紐約的火車。當太陽升起，我的精神也跟著振作起來。一個身強體健的十九歲男孩，是不會垂頭喪氣太久的。

當我抵達城市時，我已經忘記因為恥辱而從朗布蘭奇落荒而逃的事。我去找了表兄馬庫斯・海曼（Marcus Heyman），他當時正在貝爾維學院（Bellevue College）就讀醫學系，我發現他和其他幾個年輕朋友正準備打一整天的撲克牌。我向他們建議我家空無一人，是打牌的好地方。我們在地下室開始打牌，突然間，馬庫斯跳起來並說，「天啊，是伊莎貝爾阿姨！」

沒錯，母親正準備踏上前門的階梯。我們趕快穿上自己的大衣，並趁她進來前將撲克牌趕快藏起來。經過先前那愚蠢的一夜，我以為母親已經將我視為無可救藥的爛賭鬼。但母親顯然根本沒有注意到其他事，她只是衝過來一把抱住我。

「我太高興看到你了！」她哭出來。「你一直是那麼敏感的孩子，我好怕你有個三長兩短。」

當下，我簡直羞愧到無地自容，但這也讓我更愛母親。接著，她跟我說她有個好消息。在回紐約的路上，有人將她介紹給朱利斯．柯恩（Julius A. Kohn）。他是一位退休的成衣批發商，現在在華爾街。他告訴母親，自己正在尋找一個願意從底層學起的年輕人，且必須願意像法蘭克福的年輕人那樣接受銀行經營方面的訓練。他需要一個思慮嚴謹、可靠、認真工作且（他特別強調）「沒有任何壞習慣」的人。

母親對他說，自己腦中有一個最適合他的人選。

「是誰？」柯恩先生問。

「我的兒子，伯納德。」

隔天，我打給柯恩先生。他向我解釋，在歐洲許多實習生可能工作了很長一段時間，卻因為自己能力有限而無法獲得任何實質成果。他並不打算付我薪水，但他會教我身為一個生意人應該要知道的所有知識。於是，我向威妥．塔圖公司告知我的離職準備。這就是我第一次進入華爾街的情形。

我的新老闆為人嚴格，但並非不親切。從一開始，這份工作內容就讓我深深著迷，更激發了我過去在威妥・塔圖公司從沒感受到的求知欲望。

在眾多知識中，柯恩先生向我介紹了錯綜複雜的套利概念。同一支股票，在不同的地方如紐約、巴爾的摩、波士頓、阿姆斯特丹和倫敦，可能會有些微不同的價差。因此，如果能在阿姆斯特丹買進並於波士頓賣出、或在巴爾的摩買進並在紐約賣出，就有可能產生套利收益。

儘管我只是辦公室小弟和負責跑腿的，我還是獲得可以計算國外套利交易的機會。你必須非常靈活地跳轉在不同的外幣轉換上，因為一丁點兒的差異都將牽動著獲利結果。經過不斷的訓練，最後只要我一聽到荷蘭盾，就能立刻將總額轉換成英鎊，再從英鎊到法郎、法郎到美元，有需要的話也會從美元到馬克。在一次世界大戰和凡爾賽和平會議上，必須處理國際經濟問題的我，也證明了這項能力的關鍵優勢。

另外，當鐵路公司進行重組時，總會發行新債券來取代舊債券，而我們公司也會買賣這些新債券。如果重組後的公司獲得市場喜愛，新債券的價值最終會升得比舊債券高。因此只要購買舊債券，並等到鐵路公司發行新債券，我們再以新債券賣出，往往可以從中賺到一筆。不過，如果重組的過程不順利，也很有可能因此變成滿手舊債券。

身為非正規職員的我，就這樣在最前線見識到套利交易、外匯和重組。那些記錄著密密麻麻商業行為的會計本，成為我最喜愛的讀物。我似乎天生就對這些交易充滿了強烈的興趣。後來，我也終有一天成為了橫越大西洋這側，在套利交易市場上享有讚譽的大人物。

在我為柯恩先生工作不久後，他開始每週付我三美元的薪水。同一年的夏天，三十五年未曾返鄉的父親，終於首度動身前往歐洲。赫曼叔叔、母親和我們幾個孩子，一起送父親上了漢堡船運公司的「哥倫比亞號」。赫曼叔叔一直都很喜歡我，於是他問父親，「你何不帶上伯尼？」

父親說當然可以，只要我來得及回家整理行囊，並準時回到船上。當時已經接近深夜，市區電車的班次變得稀稀落落，但我還是成功地返家並準時趕上船。我和三個古巴人同艙，我們四個人皆飽受暈船之苦，一路上都是病懨懨。

我已經提過自己和德國祖父母相處的情形。在拜訪了他們位於施沃森的家後，父親帶我前往柏林。我對柏林印象最深的地方是布蘭登堡門和滿街跑的德國警察。

父親憎惡德國的軍事主義精神，而他的想法似乎也影響了我。那些穿著制服、耀武揚威地走來走去的士兵，著實讓我心生反感。當時我的拳擊已經練得非常俐落，因此我認為自己可以擊倒那些軍人。我對父親說，我可以讓任何一個在街上找我麻煩的軍人倒在地上。父親只是勸我，說那是最愚蠢的行為。

母親替我去找柯恩先生，告知他我倉促前往歐洲的原因；在我返國後，他非常親切地讓我回去工作。但我沒有在他身邊待太久。當時的我，已經耐不住性子了，又充滿雄心壯志。迪克・萊登和我決定到科羅拉多試試可以一夕致富的金銀礦產業。往常可能會阻止我進行這趟冒險的母親，這次卻沒有出聲反對。

在歷經漫漫的旅途後，我們終於抵達丹佛，並立刻搭上州巴士，前往克里普爾溪。那裡是一個規模很大的採礦城鎮，有酒吧、舞廳、小賭館，一切應有盡有。我們住進全鎮上最好的旅館——宮殿酒店（Palace Hotel），並被分配到一間放滿簡易床鋪的大房間。由於我們抵達的時間非常晚，因此我們不得不跨過一個個熟睡的身軀，走到自己的床位邊。

那裡流傳著各式各樣一夕暴富的故事。印象中，其中一個最大礦脈的主人，是一位到鎮上做木工的工人。當然，我們也聽到了艾弗林・沃爾什・麥克林（Evalyn Walsh McLean）的父親——湯姆・沃爾什（Tom Walsh）崛起的故事。艾弗林就是那位擁有希望之鑽（Hope Diamond）[1]的女士，後來當我去華盛頓後，也和她成為好友。

我決定將自己的「資金」好好地「投資」在「舊金山礦脈」（San Francisco Mine）的股票上。這是我此生第一支股票。由於萊登和我沒有足夠的金錢可以繼續住在宮殿酒店，於是我們搬到附近提供伙食的宿舍內。我將自己在紐約穿的衣服收起來，去舊金山礦脈旁

1 世界上現存最大的一顆藍色鑽石，重四十五・五二克拉。目前，該鑽石藏於華盛頓史密森尼博物院的國立自然博物館中。

的坑道擔任廢石搬運工。

在礦坑裡，搬運工的工作是最耗體力也最沒技巧的工作，只需跟在爆破組的後面，將那些被炸鬆的岩石堆起來，再鏟到那些會被運到地面的桶子或輪車內。工作不久後，有一個魁梧的工人經常刁難我。我決定遲早要和他打一架，證明自己的厲害。但想達到這一點，我就必須先發制人。因此在他出手之前，我直接給了他重重的一拳，他攤倒在地。從此以後，再也沒有人找我麻煩。

萊登和我一起工作。我們排的是日班的工作，因此晚上有大把的時間可以去「命運之屋」。我特別喜歡和宮殿酒店聯合經營的一間小賭場，那是鎮上最時髦且豪華的建築。每天晚上，小筆小筆的賭金都在卡牌與輪盤間來來去去。

在我觀察了各式各樣的賭注結果後，我認為輪盤應該被動了手腳。至少，當賭客投下大筆賭金時，輪盤總會停在對賭場有利的位置上。因此，只要大筆賭金下到哪裡，我就會去押相反的選擇。靠著這個方法，每個晚上我都可以賺到幾塊美元。

正當我覺得自己發現了一個穩定且可靠的賺錢方法後，賭場老闆把我叫到一旁，告訴我賭場不缺我這個客人。

與此同時，我已經升到了爆破組。我負責拿著鑽子讓另一個人用大鎚敲擊。這份工作比搬運工輕鬆。然而，我最大的興趣依然放在隔壁的舊金山礦坑裡。

我和一位在那裡工作的人聊了許久，並發現我的股票一輩子都不會達到那位舌燦蓮花，並將股票賣給我的人所杜撰的美好期望值。在賺錢方面，我學到了第一個教訓——那些企圖透過礦產來致富的人，經常是付出比得到的還多。

我開始想念紐約的美好，迪克·萊登也是，因此我們辭掉在礦坑裡的工作並回到紐約的家。在受到教訓後，我重返華爾街。這次，我待了非常久，直到威爾遜總統將我帶走。

第七章

華爾街教我的那些事

我在華爾街的經歷，也可稱作人性教化的漫長之旅。

股票對人們所產生的神奇魔力，總是讓我驚嘆不已。年輕的時候，我是華爾街裡活蹦亂跳的投機者，並很快就了解到人們為了得到一點「內線消息」，會願意使出各種有趣的把戲。有時候，為了從你口中探得一點風聲，他們會自動自發地請你吃飯、看戲，邀請你到俱樂部玩，或到他們的鄉村宅邸作客。他們總是利用精心設計的問題，讓你放鬆戒心，或抓住對話中最瑣碎的細節，讓你不自覺地成為洩密者。

在熟知這點後，我試著讓自己在所有商業場合中保持沉默，並像特拉普修道會的修士般，恪守原則。但我發現，即便我不發一語，許多人還是會將我的表現視為某種暗示。

那些素昧平生的男人與女人們，總會寫信來問我的意見。直到今天，這些信件未曾中斷過。甚至當我寫下這段話的時候，還有一位手邊有一萬五千塊美元的寡婦寫信來，她問道：「如果我想賺到足以供自己退休的生活基金，我應該現在就開始投資還是晚點再行動？」

在這些問題中，最常遇到的內容有：

「現在的年輕人還可以像你那樣，在華爾街白手起家嗎？」

「你是如何預知一九二九年的市場景氣過熱？」

「我已經太老無法工作了，你能建議我一個安全的投資，好讓我將存款放進去嗎？」

「我手邊有一筆輸光也沒關係的閒錢——你推薦哪種投資？」

當然，經驗給了我許多關於投資與投機買賣的原則與方法。但從這些諮詢信件中，我發現有些人對股票市場的看法，就如同中世紀的鍊金術信仰，企圖尋找點石成金的魔幻奇蹟。但願這世上真有人得到賢者之石（或內幕消息），讓貧者變成富者，或讓每一場經濟恐慌都能化險為夷。

我不認為自己所寫的文字，可以改變這點。對許多人來說，華爾街永遠是一個下注與賭博的地方。然而，股票市場絕不僅僅是一個有空調的室內賽馬場。

事實上，股票市場就像是文明世界的量測指標。股票（或商品交易、債券）的價格會受世上所發生的一切事物影響，如新的投資、美元價格的起伏、天氣變化、戰爭的威脅，或對和平的期待。但這些影響並不像地震儀偵測到地震波那般，以一種非關人類行為的方法，自動地介入華爾街市場。股票市場波動所反映的並不是事件本身，而是人類對此事件的反應——成千上萬名男性與女性從這個事件中，所看見的未來藍圖。

換句話說，股票市場就像是人，而這也是最重要的一點。它反應了人們如何試著預知未來。正是這種強烈的人類特質，讓股票市場隨著男人與女人們內心糾葛的掙扎——希望與恐懼、堅強與怯弱、貪婪與理想，戲劇化地波動不息。

當然，在我以實習生和跑腿的身分進入華爾街時，我完全沒有想到這些。所有的錯誤我都曾犯過，過份地野心勃勃、積極進取，或是犯下自己本不該犯的錯誤。我在華爾街的經歷，也可稱作人性教化的漫長之旅。

當我開始投身於公共領域後，我發現自己過去在金融圈所觀察到的人性，套用在政府事務上，也完全通用。無論是站在股價報價器之前，或在白宮發表演說，人類始終是人類，在戰爭協商與和平會議上，在討論如何發展經濟與控制原子勢力中，人類的本性都是一樣的。

—

我在華爾街的真正起點，應該是一八九一年，當時我加入了位於五十二交易所的豪斯曼公司（A. A. Housman & Company）股票經紀人行列。如同我的第一份工作，這份工作的來源主要也是依賴母親。在她進行慈善工作的同時，認識了迪佛里斯（A. B. deFreece）先生，當時他正在替雅各布．希夫[1]所成立的蒙特菲爾之家（Montefiore Home）舉辦募款活動。在我從科羅拉多州回來後，母親便安排我和迪佛里斯先生見面，而他帶著我去見亞瑟．豪斯曼（Arthur A. Housman）。

沒想到，豪斯曼的弟弟克拉倫斯就是那位我剛搬到紐約，並開始上文法學校時，願意帶我上下學的善良胖男孩。克拉倫斯的工作是該公司的會計。而我那週薪五美元的工作內容，必須負責擔任勤雜工、跑腿、校對員和打雜。

我負責每天早上到辦公室開門，檢查豪斯曼先生辦公桌上的墨水、筆、吸墨紙是否準備妥當。接著，我會將會計簿從保險箱裡取出，放到克拉倫斯的桌上。我負責影印信件，並將信件登記在影印簿上，以及製作每月的報表。如果有其他跑腿的人過來公司，我還必須確認事情是否已經準備完畢。

當時那個年代還沒有股票交換所。每一股被賣出的股票，都必須在隔天下午兩點十五分之前送到。在交易所北邊角落和布洛德街的交口，有一棟數層樓高的建築，裡面都是股票經紀人的辦公室。我們這些跑腿的雜工會上上下下地奔跑，傳遞文件。我會將一疊股票塞進出納員的櫃檯，喊著：「替豪斯曼先生準備支票。」接著又匆忙地趕去遞交其他文件。

某一天，在遞交了一些股票給傑威特兄弟公司（Jewett Brothers）後，我先離開此處去遞交其他文件，再回到傑威特兄弟公司，取回豪斯曼先生的支票。這時，會有許多跑腿工擠在出納員的位置前。而我的身高在此刻就占了很大的優勢。

1 雅各布・希夫（Jacob Schiff）美國銀行家和慈善家，曾以巨額貸款資助日軍，贏得日俄戰爭。以華爾街為基地，是許多重要公司的主管。同時也是「希夫時代」最重要的美國猶太人領袖。

「豪斯曼先生的支票在哪裡？」我越過眾人的頭頂，大聲詢問。

在沒有聽到任何回應後，我又喊了一次：「快點啊，出納員，給我豪斯曼的支票。」

出納員從座位上抬起頭來看著我，說：「給我從凳子上下來。」

「我沒有站在凳子上。」我回。

「如果你再胡鬧，我會走出來好好揍你一頓。」他說。

「是嗎？」我說道。

他打開座位旁的門並走出來，身後還跟著兩個該公司的職員。當出納員看到一百九十公分的我後，只喊了句：「我的老天！」

他們笑了起來，並走回座位。在我成為股票交易所的一員後，傑威特的合夥人偶爾還會對我說著：「給我從凳子上下來！」

當時，我心中優先考量的升職位置，是擔任會計員。儘管我曾擔任父親的會計，但我還是決定參加夜校的會計與合約法課程。直到今日，我依然可以自己從一堆複雜的會計帳本中查出想要的資訊，完全不需要別人的幫忙。

在柯恩的公司時，我學會了熟知自己經手股票公司資訊的重要性。於是，我開始固定閱讀《金融紀事》（*Financial Chronicle*）。只要一有空，我也會拿出《普爾手冊》（*Poor's Manual*）[2]，竭盡所能地將各家鐵路公司的資訊塞進腦中。

可惜那個年代還沒有獎金高達六千四百美元的電視猜謎節目，不然我就可以輕鬆入帳百萬。我可以背出美國主要鐵路的路線，以及該路線收益主要是依靠運送何種貨物與產品。我也可以在不翻閱地圖的狀況下，講出國內哪些鐵路會受旱災或水災的影響，或因新的採礦事業及土地開發而出現改變。

我更經常利用自己僅剩的右耳，好好地蒐集周圍的資訊。想必是我耳聽八方的功力實在驚人，因為不久之後，我對於華爾街消息的掌握程度，比一些我所遇到的大人物還要全面。

很快地，腦中擁有各式各樣實用資訊的我，在跑腿小弟、辦事員，甚至是該公司的初級合夥人之中，變得小有名氣。而我那顆裝滿資訊的腦袋，也讓我吸引了一些老手們的注意，他們喜歡讓我直接告訴他們答案，省去翻找書籍、尋找答案的功夫。

其中一位老手就是米德頓・史顧爾布瑞德・伯爾（Middleton Shoolbred Burrill），他是我認識的人之中，唯一一位持續在股票投機交易中賺到錢的業餘人士。年輕的伯爾是約翰・伯爾（John Burrill）的兒子，在父親的法律事務所實習，其公司客戶還包括范德比爾特家族（Vanderbilts）。他也是豪斯曼的客戶，當他來我們辦公室的時候，總喜歡問我問

2 關於美國鐵路發展的書。

題，省去翻找《金融紀事》或《普爾手冊》的時間。

他的舉動讓我受寵若驚，更給我上了許多課。從他的問題中，讓我明白一位市場經營者會需要哪些資訊，並讓我卯足了勁，企圖取得所有答案。有時，伯爾先生會邀請我一起共進午餐。我們會去交易所和新街角落的舊綜合交易所地下室，一起坐在餐廳的凳子上。在這些時候，我可以吃到奢侈的烤牛肉和馬鈴薯泥。其他時候，我所能吃得起的午餐只是一個三明治搭配啤酒。

在我記憶中，那時的我對於其他從哈佛或耶魯畢業，或身為金融家二代的跑腿者，可以在午餐時點上一頓豐盛的佳餚，心裡多少有些羨慕。

透過伯爾先生，我認識了詹姆士．基恩，他是我所見過最傑出的投機家。身為一名死忠的賽馬粉絲，基恩擁有一匹名叫多明諾（Domino）的賽馬，即將參加康尼島的比賽。他希望能在不洩漏投注者身分而影響到賠率的情況下，在這匹馬身上下注。伯爾告訴基恩，他認為我可以替他下注。

基恩先生在他位於布洛德街三十號的辦公室內，詢問我的意願。在聽我回覆了一或兩個問題後，他確信我確實知道下注的方法，且有足夠能力辦好這件事。於是，他交給了我幾千塊現金。這一生從未在一匹馬身上下注超過幾塊錢的我，帶著大筆現金跳上火車，前往康尼島，並在其他人對這些錢的來源感到好奇前，趕緊投注。

基恩的馬成功贏得了比賽。我在三十四街的碼頭搭上渡輪，返回紐約，口袋還塞著滿滿的現金。當時的我心中充滿焦慮，深怕有人會衝過來揍我，再將所有的錢搶走。

當一陣巨浪打上渡輪的船頭時，我心裡開始想著：「完了，船要沉了。」我緊緊地將衣服束緊，打定主意等船一翻覆，我就要趕緊游走，能游多遠是多遠，千萬不能讓別人抓住我。後來，我才感覺到自己的想法有多麼愚蠢，但這些念頭也反映出了我使命必達的決心，且絕對不允許自己站在基恩先生面前，告訴他因為某些原因我弄丟了任何一毛錢。

—

接著，我開始獨自進行股票投機買賣，在百老匯的霍尼曼王子（Honigman and Prince）公司有個小小的保證金帳戶。現在，如果要在證券交易所中購買股票，你必須放進購買總額的百分之七十的資金，但在那個年代，你只需要將百分之十到二十的現金存進保證金帳戶，股票經紀人會替你打點剩餘的部分。因此，當股價下跌的金額超過我所拿出來的保證金時，經紀人就會將我的股票賣掉，除非我可以拿出更多的保證金。

一般來說，我一次在綜合證券交易所買賣的股票為十股。我購買的對象通常是由破產管理人所管理的鐵路公司，或一些工業公司。

有時候我確實會賺到錢。但任何菜鳥都有走運的時候，而這樣的好運卻經常導致悲劇發生，讓業餘投資人越陷越深。每當我賺到了幾百塊，往往就會立刻賠掉一切，甚至是最初的本錢。

除了砸進自己的錢以外，我還賠掉了父親的錢。有一次，我認為來回行駛於伊利湖普特因灣飯店和陸地的高架有軌電車，肯定是可以獲利的投資項目。告訴我這項計畫的人，是我和父親在一八九〇年從歐洲返航船上認識的人，名叫約翰·凱瑞瑟斯（John P. Carrothers）。我對這項計畫是如此胸有成竹，甚至說服父親拿出大半的積蓄——八千美元來投資。最後，這些錢有去無回，賠得一文不剩。

儘管父親從未責備我，但這筆損失讓我心情十分沉重。我猜想，我對這筆錢的在意程度應該超越父親，畢竟父親真正看重的是人的價值，而不是金錢。

在電車計畫失敗後不久，我向母親表示如果自己有五百美元，就會拿去投資田納西煤鐵公司（Tennessee Coal & Iron）。

「你為什麼不向父親借呢？」母親催促我。

我反對這個提議，經歷了上次的失敗，我不能再拿父親的錢了。

幾天後，父親給了我一張五百美元的支票。無奈記憶總愛玩捉迷藏，使得我忘了自己究竟是否收下了那張支票。父親的舉動給了我莫大的信心，畢竟在我讓他失去那麼多錢後，他卻依舊選擇相信我。而這層讓我感動莫名的意義，模糊了我內心對其他細節的在意。

毫無疑問地，父親就如同心理學家般猜中我內心的掙扎。當下，我的心智就像一個完全處於平衡狀態的天平，只需要施加一點點的力量，就可以完全改變其傾斜的方向，而父親改變了我對事業的想法。

在得到鼓舞的情況下，有些人反而會孤注一擲，但我選擇更加小心。我養成了一個終身持之以恆的習慣——分析自己的失敗，找出導致失敗的原因。隨著我操作的規模越來越大，我也以更具系統性的方式，加深檢討的層面。每進行完一次大動作後（尤其是那些結果不盡如人意的時候），我會從華爾街的利益糾葛中抽身，找一個安靜的地方，再次審視自己的作為，檢討做錯之處。在這些時候，我不會替自己找藉口，心裡所思的是要更嚴肅地防範自己再次犯下相同的錯誤。

無論於公於私，我們每個人都應進行週期性的自我檢討。對於個人或甚至是政府來說，停下腳步問問自己，是否要像過往那般盲目地橫衝直撞，絕對是最明智的舉動。眼前是否有新的情況出現，讓我們必須改變方向或步調？我們是否遺忘了問題的本質，讓自己徒然地浪費精力？在我們所學的知識中，是否有任何方法可避免犯下同樣的錯誤？此外，當我們將失敗看得越透徹，就越能理解其他人和其行為舉止。

年輕的時候，如果想好好地思考並整理自己犯下的錯，並不是件難事。而在股票市場裡，幾乎所有業餘投資者都會犯下兩個根本性錯誤。

第一項，是沒能精確了解自己手中股票的資訊，不清楚那些公司的管理、收益或未來成長目標。

第二項，進行超過其個人經濟狀況的交易，企圖用極少的本金賺得大筆財富。這也是我一開始所犯下的錯誤。最初，我根本沒有什麼錢。當我開始買股票時，我只能拿出一點點的保證金，因此每當股價才波動了幾點，我的股票基本上就有去無回了。而我買賣的行為就像是賭博，不過是想賭賭看哪支股票會跌、哪支會漲。有時候我或許可以猜對，但只要發生一定程度的價格波動，我賺得的利潤也就會隨之一筆勾銷。

當我還在進行這些投機交易時，我成為了豪斯曼公司的債券業務員，並且負責管理客戶的帳戶。那個時期，恰巧是國家經濟狀況最為艱難的時期。一八九三年發生經濟大恐慌，導致許多製造廠和礦場關閉，全國上下還有大量的鐵路因破產進入監管狀態。然而，時至一八九五年，才開始逐漸感受到經濟復甦的氣息。

過去，我從來沒有經歷過大蕭條。但在那個時候，連我都察覺到了經濟蕭條過後的恢復期，會出現絕佳的賺錢機會。

在經濟恐慌時期，人們會覺得好日子一去不復返。但就在一片愁雲慘霧中，人們無法看破在絕望之後，就是燦爛未來的希望之光。如果在這個時刻，你願意購買證券，並耐心地等待經濟復甦之日的來臨，屆時，你對國家的信心將能得到可觀的回報。

根據我所看到的、聽到的和閱讀到的，我明白這就是那些金融界龍頭與企業在進行的動作。他們靜靜地收購那些此刻處於負債狀況的資產，等到經濟狀況一旦回穩，那些違約資產只需要經過適當的管理，往往就能翻身。因此，我試著用自己有限的資產，進行同樣的行為。

最吸引我的，還是無償還能力的鐵路證券。其中一部分原因，或許是我骨子的浪漫情懷，讓我念念不忘童年時期在祖父家中，見到那些朝我揮手的貨運火車司機。另一項原因，則是國內那些因想法不切實際而導致過度開發的鐵路，正在進行整合以圖成為更有效能的資產。

問題在於：哪些證券在經歷重組後，可以存活下來。活下來的公司將產生巨大的價值；而沒能撐過的公司，將變得一文不值。

一開始，我挑錯了證券，但這個結果卻讓我更加努力地研讀一切有關鐵路的資訊。我列出一張清單，上面是那些歷經重組後，似乎屬於理想投資標的的鐵路。為了測驗自己的評斷，我匆匆地在一本黑色小本子上，寫下我對這些證券的預期。

其中一項記錄，建議我賣掉紐哈芬（New Haven）的股票，並購買里士滿與西點站（West Point Terminal）的股票，後者正是後來經過重組所變成的南方鐵路（Southern Railway）。其他意見，還包括看好艾奇遜，托皮卡和聖塔菲鐵路（Atchison, Topeka & Santa Fe）和北太平洋鐵路（Northern Pacific）這兩間鐵路公司。另一條記錄在黑色小本子上的成功預測，則是關於聯合太平洋鐵路（Union Pacific）：如果以當時的價格購買該公司，等到其脫離監管階段並充分發展後，將能得到百分之百的投資報酬。

在研究這些鐵路證券後，我的下一步便是讓別人感興趣進而購買。但這件事並不容易。我只是個默默無名的銷售員，而豪斯曼只是一間小公司。當下的經濟依舊困難。那些我所推薦的鐵路公司，全都處於無力償還的違約狀態，而那些手中握有其證券的人更因此蒙受極大損失。當所有物品都變得廉價時，投資者反而會更加謹慎。

由於我自己根本不認識一些有錢投資的對象，我只能從商業名錄上找名字。我認真地以最整齊的字體抄寫了幾十封信，但得到的回應全都是負面的。

每天下午，股票交易所關閉後，我總會走上百老匯，逐間拜訪辦公室，試著讓別人聆聽我的意見。我記不得自己究竟敲了多少扇門，也不記得自己走了幾英里的路，直到我終於成功地完成第一筆交易。

購買者是詹姆斯・托卡特（James Talcott），他是一流的布料商，至今我對這筆交易的記憶依然鮮明無比。托卡特很高，氣宇不凡，留著銀灰色的鬍子，典型的新英格蘭商人外觀。被他的祕書數次驅趕後，我只好坐在外面等著托卡特下班。當他出現在門口時，我向他自我介紹，並跟著他的腳步走向人行道。而他當時給我的唯一回應，就是一個不耐煩的點頭。

當我們走在街道上時，我忽視托卡特先生一覽無遺的不悅，盡可能以有禮貌且具說服力的方式，表達自己的意見。我用盡一切方法，試圖說服他。在重複說了好幾遍他對我要賣的東西一點興趣都沒有後，托卡特最終還是給了我一筆訂單，要我買進一張奧勒岡—越州鐵路（Oregon & Trans-Continental）年息六%的債券，如果我沒有記錯的話，那張債券後來以七十八美元賣掉。

每一張成交的債券，豪斯曼公司都會給我一．二五美元的佣金。但比起這些佣金，我著眼的是未來。我希望客戶能在聽了我的建議後賺到錢，並進而使他們成為最穩定的客源。

當托卡特先生進場時，股價還未受重組影響，但隨著時間慢慢過去，價格開始水漲船高。而這筆交易只是托卡特先生與我們公司進行一大筆交易的開端。

對其他客戶，我同樣會時時關注自己推薦的公司，並不時地建議他們換到更安全的組合，以提高投資報酬。儘管我對客戶總是盡可能地小心謹慎，對自己的投資卻是極盡所能地瘋狂投機。

直到一件有趣的插曲發生後，我才深刻意識到這兩種雙重金融標準有多麼的矛盾。在股票交易所收盤後，我總是興致勃勃地去從事時下最受年輕人歡迎的各種娛樂活動。股票交易所的成員山迪．海屈（Sandy Hatch），也是一位不折不扣的運動家，他有幾隻鬥雞。鬥雞——或如他們當時所稱的「賽事（mains）」，經常在一間位於一百七十五街、可俯瞰哈德遜河的小旅店舉行。

某天晚上，當鬥雞正進行得如火如荼時，突然有人大喊：「警察！」所有人立刻朝四面八方的窗戶與出口湧去，而我自然不是跑在最後頭的那個。最後證明只是虛驚一場。多數觀戰的人又成群結隊地走回旅店，但我卻回家了。

我心想，如果因為參與鬥雞而被抓到治安法庭上，絕對不是一位年輕股票經紀人想在保守客戶間博得聲譽的好方法。自此之後，我再也沒有參與過任何一場鬥雞。

當時，我的內心正經歷一場所有野心勃勃的年輕人總會經歷的掙扎：是該聽任魯莽的本能，孤注一擲，還是選擇謹慎的細水長流，為明天累積實力。對我來說，謹慎的道路才是致勝的不二法門，當然，磨難與失敗也是不可或缺的歷練。

第八章

成家立業

每當我投機操作的情勢好轉，我們兩人就會滿懷信心，但往往幾天後，我們的希望又隨著市場跌到谷底。

在華爾街工作四年後，我在物質層面也獲得了小小的成就。我的薪水逐漸從一週五元，漲到二十五元，但這項改變，只是徒增我因投機交易而賠掉的數字總額罷了。在我終於對市場交易感到灰心後，我決定找亞瑟．豪斯曼替我加薪。我的目標很高——每週五十美元。

「我無法給你一週五十美元，但我可以給你八分之一的收益。」豪斯曼先生回答。去年度公司獲利為一萬四千美元，因此這也代表我每週可以至少拿到三十三美元。與此同時，如果我能讓業務量增加，那麼每週甚至可以淨賺超過五十美元。

我立刻接受這個條件，並在二十五歲那年成為華爾街公司的合夥人。

身為股票經紀公司的年輕合夥人，我決定稍微放寬自己的個人開銷。我買了一件亞伯特王子（Prince Albert）的大衣、一頂絲質的帽子、以及所有可與之搭配的配件。回想當時，在風光明媚的星期日早晨漫步在第五大道上，絕對是時下最受歡迎的活動。因此在星期天早晨，我會穿上最棒的衣服，特意將皮鞋擦亮，拿起手杖，整裝出發。

我無法由衷地說，我總是非常享受散步的時光。街上也有那些我在華爾街所認識的見習生和跑腿的人，他們有些人是股票經紀人或銀行家的兒子，因此有大筆大筆的錢可花在我無法負荷的休閒活動上。當我漫步在大街上時，他們搭乘的豪華馬車就這樣從我身旁呼嘯而過。很多時候我還是會忍不住嫉妒。

但這是年輕的我所需要克服的另一項心魔。我必須懂得克制自己的嫉妒，好讓嫉妒無法趁虛而入，迫使我做出莽撞的決定，或沉浸在對其他成功者的怨恨之中。

在提議讓我擔任合夥人之前，豪斯曼先生問我為什麼如此急需一大筆錢。我解釋自己想要結婚。

那位等著我的姑娘，叫做安妮・葛瑞芬（Annie Griffen）。第一次見到她，是在我大學畢業典禮上。當時我和一位名叫大衛・申克（David Schenck）的男生走在一起，他的繼父是一間飯店的經營者。接著，他跟兩位迷人的女子交談，他告訴我其中一位是路易絲・甘頓（Louise Guindon），另一位則是路易絲的表親——葛瑞芬小姐。

光是那一眼，就足以讓我對高挑、纖細的葛瑞芬小姐動了心。

我試著盡自己所能，了解她與她的家庭。我得知葛瑞芬小姐和父母——班傑明・葛瑞芬（Benjamin Griffen）夫婦住在一起，他們的家在五十八街西四十一號，是一幢褐色磚牆房。她的家就位在我上班的路途中，每天早晨鬥志昂揚的我，都會從她們家外頭走過。她的父親是聖公會牧師的孫子，也是紐約市立學院畢業生和美國資優學生聯誼會成員，他還有一個兒子，是我弟弟赫曼的同班同學。

葛瑞芬先生在一間名為范・霍尼葛瑞芬公司（Van Horne, Griffen & Company）底下，進行玻璃進口生意。范・霍尼和葛瑞芬一家是表親關係。葛瑞芬太太是豬油商威爾寇斯

（W. J. Wilcox）的女兒，幾年前我曾親眼目睹他的精煉加工廠被燒毀。葛瑞芬家養了幾隻馬，還有一輛馬車。

透過這些蒐集來的資訊，我試圖找出可以和葛瑞芬小姐見面的方法。然而，即便有這些資訊、我們的弟弟還是同班同學，我卻依舊苦無機會。而我那些精心打探來的消息，毫無實質用處。

一天，當我走近葛瑞芬家時，我看見葛瑞芬小姐正走向我。在鼓起所有勇氣後，我靠近她們家門前的樓梯，而她也正好停在那裡。我舉起帽子，問站在我面前的人是否正是安妮．葛瑞芬。

「不，當然不是！」她將頭向上一甩，踏上了台階。

這個舉動讓我受挫頗深，但最後大衛．申克終於透過他熟識的甘頓小姐，介紹我們兩個人認識。

自此之後，我成為葛瑞芬家的常客。安妮的父親反對我的追求，認為我們兩人擁有不同的宗教信仰，而這可能會是一道難以跨越的鴻溝，致使我們無法幸福。但幸運的是，葛瑞芬太太對我還算滿意。

安妮和母親習慣到麻州的匹茲菲避暑，而葛瑞芬先生總是留在紐約。到了週末，我會去找她們。我和安妮會一起去拜訪她的朋友，或是跳跳舞，但更多時候我們會一起騎著腳踏車漫遊到遠一點的地方。

在紐約時，每天早晨我都會經過她們家，而安妮也總是站在窗前向我揮揮手。我們甚至還約定了一個暗號。只要她將遮陽窗簾拉開，就代表葛瑞芬先生已經出門了，這時我就可以去敲敲門。但如果遮陽窗簾關著，我就只好直接去上班。

其他時候，我會和安妮約在中央公園見面。坐在長椅上的安妮會聽我說著，只要等我賺到錢，足以支持兩人的生活後，就會和她結婚。我們結婚的希望一直無法明確，每當我投機操作的情勢好轉，我們兩人就會滿懷信心，但往往幾天後，我們的希望又隨著市場跌到谷底。

一九五一年，羅伯特．摩斯（Robert Moses）帶我到中央公園，讓我看一塊地，他準備在這塊建地搭建遮簷亭子，好讓市民可以在裡面下國際象棋或英式西洋棋。他問我是否願意贊助這個計畫。我看了一眼預定地，就馬上點頭同意了。摩斯對我如此果決的態度，大感驚奇。其實我沒告訴摩斯的是，他選擇的地方，正好是當年我和安妮並肩而坐的地方。

—

在我晉升為合夥人的第一年，公司賺了四萬八千元，因此我得到了六千元。這遠超過我預期的收入，如果我能好好把握這筆錢，我們兩人就可以結婚了。但我依舊沉迷於投機交易。每當我找到一個以為可以賺大錢的投機門路時，就會一股腦將手邊所有的錢，全投進股票或債券交易中。但市場的波動往往讓我血本無歸。這種事情反反覆覆地發生好幾回，我才真正學到教訓，明白不該冒如此大的風險，且應該取出一些資本作為預備金。要是我能早些學乖，就不用浪費大把時間，為那一次次的破產感到痛心疾首。

一八九七年春天，也是我身為豪斯曼合夥人的第二年年尾，我想辦法湊出了數百美元，並買下美國煉糖集團（American Sugar Refining）的一百股。這筆交易是我投機事業中的重要轉捩點。在我買下這些糖廠股票前，我完完整整地研究了製糖公司的前景。你可以說我還是下賭注，但這次，我對自己投注的目標做出了詳盡的分析與預估。

當時，美國煉糖集團占國內糖類製品四分之三的市場，盈餘高達兩千五百萬美元，而且股息很高。然而，該公司的前景卻在當時蒙上一片烏雲。

被稱為「糖業托拉斯」的美國煉糖集團，和咖啡供應商阿巴克爾兄弟（Arbuckle Brothers）開始了一場商業之爭。兩方相互進攻彼此的領地。

另一個更讓人憂心的煩惱，則是遭到國會調查的危機。在當時，進口的製糖原料需要課徵從價關稅（ad valorem tariff），有人謠傳這間糖廠偷偷減少上報的進口量。於是才會展開調查，在查到某些證據後，這項指控確定成立，糖廠必須支付兩百萬到三百萬的稅金。

差不多就在此時，我買進了糖廠股票。然而，最關鍵的一擊還是在進口稅。當時，眾多農民對「托拉斯」表現出極端反感，而這種情緒更反映在人民黨的作為中。一條降低糖類進口關稅的法案在眾議院通過。由於這項法案會讓國外的煉糖廠更容易進入美國，蠶食國內製糖業的收益，因此糖廠的股價大幅下跌。

在聽了參議院的辯論後，我認定參議院會因為西部廣大種植甜菜根農民的利益，傾向繼續維持現有的關稅制度。而這個論點也是糖業代表在華盛頓大聲疾呼的主張，最終他們成功了。在維持關稅、使其大體上與現況差不多的法案通過後，美國煉糖集團的股價迅速飆升，在九月份來到了一百五十九元。

而我繼續和我的收益「周旋」——每當股價上漲，我就會用賺來的錢買更多股份。最後，當我賣出股票時，我的總收益為六萬美元，這讓我覺得自己成為了小富翁。

我做的第一件事，就是打給安妮．葛瑞芬，告訴她我們終於可以結婚了。起初她還不敢相信，直說：「你很快就會以賺進來的速度輸掉這些錢。」我向她保證，「這次我一定會把握住它們。」我告訴她當天晚上就去向她父親提親。

葛瑞芬先生客氣地接待我，卻也堅定地表達他的反對。他說在那些曾拜訪過他家的年輕人裡，我是最讓人喜歡的一位；但我有我的宗教立場，安妮也是。他堅信如此重大的分歧，我們的婚姻不可能幸福。

我把這些話告訴安妮，但這沒有改變她想嫁給我的決心。於是我們將婚期定在一八九七年的十月二十日。

——

在我終於將那些從糖廠股票中賺得的錢都換成現金後，我決定在股票交易所買下一個交易席位。這個位子要價一萬九千美元。當我告訴母親這件事時，我記得母親非常開心，還對我說，「你一定還會走得更遠。」

當天晚上，母親陪我玩單人紙牌。我們總是按照老方法玩，母親翻牌，我來接。當我們正要結束遊戲時，哈特維希走進來。當時已經過了午夜。奈格松小姐和他為了他的續約問題，談了許久，但對話的結果不是很理想。

為了解決他眼前的困境，我表示如果他想安定下來，我可以將自己在股票交易所的位子讓給他，反正位子的名稱還沒定。他接受了，從此結束了演藝生涯。

直到我躺到床上試著休息時，我才突然驚覺自己做了什麼。除了將我的心挖出來，放在桌上任由它痛苦顫抖著，我想不出此刻有任何事情能讓我更痛苦。在經過一夜的輾轉難眠後，我終於決定自己必須要做一件事：替自己買下另一個席位。

在葛瑞芬先生的親戚——牧師兼醫生理查・霍尼（Richard Van Horne）的見證下，我和安妮在她的家裡結婚了。身材矮小、鬍鬚全白的霍尼醫生，擁有牧師最典型的外貌和舉止。在儀式開始前，他告訴我他打算省略聖公會儀式中，提及聖父、聖子與聖靈的那段。對於他如此體貼顧慮到我的信仰，我由衷地表達自己的感謝之情，同時向他再三保證，他可以像平常一樣舉行儀式。

為了度蜜月，我們悠閒地跑去華盛頓，再搭船前往乞沙比克灣的舊康福特角。向來無法適應大海的我，又開始暈船。後來，我們決定向南，拜訪了我出生的卡姆登鎮。

在我們回到紐約後，又跟父母住了一陣子。當時他們已經買下了自己的新家，就位於七十街西五十一號。接著，我們在西區大道的三百四十五號租了一間小公寓，室內的寬度不到四米五。一八九九年的八月，我們的第一個孩子貝拉（Belle）在父親位於紐澤西的夏日小屋裡誕生，由父親親自接生。

我們擁有的第一棟房子，位在八十六街西三百五十一號，是一棟寬敞且足足有四層樓高的褐色磚牆房。而小伯納德就是在這裡出生的。我們家剛好位在一條輕軌電車的尾站，其中一位駕駛員彼得・米諾（Peter Minnaugh）成為了我們的好朋友。在冬日的早晨，我們總會為他準備一杯暖暖的咖啡。而每年的三月十七日也就是小伯納德的生日，彼得會在特意打扮後來拜訪我們，並給我的兒子一枚金幣。

之後，我們又搬到五十二街西六號，住在另一棟更寬敞的褐色磚房裡。最後，才是位於第五大道靠近八十六街的家。

每當想到安妮過去是如何地包容我，我就會想辦法找些特殊的禮物，想讓她驚喜。有一次，我送給她一個相當昂貴的戒指。「不要再送我任何禮物了，」她說，「我已經擁有了最心愛的一切。」

這句話讓我非常感動。

葛瑞芬先生一直堅持他最初的立場，因此沒有參加我們的婚禮。然而，隨著時間慢慢過去，最後他也妥協了。當我聽到他承認自己錯了，以為不同的信仰會讓我們的婚姻不幸時，我內心真的充滿感激。

我們的婚姻之所以可以如此幸福，或許就是因為我們尊重彼此的信仰。在我們結婚後的許多年裡，安妮總會陪我去參加猶太教會的星期五傍晚的禮拜儀式。我保留了自己的猶太節日習俗，至今依舊如此。而安妮會自己去上她的教堂。

我們夫妻達成共識，同意兩個女兒貝拉，和於一九〇五年出生的芮尼（Renee），必須受洗，並跟隨她們母親的信仰。至於兒子，我們決定讓他長大後自己決定信仰。

關於宗教信仰，其中有許多面向並不能讓我完全滿意。但我總是秉持著一條規矩：「絕不質疑他人的信仰，或試著改變對方的想法。」對我來說，每個人對上帝的看法都帶著強烈的個人色彩，這也是他們必須為自己做的決定。而無論這個決定是什麼，我們都必須尊重。

第九章

第一筆大交易

投機者是那些懂得留心未來，以搶得先機者。這種能力在人類社會——無論是在締造和平或戰爭談判裡，都屬於難能可貴的實力。

現在回想起來，我在糖業股票所賺到的那一筆資金，正是我迎向成功投機的開端。由於現代人的使用方式，「投機者」變成了賭徒或盲從者的同義詞。事實上，這個字來自於拉丁文「speculari」，本意為窺探和觀察。

在我認為的定義裡，投機者是那些懂得留心未來，以搶得先機者。這種能力在人類社會——無論是在締造和平或戰爭談判裡，都屬於難能可貴的實力，為了增進這樣的能力，我們有三件事必須掌握：

第一，你必須掌握問題或處境的現實面。

第二，你必須根據這些事實，推論出評斷。

第三，動作必須及時——趁早行動。

我曾聽過許多人將某件事情分析得頭頭是道，或甚至講出絕頂聰明的點子，但一進入實踐層面，他們卻表現出軟弱無力的態度。

在這三點中，及時行動或許是民主社會制度下，最有可能出現問題的一點。在民主體制下，多數人的意見才是主宰事情的最大力量。但在處理嚴峻的問題時，如果要等到所有人都明白「我們必須有所行動」時，通常為時已晚。換句話說，如果所有人都發現了問題有多麼嚴重，就代表這個問題已經病入膏肓，或超出我們的能力範圍。

這個世界上確實有某些問題，必須等待時間給予我們答案。但更多時候，什麼都不做絕對是最糟的解決辦法。

舉例來說，在我擔任第一次世界大戰戰時工業委員會的主席時，我學到如果想在下一次的戰爭中杜絕通貨膨脹與發戰爭財的現象，我們就必須在危機還沒開始前，強制凍結物價、工資、租金和收益。可是，在二次世界大戰開打後，總統富蘭克林．羅斯福和國會都決定「再等等看」。接下來的兩年內，沒有任何一條規範物價的法令頒布，直到通膨危機再次出現，這才有了規範。而同樣的事情也發生在後來的韓戰中。

如果在戰爭剛開始的時候，就針對通膨制訂有效的預防措施，那麼我們現在所背負的國債將至少能減去一半，甚至還能避開某些直到今日，依舊困擾著美國的社會問題。

同樣地，在處理其他政府事務上如果未能搶得先機，很多時候可能的事也會變成不可能，或讓花費大幅暴增。每當我想起伍德羅．威爾遜總統曾經試圖執行的計畫，就讓我不禁感嘆這些年我們為和平所付出的代價，實在太高了。一九一九年，威爾遜提議加入國際聯盟（League of Nations），可惜這個想法對當時的美國人來說過於極端與積極。但試想如果我們加入了，我們當時所必須付出的代價和現在我們為了維護和平所付出的代價，以及我們下一代還必須繼續付出的努力相比，有多麼大的差距。

冷戰期間，我們聽到許多關於「爭取時間」的政策。但我們從未問過自己：我們為什麼要爭取時間？隨著時間的流逝，和平是否正在靠近？如果沒有，我們又能期待自己看見什麼？

在股票市場裡，你必須盡快領悟速戰速決的重要性。關於這點，我有一個畢生難忘的經驗。

回想當時，我正和父母在紐澤西的朗布蘭奇度過國慶（七月四日）週末。星期天深夜，亞瑟・豪斯曼拍了封電報給我，說有一名新聞記者告訴他海軍上將雪利（Schley）在聖地牙哥擊敗了西班牙艦隊。在喬治・杜威[1]於馬尼拉灣之戰取得勝利後，這個消息無疑預告了美西戰爭的終點不遠矣。

隔天就是七月四日，美國的交易市場放假，但倫敦的交易所可沒放假。如果趁倫敦交易所開張的時候搶購美國股票，很有可能會大賺一筆。為了進行這個任務，我們必須待在紐約，分分秒秒守在電報線旁。

然而，當時已是禮拜天深夜，根本沒有火車運行。在努力地找到一些鐵路員工後，我租借了一台可拉動火車頭的鐵路機車，並在其後面掛上一節車廂，好將我帶到紐澤西位於哈德遜河上的碼頭。當克拉倫斯・豪斯曼、弟弟賽林和我在黑夜中朝紐約飛馳而去的時候，時間肯定還沒超過兩點。

那是我第一次搭乘「專車」。多麼地讓人興奮啊！當我們從沉睡的城鎮與村莊旁呼嘯而過時，我腦中還一邊祈禱著明日的任務能成為奈森．羅斯柴爾德（Nathan Rothschild）在滑鐵盧戰役時的翻版。

當時，連英國政府都不敢想威靈頓（Wellington）的軍隊一定會贏，但羅斯柴爾德認為拿破崙注定會被推翻，而他也願意為此賭上自己的財產。起初，駐紮在比利時的威靈頓軍隊表現並不理想，因此導致倫敦證券市場一片蕭條。而羅斯柴爾德為了取得前線第一手消息，早就穿越英吉利海峽，據傳，當滑鐵盧之戰發生且拿破崙軍隊占下風時，他人就在戰場上。在英國官方信使將消息傳回倫敦前，羅斯柴爾德早就讓人將消息捎回去，並讓羅斯柴爾德家族得以在價格反彈前，購買大量證券。

奔馳的火車劃破寂靜的夜幕，歷史看上去就要重演了。想到美國軍隊是如何橫跨半個地球，從古巴一路打到菲律賓，才終於取得陸地與海面上的勝利，就讓我心中升起一股愛國豪情。然而當時的我，根本沒有想到這樣的「美國帝國」，將在未來的歲月裡帶來什麼樣的問題與責任。

當我們抵達位於曼哈頓下城的公司時，我發現匆促之中我忘了帶鑰匙。好在氣窗還開

1 喬治．杜威（George Dewey），美國海軍特級上將，是迄今唯一獲得美國海軍最高軍階殊榮的人。

著，於是我頂著當時不過六十八公斤的賽林，讓他爬進去。在太陽升起來前，我已在電報線旁坐定。

在倫敦交易市場開市後的幾分鐘內，如電影般的情節開始上演。比我們晚一點到辦公室的亞瑟・豪斯曼，不斷撥打著電話吵醒那些還沉浸在假日美夢中的客戶們。總是保持樂觀的豪斯曼先生，生來就是做這行的。當我正忙著打電報時，他那興奮的語句不時地飄進我的耳裡。「美國偉大的勝利……擁有世界力量的美國……新霸主……新市場……可與英國媲美的帝國……數年以來最大的股價反彈……」

接到電話的每個客戶，幾乎都下了單。我們在倫敦市場買進大量的美國股票，一方面是滿足客戶的需求，一方面也是為了公司本身。隔天早晨，當紐約交易市場開市後，美股一路漲不停。在這場作戰中，我們幾乎擊敗紐約所有股票經紀人公司。除了大筆可觀的收益外，豪斯曼公司也贏得眾人的讚美，更被視為機警敏銳的投資公司，深知市場風向。

我不確定是不是因為公司的新名聲，幾個月後，有人向亞瑟・豪斯曼提出一項提議，而這也成為我事業上的重大轉捩點。

這個提案不僅僅讓我操作到有生以來最大的一筆資金，更讓我以一種全新的方式接觸股票市場。此外，這也是我與當時的金融大老湯瑪斯·瑞恩（Thomas Fortune Ryan）建立起長久且至親友誼的開端。

瑞恩是一個讓人難忘的男子，身高一百八十五公分，卻帶著世界上最柔軟、緩慢且溫和的南方口音。有時候，他如果決定要讓對方留下深刻的印象，他還會使用氣音說話。但他的行動與說話相反，總是快、狠、準，更是我在華爾街深交的朋友中，最有人脈與辦法的大人物。從來沒有什麼事情，能讓他吃驚而措手不及。

瑞恩是一名窮困的維吉尼亞州農夫的兒子，但他親手打造自己的權力與財富。他也招來不少嚴厲的批判，人們總說他殘酷無情且不值得信任。當大陪審團在大都會鐵路公司（Metropolitan Street Railway Company）倒閉後，針對他所扮演的角色展開調查時，他們表示沒有發現任何犯罪跡證，但發現「許多值得嚴厲譴責的惡行」。然而，在我和他進行的交易中，他總是非常嚴謹。

在我第一次遇見他時，他已經成為坦慕尼協會（Tammany Hall）的重要領導，更控制了紐約運輸系統。當時，他的目標是入侵詹姆斯·杜克（James Duke）的菸草帝國。

但杜克可不是好惹的對象。曾有一個關於他的故事，可讓人了解他剛強的個性。有一次，他的幾個合夥人透過詹姆斯·基恩，買下足以控制美國菸草公司的股權。杜克知道後，立刻不客氣地對他們說，也許他們可以擁有公司，但他們絕對無法擁有杜克。他會離開這裡，再建立一個足以威脅並吃掉他們版圖的菸草帝國。杜克的競爭對手決定認輸了，他們的頭腦還算聰明，清楚自己絕不會想要一間沒有杜克的美國菸草公司。

後來，杜克陸續併吞了好幾個生意對手。到了一八九八年，除了他的「托拉斯」外，只剩三間頗具規模的菸草公司。其中一間是布萊克威爾公司（W.T. Blackwell & Company），那些喜歡自己捲菸的人特別鍾意該公司的「德罕公牛」（Bull Durham）。另外兩家獨立公司分別為全國菸草公司（National Cigarette Company），該公司的「海軍上將」（Admirals）和杜克的「香甜卡波爾」（Sweet Caporals）深受吞雲吐霧者的喜愛；還有利格特&邁爾斯公司（Liggett & Myers），其咀嚼用菸草「星星牌」（Star Brand）的銷售量勝過杜克的「戰斧」（Battle Axe）。根據報導，當時的杜克每年會花好幾百萬美金，只為了促銷戰斧。

現在，捲菸早已成為菸草銷售額的最大宗，但在一八九八年，美國還是一個充斥著咀嚼菸草、抽菸斗和雪茄，或吸鼻菸的國度。在這三間獨立公司中，擁有咀嚼菸草的利格特&邁爾斯公司，是最重要的對手。在當時，唯一的女性客戶都是南方的鄉下姑娘，她們喜歡用玉米做成的菸斗抽菸草，也會選擇吸鼻菸，或咀嚼。與此同時，教會和主日學開始發起盛大的反捲菸活動。我希望自己不要傷了大家對人類行善的信心，但祕密贊助這些高尚反對運動的人，絕大部分都是菸斗和雪茄的利益關係者，他們利用無辜的大眾，作為自己打壓對手的爪牙。

由於咀嚼菸草會使我噁心，因此我放棄嘗試它，愉快地用德罕公牛的捲菸，來滿足自己。

利格特&邁爾斯、布萊克威爾和全國菸草，屢次拒絕杜克所提出的善意合併計畫。儘管杜克多次發動毫不留情的攻擊，以大減價或廣告宣傳企圖蠶食他們的市場，但這三間公司卻屢戰屢勝。

一八九八年的秋季，其中一間獨立企業，全國菸草被聯合企業龍頭湯瑪斯．瑞恩買下。於是，全國菸草就這樣被併到新的聯合菸草公司（Union Tobacco Company）旗下。該公司成立時雖然不太受到矚目，但其背後的經營者是瑞恩、威廉．惠特尼、威德爾（P. A. B. Widener）、安東尼．布萊迪（Anthony N. Brady）、威廉．艾爾金斯（William L. Elkins）等眾多企業家。公司董事為威廉．巴特勒（William H. Butler），曾是美國菸草公司的副總裁，但後來和杜克撕破臉。

此刻，我們公司在這場醞釀中的菸草戰爭裡，取得一個有利的領先位置。帶來這個提案的人是赫澤廷（C. W. Hazeltine），我們都稱他赫澤廷中尉。他畢業於安納波利斯軍校，後來選擇從海軍退役，投入利益更大的商業活動。在短暫的美西戰爭期間，他曾返回軍隊，現在選擇再次退下。

那天，他來到我們辦公室找亞瑟．豪斯曼。在兩人短暫地交談後，他們坐到我的辦公桌前。赫澤廷對我說，他知道聯合菸草公司正計畫買下利格特&邁爾斯公司，而這將使他們成為可與杜克匹敵的商業對手。赫澤廷強調他和利格特&邁爾斯的人非常熟，他認為他可以為我們牽線。

我的第一步，就是去拜訪曾經是美國菸草公司的執行長、現在更是聯合菸草董事長威廉．巴特勒的兄弟——喬治．巴特勒（George Butler）。再來是瑞恩先生。當時，我跟他們都互不相識。

一開始，他們的對話都很謹慎，但我從言談中確認了他們想買下利格特&邁爾斯的決心，並利用赫澤廷提供給我們的資訊，想辦法說服對方，我們的公司或許可以在這件事上為他們效力。

在得知了巴特勒和其兄弟的決心後，我明白這將是一場與杜克抗衡的戰爭。巴特勒的目標是聚集三大獨立企業於聯合菸草公司之下，讓他們成為杜克的勁敵。

不久之後，在一八九八年的十二月初，聯合菸草公司宣布收購布萊克威爾和其知名品牌「德罕公牛」。這讓利格特&邁爾斯成為市場上唯一一間還未落入杜克或瑞恩手中的獨立公司。

無論杜克之前是否曾留意過巴特勒的野心，但現在的他肯定明白眼前有場硬仗要打。由於利格特&邁爾斯公司的股東大多都是聖路易斯的人，杜克的代理人立刻趕到聖路易斯，試圖用誘人的價格引誘股東。

瑞恩將我召到他的辦公室，並介紹律師威廉・佩吉（William H. Page）給我認識。瑞恩要我們兩人趕去聖路易斯，讓杜克的手下鎩羽而歸。於是，我和佩吉一起搭上火車。

佩吉和我一樣，都是第一次為瑞恩先生辦大事。到了聖路易斯，我們在南方飯店（Southern Hotel）落腳，而喬治・巴特勒也早已抵達此處。我們的第一步，就是去拜訪利格特&邁爾斯的總裁——摩塞斯・維特莫爾（Moses Wetmore）上校。

維特莫爾上校是一位傳奇性人物，平易近人卻也精明幹練。他是普朗特飯店（Planter's Hotel）的主人，並在那裡保留一間套房，我們在這間套房中度過許多愉快的夜晚。

另一位舉足輕重的人物，則是威廉・史東（William J. Stone），綽號「私家偵探比爾」。我不太確定他的職位，但應該是利格特&邁爾斯或維特莫爾上校的代理人。「私家偵探比爾」曾任密蘇里州州長。後來擔任美國參議員的他，曾在美國加入一次大戰前，以冗長的演說阻斷威爾遜總統試圖加強美國商船武裝防禦的努力，成為那十一名「心懷鬼胎」的人。

奇怪的是，我對這連續好幾週的協商內容，記得不多。我們的策略（如果有任何稱得上策略），就是讓自己在社交場合中討人喜歡。

當時的聖路易斯還帶著些許的南方氣息，高壓手段絕對不適合這裡。身為維特莫爾上校老友的巴特勒，不但是一位傑出的玩牌高手，更是說故事的能手。佩吉在這些方面的能力，與巴特勒可是不相上下。幾乎每個晚上，他們都會在上校位於普朗特飯店的套房中見面，輕鬆地喝杯酒，玩玩牌。我和中尉赫澤廷的任務，則是和擁有大筆利格特&邁爾斯股票的繼承人，保持良好的關係。後來，佩吉對我們此場戰役的目標，下了最棒的注解：「利用善意慢慢剝光維特莫爾上校的武裝。」

許多報紙都大篇幅地討論這場協商，而這也是我人生中第一次成為鎂光燈的焦點。這種關注對於一位年僅二十八歲、正試著完成人生中第一筆重大交易的年輕人來說，感覺其實不錯。昨天，報紙還寫著托拉斯的代表已順利完成任務。隔天，情勢卻變得「不明確」。再一天，報導寫著維特莫爾上校將公司賣給我們。

當地人的反應非常熱情。聖路易斯人以利格特&邁爾斯為榮，因此希望該公司能繼續維持其獨立的立場。此外，人們對托拉斯存有一定的成見。有一次，當地擁有近一百名成員的雜貨商協會舉辦了一場遊行，他們走到利格特&邁爾斯工廠前，舉著「反托拉斯」的牌子與臂章。維特莫爾上校親自接見他們，並在沒有給予任何承諾的情況下，就讓他們愉快地離開。

最後的結局就是利格特&邁爾斯的繼承人與股東們，給予上校購買他們股份的選擇權。這些股票再加上他原有的大筆個人持股，讓上校成為決定該公司命運的人。最後，維特莫爾上校選擇了我們。根據訂定的協議書，我們將擁有購買利格特&邁爾斯過半股本的選擇權。當時的價格大約些微超過六百六十萬美元。

在草擬契約時，出現了一個問題：哪一方該負擔這二十萬的法律費用？佩吉和史東決定丟銅板。我們輸了，但因為我們和聖路易斯的股東們建立起珍貴的情誼，所以我認為這筆錢付得很值得。

——

此刻，瑞恩一行人和杜克之間的戰事，已經擴散到更廣的層面。試著掙扎反擊的杜克，成立了一個子公司，叫大陸菸草公司（Continental Tobacco Company），其股票在場外交易所交易。

在當時，場外交易所的位置就是紐約證券交易所前那條寬廣的大街。無論是晴是雨，無論是寒風刺骨的冬日或熱浪撲人的酷暑，股票經紀人都會聚集在布洛德街上，進行交易。他們經常看著附近辦公室的玻璃窗，等著裡面的職員給他們信號，好決定買賣。當交易進行後，經紀人也會打暗號通知。

為了擾亂杜克，並向他誇耀聯合菸草公司的實力與能耐，瑞恩決定攻擊大陸菸草公司的股票。我從聖路易斯被召回，並負責這次作戰。在聖路易斯時，我只是執行團隊的其中一員，但在這裡，我負責發號施令，直接聽命於瑞恩先生。

每天早晨，我會和他先碰個面。他住在離我家不過幾個街區遠的西七十二街，因此我總在進城前先去見他。通常，這時候的瑞恩還沒起床。我會被帶到他的寢室，有時候他會邊刮鬍子邊跟我說話。

儘管數年後，瑞恩先生和妻子不合的傳聞甚囂塵上，但當時的他們，看上去就像一對恩愛的夫妻。瑞恩只對生意方面的事感興趣，眼中再無其他。他的妻子恰巧相反，全部的心思都放在家庭與孩子們身上。她的孩子們（全都是男生），滿屋子到處亂跑。那年冬天，她替我們家的小嬰兒貝拉，織了一件小巧精緻的毛衣外套。

我在場外交易所進行的交易不多，第一筆大生意，就是大陸菸草公司的股票交易。說實在的，當時的我並不是最傑出的交易員，而此生也一直沒能登峰造極。或許在某些方面，我就是缺乏天分。幸好我很早就發現這個弱點。許多人為了省下幾塊錢的佣金決定親自動手，卻反而賠掉上千塊。

為了這場操作，我雇用了兩名股票經紀人。瑞恩先生給我二十萬美金的額度。一八九九年年初，我開始執行。

當時大陸菸草公司的股價為四十五美元。六個禮拜內，我將價格打到三十美元。由於眾人都害怕大陸菸草公司會在這場菸草大戰中蒙受損失，因此打壓工作進行的異常順利。

一般來說，投機空方的股票經紀人會選擇繼續拋出股票，好讓股價更往下掉。但我選擇在價格疲軟的時候買進，回漲的時候賣出。這種策略讓我在打壓大陸菸草公司股價的同時，還可以賺錢。

某一天，當我交易正得心應手時，瑞恩先生趕到我們公司，叫我停止操作。他問我替他輸了多少錢。我告訴他自己一分錢都沒丟，還替他賺了一筆。

「我要你騷擾他們，但不是要你毀了他們。」他溫和地訓斥我，但我知道他心裡頭非常滿意。

透過對大陸菸草公司的突襲，瑞恩展現了他足以撼動托拉斯的實力。在我剛停止操作後不久，就有謠言傳出瑞恩和杜克雙方達成協議。

在他們於一八九九年三月一日舉辦的會議上，美國菸草公司正式同意收購聯合菸草公司。聯合菸草還會連同攜帶布萊克威爾公司的德罕公牛、全國菸草和利格特＆邁爾斯的選擇權。瑞恩、威德爾和布萊迪獲選為美國菸草公司的董事。任務的結果就是：瑞恩和他的人馬成功闖進杜克的大本營，並在大賺一筆的同時，擴大了美國菸草壟斷市場的勢力。

巴特勒兄弟建立聯合菸草公司的最初目的，是打造一個足以威脅杜克托拉斯企業的聯合陣營，但瑞恩抱著不同的想法，他有自己的打算。有人指責瑞恩，說他一開始就暗中勾結杜克。我並不知道實情究竟為何，但根據瑞恩指示我打壓大陸菸草股價的行動來看，這樣的指責顯得相當矛盾。

隨著菸草大戰的落幕，美國菸草公司與其子公司的股價迅速飆升，完全彌補了杜克與瑞恩戰爭期間所損失的金錢，還大賺一筆。

還有值得被提起的另外一件事。幾年後，政府強制解散了杜克的菸草帝國「托拉斯」，儘管他本人大力反抗。在此之後，我巧遇了杜克。「當時，為了反對解散菸草帝國托拉斯的命令，我辛苦奔走，」他說，「只要能將它們重新組起來，要我花多少心血都沒關係。但在解散且彼此相互競爭的情況下，我們賺得反而更多了。」

這就是壟斷經常產生的後果。然而，許多壟斷市場的大企業家，卻沒能真正看清楚壟斷的缺點。

這場菸草大戰，建立起我和瑞恩的商業合作關係。在他於一九二八年過世前，我們一直都是朋友。瑞恩並不是一位容易摸清的人。對有些人，他會表現出反覆無常的態度，一下子慷慨仁慈，一下子冷酷無情。

有好幾次，我都因為堅持使用自己的方法行事，不肯遷就或屈服他或他人的意見，而讓他大動肝火。

而這樣獨立自主的態度，對我們早期的關係是一個重大考驗。當時瑞恩和威廉．惠特尼想方設法要讓詹姆斯．基恩坐牢。他們試圖羅織罪名，以基恩染指的他們有利益關係銀行，控告基恩。當他們要求我出庭作證時，我拒絕了。

這些舊時代的紛爭，往往異常血腥，而且喜歡爭個你死我活，雙方絕不放棄攻擊，更不稀罕對手的仁慈。

我以為拒絕替他們指認基恩，將讓我和瑞恩的關係劃下句點，但經歷此事後，他對我的信任似乎更深了。儘管瑞恩跟基恩雙方戰得難分難解，他們兩人卻對我非常信任，為此，我內心確實也是有些驕傲的。

在那些早期的歲月裡，有一天，瑞恩要我到他新創立的莫頓信託公司（Morton Trust Company）的辦公室。他的辦公桌貼著內牆。我問他，由於近日他對大都會鐵路公司的舉動，讓他招來許多批判（儘管批判內容確實挺公正的），為此他感受如何。他用一貫沉著、和緩且低沉的聲音，回覆：「你有看到任何磚頭從窗戶中飛進來嗎？」

接著，他站起身，走到一個大保險櫃前，說：「這裡有很多東西我需要你拿走，並幫我賣掉。」

保險箱裡面塞滿了喬治亞太平洋集團（Georgia Pacific）的第一期、二期、三期債券。那些債券凌亂地擠在保險箱裡，就好像它們根本不值幾毛錢。根據我的記憶，當時那些債券面值約為九美元。

我叫了一輛馬車，車廂的地面放滿了債券，我連擱腳的地方都沒有。就這樣，我帶著它們回到辦公室。之後，我開始研讀喬治亞鐵路，並想辦法挑起別人對這些債券的興趣。

有一天，當債券的價格來到三十元左右時，瑞恩先生打給我，問我為什麼還不賣掉它們。我告訴他，我只是遵照他叫我在適當的時機點賣掉債券的指示，而我認為價格還會再升高。由於他不斷催促我，我只好在五十元的時候賣出。最後，那些債券的價格升到將近一百。

在利格特&邁爾斯交易後不久，瑞恩要我買下諾福克&韋斯特（Norfolk & Western）公司過半的股份。我想辦法在不讓股價大幅上漲的情況下，替瑞恩買進大量股票，但數量還不足以控制董事會。

另一次，瑞恩要求我買下沃巴什鐵路（Wabash Railroad）的控股權。當時，憑藉著自身的努力，我已成為一流的交易員，還可以在替客戶進行買賣時，不要引起其他人的猜測。有些時候，那些下令讓我進行買賣的客戶，還會故意說「真想知道巴魯克是替誰買賣這些股票」，來擾亂猜測者的分析。

購買沃巴什股票的過程，可以用來解釋股票經紀人是如何彼此合作。當我走進沃巴什的交易站時，我看見坐在那裡的戴夫・巴尼（Dave Barnes）。戴夫是我在朗布蘭奇認識的好友。他和一些朋友在海裡游泳時，喜歡將威士忌裝在小酒壺並掛在脖子上，覺得冷的時候就喝一口，維持身體暖和。

這天，戴夫正在賣沃巴什的普通股，每股價格約為三、四元，優先股為十七元。如果我向戴夫買，我知道他會在賣出後，轉身去買更多沃巴什的股票，並用更高的價格賣給我。

我走過去，在他身旁坐下並說，「戴夫，聽我的話，不要再賣這支股票，收工回家吧。」

「好的，巴里」，他說完後，起身離開。我也不知道究竟是為什麼，他總是叫我巴里。

於是，我開始買進沃巴什的普通股和優先股，而巴尼再也沒有干擾過我的操作。如果當時我試著和他鬥智，就有可能讓客戶損失上千美元。所以我只是單純地請戴夫停止操作，讓我執行自己的任務。他知道有一天，我也會為他做同樣的事。這就是當時的股票經紀人在彼此認識且相互信賴時，會有的一種默契與相處方式。

由於我在利格特&邁爾斯收購案中所扮演的角色，我們公司賺到了十五萬美元的佣金。在考量該筆交易的規模與其重大的影響後，這筆佣金實在稱不上多。但當時的我不像後來那樣對佣金精打細算。況且，這筆錢對豪斯曼公司來說相當可觀。加上這筆收入後，我們當年的營收高達五十萬零一千美元。亞瑟・豪斯曼先生慷慨地將我的股份大幅提高，於是我得到了三分之一的利潤。現在，我們搬到布洛德街二十號一間更大的辦公室裡，且逐漸成為金融圈裡舉足輕重的股票經紀人公司。

第十章

內線消息的誘惑

內線消息，具有一種蒙蔽人們理性思考的力量。某一方面，是因為人們非常在乎自己是否得知他人所不知的消息，即便那些事情根本不是事實。

在分得那筆豐碩的獎金後，我以三萬九千美元的代價，在紐約證券交易所買下了另一個交易席位。兩年前，我以一萬九千美元買下一個席位，並轉讓給哈特維希，這次的價格是上次的兩倍多一點，但我對此並不在意。

看到我的名字終於列在證券交易所的成員之中，讓我的心情不由自主地飄飄然起來。帶著驕傲與志得意滿的興奮，我準備展開新的金融冒險之旅。但是很快地，我就學到賺錢是一回事，存下錢又是另一回事。事實上，賺錢遠比存錢來得容易。

而我現在犯下的大錯，就連剛進入股票市場的業餘玩家也不會犯。我聽說，美國烈酒釀造公司（American Spirits Manufacturing）的股票很值得購買。這個消息或許是湯瑪斯．瑞恩跟我說的，也有可能某個跟他比我還親的人說的。總之，我對瑞恩的商業眼光信心十足，於是我毫不猶豫地買了。

美國烈酒釀造公司是過去被稱為「威士忌托拉斯」的蒸餾&飼牛協會（Distilling & Cattle Feeding Association）於一八九三年因經濟恐慌而倒閉後，所剩下的殘留物（或許宿醉是更貼切的說法）。在我買進這支股票的時候，該公司還是國內規模最大的釀酒廠與經銷商。謠言說，有人企圖將美國烈酒釀造公司和另外三間大型烈酒關係企業合併，合併後的勢力將可以獨霸全美的威士忌市場。於是，我將所有錢都拿去買美國烈酒的股票。

終於，即將進行合併的消息上了新聞——但與大眾的預期相反，該公司的股價卻毫無反應。由於我手邊的現金全部投入股市，預備金不足，因此我只能賣掉其他持股以補足這邊的缺口。結果證明，我這樣的舉動簡直是賠了夫人又折兵。

利格特&邁爾斯交易大告成功，原本還志得意滿的我，也不過才幾個禮拜，這下子又跌到了谷底。

這是我此生經歷過在最短時間，賠掉金額占資產比例最高的一次失敗。不久前，我買了一台黑色光亮的敞篷車給我太太，以及厚平板玻璃燈，還雇用了兩名穿著制服的男僕。現在，我只能告訴她，我們必須放棄戲院裡的包廂，讓我們的夢想暫時緩一緩。

與其懦弱地隱藏這件事，我選擇告訴瑞恩先生，為什麼我會淪落到這田地。

「我有叫你去買這家威士忌的股票嗎？」他問。

「沒有，」我說。我從未問過他這件事，但有一位跟他很親、也很喜歡我的人，說瑞恩先生覺得這支股票值得投資。

「永遠不要相信我對其他人說的話，」瑞恩用一貫平靜的口吻告訴我，「有很多人都會問我問題，但他們沒有資格得到答案。但你不同。」

從威士忌慘案身上，我學到了寶貴的一課。這次的挫敗讓我領悟，關於內線消息，有時候人們會放出誘人的消息，好讓那些小米諾魚游入網中，成為大魚的盤中飧。而我正是那些小米諾魚。

待在華爾街的時間越久，我就越不相信所謂的「內線消息」或「內幕」。假以時日，我相信這些「內線消息」可能會影響英格蘭銀行或美國財政部。

很多時候，捏造出來的內線消息不光只是單純地想誘人步入陷阱。即便那些內部人士相當清楚他們的公司狀況究竟如何，卻也可能因為這層了解，反而讓他們犯下致命的錯誤。

內線消息，具有一種蒙蔽人們理性思考的力量。某一方面，是因為人們非常在乎自己是否得知他人所不知的消息，即便那些事情根本不是事實。不知道內線消息的人會自己研讀經濟新聞，分析經濟狀況，再理智地做出判斷。但如果你給了一個人內線消息，他就會立刻捨棄各種證據，並認為自己比其他人聰明的多。我曾經見過許多內部人士，儘管周遭所有人都判斷他應該盡快賣掉手中的股票，而他卻緊抱不放。

就長期來看，我認為依賴自己對於經濟狀況所做出的客觀評斷，是比較好的投資方法。知名銀行庫恩洛布（Kuhn, Loeb & Co.）的奧托．卡恩（Otto Kahn），總喜歡提起某天與我相遇的情節。那一天，正好聯合太平洋鐵路公司出現許多情況，當他正打算走過來跟我說些什麼的時候，我立刻打斷他並說：「拜託，千萬不要跟我說聯合太平洋發生了什麼。我不希望自己的判斷受到影響。」

美國烈酒釀造公司一路走來，可謂是跌跌撞撞，屍橫遍野。詹姆斯．基恩後來曾跟我說，該公司某些內部人士發現自己可能即將走入絕境，因此使出卑鄙的招數，試著減輕損失。但這些內容並不能作為我失敗的藉口，更不能說明我損失一大筆錢的原因。唯一該受責難的，只有我的判斷。

我的抉擇違反了每一條投機原則的戒律。我敷衍地進行了調查後，決定根據未經證實的資訊行動，最後，如同其他無數人的下場一樣，自食惡果，為自己的莽撞付出代價。

—

經歷了威士忌托拉斯的慘敗後，我花了數個月才重振自己的信心，而時機點卻也剛好。在尋找一個新起點的心態下，我注意到了前州長羅斯威爾．弗洛沃（Roswell P. Flower）的舉動。

亨利．克盧斯（Henry Clews）曾說過，弗洛沃讓他想起那些盛裝打扮的福態農場主人。這個對弗洛沃的形容恰如其分。確實，弗洛沃在紐約州北邊的農場出生，從小喪父，使得他不僅要獨立自主，還必須養活家人。他曾經擔任國會議員和紐約州長。

弗洛沃是經驗豐富的經營者。無論是在芝加哥天然氣（Chicago Gas）與芝加哥、岩島和太平洋鐵路（Chicago, Rock Island and Pacific）上，他都展露了自己的實力，不但能一肩扛起前途無望的公司，更能透過傑出的營運手法，提高公司收益。弗洛沃州長的聲望是如此響亮，人們甚至說他只需要對華爾街的朋友們表示某支股票後勢看漲，就能讓那支股票的股價一飛沖天。

就在這個時候，弗洛沃州長接下了布魯克林運輸公司（Brooklyn Rapid Transit Co.，簡稱B．R．T）的管理。當時，該公司股價為二十美元。州長宣布，B．R．T過去經營不善，但日後在傑出人才的管理下，將創造營收，並使公司股價上升到七十五美元左右。於是，他開始大刀闊斧地進行整頓。接著，公司營收增加，股價也隨之上漲。

一八九九年的春天，B．R．T成為市場上的大熱門。我也趁著這波漲勢，操作了一把，但我的內心卻開始擔憂。B．R．T公司的報表不像正常報表那樣清清楚楚。我的直覺告訴我，一定哪裡出問題了。

然而，州長弗洛沃許下的每個承諾，都逐漸實現了。當股價只有二十美元的時候，他認為應該漲到七十五美元；當股價來到五十美元的時候，他預估還能繼續漲到一百二十五美元。而這些預測的確都成真了。

到了四月，股價來到一百三十七美元，接著開始走下坡。有些人開始議論，這支股票漲得太快、太高，遠超過對其收益預估的根據。我對此說法頗有同感。

一八九九年的五月十二日，早報上出現了一則弗洛沃州長發布的聲明，表示該公司的營收正穩定增加，前景更是一片光明。這項聲明刺激了股價上漲。

但在當天下午，不知道從哪裡傳來的消息，說弗洛沃州長病危，當這個消息傳至交易所後，股價立刻應聲下跌。當天晚上在交易所關閉後，《華爾街日報》刊登了一則讓人放心的頭條，「前州長弗洛沃平安」。報導指出，州長因消化不良而病倒，但已無大礙。然而，在報紙發刊時，州長的身體狀況卻又變成命危。

在身心俱疲的情況下，弗洛沃前往長島一間鄉村俱樂部釣魚。天氣暖和，州長和往常一樣享用了一頓豐盛的午宴（只不過他總是稱這為晚宴），接著喝了一大壺的冰水。幾乎就在一瞬間，他倒下了。當天晚上十點三十分，宣布死亡。

隔天上午，證券交易市場陷入一片恐慌。為了緩衝這波跌勢，有人集結了大量預備金，否則後果不堪設想。預備金來源包括J·P·摩根（J. P. Morgan）、范德比爾特家族、戴瑞爾斯·米爾斯（Darius Mills）、約翰·洛克菲勒（John D. Rockefeller）、亨利·羅傑斯（Henry H. Rogers）和詹姆斯·基恩。

在跌到一百美元以後，該股票開始重新振作，並在大老們聯手護盤的故事傳開後，慢慢爬到了一百一十五元。接著，在大恐慌的危機結束後，那些大老們又安靜地放下B·R·T。儘管其他的股票都在上漲，B·R·T卻緩慢跌近一百。為了維持股價，沃姆瑟公司（I. & S. Wormser）其中一位合夥人的運動員兒子艾力·沃姆瑟（Allie Wormser），以一百元的價格打算買進兩千或三千股。於是我趕緊將所有的股票賣給他。

此後，B．R．T的股票再也沒有回到這個價格。在那年結束前，B．R．T的股價下滑到六十幾元。在整場交易中，我進帳六萬美元。我的信心又回來了。

—

重新找回自信之後，另一項考驗自信的難題，很快就又降臨了。一九〇一年春天，我三十一歲，當時聯合銅礦公司（Amalgamated Copper Company）的創辦人決定一起聯手，抬高公司的股價。聯合銅礦公司於一八九九年創立，他們企圖仿效洛克菲勒掌控標準石油公司（Standard Oil）並壟斷美國煉油市場的做法，操作銅礦。湯瑪斯．勞森（Thomas Lawson）在其於一九〇五年發表、且轟動一時的《瘋狂金融業》（*Frenzied Finance*）中，揭露了這間公司創立的奇怪由來。

做為起點，聯合銅礦公司的創辦者先是以三千九百萬美元的代價，向馬庫斯．戴利（Marcus Daly）買下安納康達銅礦（Anaconda Copper）和其他資產。根據勞森的說法，戴利和他的朋友在同意遲些兌現的情況下，收下了一張由美國國民城市銀行（National City Bank）[1]發的支票。

接著，聯合銅礦公司的股票開始開放認購，資本額為七千五百萬美元。勞森負責宣傳，好引起大眾的興趣。那些金融界的龍頭——亨利．羅傑斯、威廉．洛克菲勒（William Rockefeller）和美國國民城市銀行的詹姆斯．史提曼（James Stillman），以擔保人的身分出現在廣告中。想當然爾，股票的認購價格高達一百美元，甚至出現超額認購。勞森又說，在收到七千五百萬美元的錢後，創辦者告訴戴利先生，他的支票可以兌現了。

他的確兌換了，該公司的帳上也出現了三千六百萬元的帳款，創辦人完全沒有動到自己的一分錢。

儘管如此，一九〇一年春天，當聯合銅礦公司的創辦人齊聚一堂，準備奪下全世界的銅礦供應市場時，完全沒有人知道這些內部狀況的細節。到了六月，他們已將股價從一百推到一百三。華爾街開始盛傳這支股票將漲到一百五或兩百美元。

就在這個時候，我恰巧有機會和著名的咖啡商赫曼．席肯（Herman Sielcken）長談。無論是哪方面的商業活動，赫曼的經驗總是深受重視。眼前的他精力旺盛，剛邁入中年，身體強健，身高超過一百八，黑色的雙眼炯炯有神。咖啡事業非常成功的他，很喜歡在股票市場進行投資操作，儘管他經手的金額相較之下並不算多，但他卻可以從中得知自己的

1 後來的花旗銀行。

判斷力是否準確。

在那個午後，住在華爾道夫酒店（Waldorf）的席肯先生細細分析了銅業的現況。他認為由於當時的銅價過高，因此全世界的銅需求量會下降。銅的市場很快就會變成供過於求，而美國的銅出口量正在下跌。此外，幾年前法國曾發生企圖壟斷銅的事件，其效果開始發酵。席肯先生認為在這些情況下，即便聯合銅礦公司成功仿效法國壟斷銅價的做法，其抬高銅價的目的也不會成功。

我反覆思量席肯先生的觀點，更著手進行調查。調查結果與其假設不謀而合。到了七、八月，聯合銅礦的股價開始下跌。一九〇一年九月六日，總統威廉・麥金萊（William McKinley）在參加水牛城的泛美博覽會時遇刺。此刻，只有摩根才有能力和威望，足以阻止證券交易市場陷入恐慌。股票暴跌，但又回穩。差不多就在此時，我決定放空聯合銅礦的股票。

當然，放空聯合銅礦的舉動是基於我個人的判斷，我認為不管該公司高層再怎麼樣拉抬股價，股價最終都會下跌。但如果股價繼續上漲，那我將為自己的判斷付出代價。

在我才剛進行這些動作後，湯瑪斯・瑞恩（Thomas Ryan）找上我，並說：「伯尼，聽說你正在放空聯合銅礦。我只是想跟你說一聲，現在該公司的某位高層人士恨不得掐死你。」

在那些和聯合銅礦合作的大人物中，包括詹姆斯・基恩。瑞恩的話和基恩的立場，不由得讓我停下腳步，再想一想。再次深思熟慮後，我依舊認為聯合銅礦的做法無疑是挑戰供需原理。回想起紐約市立學院的紐寇伯教授的指導，我深信銅礦的產量即將出現供過於求的情況，並導致銅礦下跌，於是我繼續放空。

在摩根出手挽救股市後不久，聯合銅礦的股價又下跌到一百零六元，此時我賺了一些錢。然而，聯合銅礦的價格又再次往上跑。

九月十四日，儘管各大媒體紛紛表示總統麥金萊的傷勢復原良好，他卻不幸逝世了。這個消息為市場投下一顆震撼彈。此外，華爾街盛傳聯合銅礦的內部人士企圖賣掉手中的股票。我繼續加碼做空，但同時保持謹慎。

由於不斷聽到該公司內部高層人士對我的抱怨，讓我對自己的判斷更有自信。有人說，如果我再繼續放空，將激起那些「大老」的反感。當時還年輕氣盛的我，引用了鮑伯・菲茨西蒙斯的話回應：「爬得越高，摔得越重。」也有人質疑我的做法，認為這樣拖垮一間有前景的公司是很邪惡的舉動。

然而，這些指責都站不住腳。如果聯合銅礦的創辦者沒有過度高估其資產價格，繼而哄抬股價，其股價根本無法衝得這麼高，更不可能像之後跌得這麼深。經濟自行尋求平衡的不可抗拒之力，才是使其股價下跌的原因。

我並不是指責對方有任何邪惡企圖。許多時候，成立此類企業的人心中自然有一定的企業帝國野心，如果能順利發展，自然能符合他們對其資產的高價評估。但我認為聯合銅礦的狀況，並不符合經濟理論。我認為他們企圖不自然地抬高銅價，絕對是不智的想法。而我決定用自己的錢（沒有其他人的錢），支持自己的看法。

在面對那些攻擊的言論，我保持靜默，因為我知道如果自己是對的，我將會是最後的贏家。如果我錯了，我就會賠錢。

然而，不回應的做法或許是錯的。或許我當時應該利用他們自己的說辭，反駁他們自己的話語，指出我在他們身上所看見的不合常理判斷，甚至學他們一樣進行人身攻擊。但我這一生在華爾街打拼的日子裡，都秉持著沉默的原則。或許我的做法有些過頭，但我希望進行獨自的投機操作，不希望有人因為在聽了我的任何隻言片語，跟進我的做法。

所有人都關注著即將到來的聯合銅礦董事會。他們還會繼續維持八%的股息嗎？還是降低？或不做處置？

如果他們決定維持八%，或許會對我們這些放空的人產生不利的結果。有整整一個禮拜，氣氛都很緊繃且充滿不確定性。九月十九日，星期四，股市因總統麥金萊的喪禮而休市。紐約的金融觀察家們一致認為股息將不會改變。

股東大會於一九〇一年九月二十日星期五舉行。在股市收盤後，傳出重大消息，股息從八元降到六元。在星期六短短的開市時間內，聯合銅礦下跌七元，收盤價略高於一百元。我認為星期一就是我的決戰時刻。

接著，奇妙的事情發生了，這件事讓我在不需深思熟慮、事先布局的情況下，坐收漁翁之利。母親打電話給我，「兒子，你知道贖罪日到了嗎？」贖罪日就是禮拜一，下一個交易日。

我的心直往下沉。我知道母親希望我能遵守猶太教最重要的聖日規矩，在當天杜絕一切俗世雜務。

我下定決心，依照自己預期的狀況，事先安排進退。我向替我進行放空該支股票的經紀人艾迪・諾頓（Eddie Norton）表示，繼續執行他的工作。此外，為了保護自己免受股價上漲所造成的傷害，我要另外一位股票經紀人哈利・康坦特（Harry Content）在聯合銅礦的股價升到某個價格時，就替我買進。儘管我非常肯定股價會下跌，但你無法預測那些有權有勢的利害相關者將會如何反擊。因此，我必須為自己做好萬全的準備。

最後，我向所有人表示，禮拜一當天他們將無法聯絡到我，無論事情有多麼緊急。

儘管如此，到了禮拜一我的電話依舊響個不停。當時，我人還在位於紐澤西南艾伯倫的夏日小屋。由於紐約的人找不到我，只好派朗布蘭奇的經紀人聯繫我，但我不接受任何訊息。到了下午，我和太太拜訪了一英里外的母親家。電話也跟著到了那裡。一直到了太陽下山，贖罪日結束後，我才明白發生了什麼事。聯合銅礦開在一百美元，但在一個小時內掉了兩點。一直到中午之前，股價都維持在九十七元之上，接著便開始下滑。如果我當時人在線上，我可能會全部脫手，賺取（相較之下）較小的利潤，並結束這個故事。但到了下午，該支股票持續下跌，最後收在九十三．七五美元，這讓我賺進一大筆利潤，更留下足以應付任何股價反彈情勢的保證金。

情勢的發展，強化並確立了聯合銅礦股價注定會持續下跌的信念，因此我決定不要收手。到了十二月，該股價格下探六十美元。

我不太確定自己是在何時離場，但我記得這筆交易讓我賺進約七十萬美元。這是我當時在單筆交易中，賺得的最大一筆錢。而這個成就或許立基於兩件事：第一，我接受母親要我遵守宗教聖日規矩的期待；第二，聯合銅礦的人不應該違背供需原則。

我在威士忌股票上的慘敗，以及在銅礦公司的成功經歷，確立了一件事：在不受內線消息、小道消息影響或瞎猜的情況下，掌握資訊是非常重要的。在調查資訊時，我學到必須讓自己如外科醫師般冷靜客觀。一旦掌握了正確的資訊，你就能信心滿滿地迎戰那些內部者的做為和反擊。

日後，在面對公眾事務時，我認為這項原則同樣適用。每當我被指派擔任某一政府要職時，我會針對眼下的情況進行地毯式的調查。威爾遜總統總說我「實事求是」。我總是讓事實決定我的主見。後來，當我在抵抗二次世界大戰戰後的通貨膨脹時，許多時候朋友會忍不住對我說，「伯尼，你為什麼這麼不可理喻？你提出來的方案在政治上是辦不到的。」

但即便在這些情況下，我依舊堅守自己的立場，如果只有特定方法可以解決問題，那麼我們就該這麼做。直至今日我仍然深信，沒有任何一位總統或議員可以讓二加二不等四。

第十一章

當恐慌來襲

人類也是一樣。如同野獸般，當恐懼吞噬了他們的理智時，
他們忘記所謂的優雅，更忘記了最基本的禮貌。

我經常被問到，為什麼現在沒有任何一位如二十世紀初那般了不起的華爾街金融巨擘？現代的美國人真的退化成另一支軟弱的民族了嗎？

當然，有一部分的答案是因為今日的股票市場遠和摩根、洛克菲勒、愛德華．哈里曼（Edward H. Harriman）等人的時代，大不相同。政府的新規範讓許多過往、甚至是一九二九年時的操作，都變成違法。我在菸草大戰中替湯瑪斯．瑞恩迎戰詹姆斯．杜克的做法，在今日完全不可行；聯合銅礦的買賣也絕不可能發生。

當然，還有一個層面是稅制，今日的稅制暗示著無論你賺了多少錢，有很大一部分的利潤都要進入國庫。

然而，我深信讓華爾街失去足以進行個人、猶如我年輕時代的冒險環境主要原因，在於今日市場活動所涵蓋的範疇與經濟層面廣度，著實讓人吃驚。

而這個變化也顯示了美國如何從一個開疆破土、企圖征服大陸的民族，驚人地蛻變成維護西方文明穩定性的主要勢力。

我們或許可將這種改變，認定為從無所上限的個人主義進入到承擔全球性責任的變遷。關於這種改變，我認為值得自己在稍後的章節中多加著墨，畢竟這包含了我們國家的諸多歷史背景，更是我們解開未來困境的關鍵之鑰。

回顧我這一生的職業，就像是橫跨在這兩大時代的一座橋樑，但這並不是因為我能預知未來，而是在巨大的時代齒輪轉動之下，我無力抵抗，因而順勢成為這波轉變的推手之一。在我踏入金融界時，正好目睹了金融巨擘如何攀上他們的權力最高峰。當我還沉浸在看著他們如何呼風喚雨、拼死搏鬥時，突然間，我被指派為一次世界大戰的戰時工業委員會主席，必須面對全球性的責任問題。

戰爭結束後，當眾人試著重拾過往的平凡生活時，我則是繼續埋首處理那些棘手問題，除了在巴黎和會上擔任威爾遜總統的顧問，更代表美國參與聯合國原子能委員會。

事實上，在這四十多年裡，我發現自己不斷將早年從商業上學得的知識，和這個不斷向內收緊的新世界、新全球視野所需要解決的問題，相互調和。

五十年前的華爾街在某種程度上，深受少數人的影響（如果還稱不上主宰的話），而現在的情況已有顯著的不同。當時，那些帶有光環的大人物多半為金融家，報紙和星期日副刊大量關注他們的一舉一動，塑造了神祕且使人好奇的氛圍。而這些大人物包括了摩根、哈里曼、瑞恩、洛克菲勒等。

為了顯示當時的市場如何深受一些大膽人物的主宰，我可以提供一個關於丹．雷德（Dan Reid）的有趣例子。他是美國鋼鐵（U.S. Steel）的執行長，但時不時地也喜歡出脫手中的持股，再趁其低價時買回。

在某次激烈的股票下跌期間，雷德一次又一次地襲擊各檔股票，直到整個股市幾乎都被他控制了，他才收手。事實上，雷德之所以可以進行這些攻擊，全拜不穩定的市場情況所賜，這種情況給予大膽的人們一個暫時性的好機會。沒有人比雷德更了解這個道理。即便是最有權勢的銀行家，對於雷德的舉動也相當畏懼。

雷德恰巧很喜歡當時身為摩根年輕合夥人的亨利・戴維森（Henry P. Davison），於是有一天，他打給了戴維森並問：

「哈里（亨利的暱稱），你知道我要做什麼嗎？」

「不知道。」戴維森先生回應。

「你想知道我即將要做什麼嗎？」

「是的。」戴維森熱切地說道。

「你真的想知道？」

「沒錯。」戴維森說，做好接受任何打擊的準備。

「嗯，我決定收手啦。」雷德說。

幾乎就在一瞬間，市場回復平穩。當然，在今天的市場下，沒有任何一個人可以進行為期數天的惡作劇，更沒有一個人可以透過一通電話，讓股市回歸平靜。

如果你想要了解過去股市之間的緊密關係，最好的方式或許就是透過當時位於帝國大廈內的舊華爾道夫酒店。在那個時候，當證券交易市場結束後，幾乎所有交易員都會聚集到華爾道夫酒店。如果你屬於「華爾道夫幫」，就代表你是個成功的人物。我在購買利格特&邁爾斯菸草公司的股票交易中，聲名鵲起，更贏得進入這個小圈圈的殊榮。

在華爾道夫的某個午後，你或許可以和理查・哈丁・戴維斯（Richard Harding Davis）、馬克・吐溫、莉莉安・羅素（Lillian Russell）、詹姆斯・科比特（Jim Corbett）、海軍上將杜威、馬克・漢納（Mark Hanna）、強西・戴普（Chauncey Depew）、珠寶商金・布萊迪（Jim Brady）、艾德溫・霍利（Edwin C Hawley），和數不清的銀行家或鐵路總裁，在此擦肩而過。美國鋼鐵公司的總裁艾伯特・蓋瑞（Elbert Gary）法官也住在這裡，還有查理・史瓦布（Charles Schwab）和詹姆斯・基恩。我曾在華爾道夫一場私人晚宴上，看到約翰・蓋茨（John W. Gates）在百家樂上，下注一百萬美元。

幾乎所有華爾街的重要人物們，都會出現在華爾道夫的現象，也讓此處成了觀察人性的最佳實驗場所。我也曾利用這個特點，進行一場關於人類心理學的實驗，測試一間公司如何在只是出示一張保兌支票的情況下，就取得資助，稍後我將詳述這個故事。華爾道夫酒店有各式各樣的「房間」——帝國廳、孔雀間、台球房，以及擁有知名四面桃花心木吧檯的紳士咖啡廳，這裡就像是一間展示各種人性特質的藝廊。

在這裡，最誘人的活動，莫過於將實業家從一群吹噓者中挖掘出來，或從漫天的謊言中分析出最真實的人性。我一生都無法遺忘某個晚上的華爾道夫，是如何因恐慌而讓那些爭奇鬥豔的名人，轉變成一窩擔心受怕的小動物。

這是我第一次目睹何謂恐慌，而這場恐慌只持續了一晚。與我後來所經歷的恐慌相比（如一九〇七年和一九二九年），這場恐慌對經濟的影響較不顯著。然而，這場發生在一九〇一年五月八日的事件，卻給了我極大的啟發，或許是因恐慌來去總是如此迅速、不留痕跡，也或許是因為我幸運地只是事件的旁觀者，而不是深陷其中的驚惶不安受害者。

—

正如同多數的金融恐慌般，這場戲的舞台設定在人們對「新世紀」過於浮誇的奢望與談論中。各式各樣的觀點激起了這波洶湧的樂觀潮。打敗西班牙的戰績掀起人們對帝國主義的狂熱嚮往，更激發出對外國市場的美好預期。民眾前所未見地投入了股票市場。

我相信也正是在這個時候，女性投入市場的人數創下新高。在棕梠廳的玻璃帷幕下，她們一邊享用著茶，一邊煞有介事地談論美國鋼鐵、聯合太平洋鐵路和聯合銅礦的內幕。男侍、服務生、理髮師——人人口中都有所謂的小道消息。由於市場欣欣向榮，讓那些胡謅出來的小道消息反倒都成了真實，更讓那些騙子成了先知。

有好幾次，市場機制看似開始運作，股市即將出現預期的消退。接著，一支新的股票立刻投入市場，另一波漲勢再度閃現。一九〇一年四月的最後一天，股市創下當時歷史上最高的單日交易量——三百二十七萬零八百八十四股。這個數據，代表在股市開盤的短短五小時內，平均每分鐘都有約莫一百萬美元的交易金額。光是股票經紀公司的佣金費，就高達八十萬美元。

五月三日，股市下跌，跌幅從七點到十點不等。許多人、包括我自己，都認為預期已久的跌勢就要來臨。然而，到了禮拜一五月六日，市場上發生一個神奇的事件——北太平洋鐵路公司的股價大幅上漲。

在證券交易市場的日子裡，我從未遇過比這件事更稀奇的事。北太平洋鐵路公司股票的第一筆成交價為一百一十四美元，比上週六收市時高出四元。第二筆交易價格則躍升到一百一十七美元。此後，該支股票便在一天中斷斷續續地飆出新高，史追特&諾頓（Street & Norton）的成員艾迪・諾頓買下市場上所有的北太平洋鐵路公司的股票。

沒有人可以看懂這波漲勢。北太平洋鐵路公司的董事長也無法解釋。銀行家無法解釋。不斷買進股票的艾迪・諾頓也緘口不談，沒有發表任何言論。

非常幸運地，我是少數在那特別的星期一早晨，就知道內幕的人：北太平洋鐵路公司那令人費解的股票走勢，並非只是罕見的人為操控，而是一場發生在愛德華・哈里曼跟詹姆斯・希爾（James Hill）間的鐵路權爭奪大戰，執行者分別是雙方各自的庫恩洛布銀行和摩根銀行。

在我公布自己是如何不經意地得知此消息前，先容我解釋這兩位企業龍頭的鬥爭緣由。

從華爾街勤雜工起家的愛德華・哈里曼長久以來，就是摩根先生那派人馬的眼中釘。在哈里曼打拼的過程裡，曾不只一次、甚至是兩或三次，打敗摩根。兩人間的敵意逐漸升高漲，摩根先生更用「兩塊錢的股票掮客」，來表達自己對哈里曼的輕視。

在九〇年代晚期，聯合太平洋鐵路是全國最落魄的鐵路公司。在摩根先生拒絕參與該公司的重組後，哈里曼買下了聯合太平洋鐵路的控制權，重整旗鼓，並擴張路線範圍。他不只讓這間公司賺進可觀的利潤，更讓其成為能與希爾、摩根掌管的大北鐵路（Great Northern）和北太平洋鐵路並駕齊驅的對手。

接著，哈里曼用其一貫出手迅速的方式，在對手們根本還沒察覺任何蛛絲馬跡的情況下，悄悄地買下南太平洋鐵路（Southern Pacific）。就這樣，這位「兩塊錢的股票掮客」，成為世界上數一數二的鐵路大亨。

巧合的是，我們公司替哈里曼先生執行一筆大生意，一開始負責人是亞瑟・豪斯曼，後來由克拉倫斯・豪斯曼接手。一九〇六年，查爾斯・休斯（Charles Evans Hughes）和威廉・赫茲（William Randolph Hearst）競爭紐約州州長一職，哈里曼要豪斯曼先生替他下了一大筆注，賭查爾斯贏。在押了數十萬美元後，豪斯曼兄弟停手。聽到這個消息，哈里曼把他們叫來。

「我不是叫你下注嗎？」他命令，「繼續。」

克拉倫斯．豪斯曼告訴我，當他被帶進哈里曼的辦公室、準備向他報告總共下注多少金額時，他見到紐約州民主黨大老芬奇．康納斯（Fingy Conners）。康納斯或許只是去那裡談論有關水牛城碼頭貨運的合約，但我們認為他的現身代表了更高層級的利益交易。

哈里曼購買南太平洋鐵路的交易，主要透過豪斯曼公司進行。當時主導行動者為艾德溫．霍利。儘管如此，當時的我並不知道這項交易，更不認識哈里曼先生。

但我清楚記得有一天，在交易所看到一個略帶弓形腿的矮小男子，帶著大大的圓框眼鏡，渾身散發著緊張的氣息。我轉身問另一名交易員：「那個買下所有聯合太平洋鐵路優先股的矮小男人是誰？」

人們告訴我他就是愛德華．哈里曼。我不知道那天他為什麼會出現在交易所。但我之後再也沒有在那裡遇見他。

由於哈里曼控制了聯合太平洋鐵路跟南太平洋鐵路，因此希爾、摩根這兩個利益集團必須找出進入芝加哥的方法。於是，他們買下伯靈頓鐵路（Burlington），而哈里曼自然將這件事看在眼裡。哈里曼提出擔任該筆買賣第三利益方的請求，摩根拒絕了。作為回應，哈里曼進行了一場華爾街史上最膽大包天的出擊——悄悄地在公開市場買下北太平洋鐵路公司一億五千五百萬的普通股和優先股。

早在四月份的時候，摩根在拒絕讓哈里曼參加伯靈頓鐵路的交易後，便搭船前往歐洲。而哈里曼就和庫恩洛布公司的資深合夥人雅各布．希夫，開始購買北太平洋鐵路公司的股票。

在他們的行動影響下，北太平洋的股票上升了二十五點。但由於整個股市欣欣向榮，因此沒有人單獨注意到此事。諷刺的是，一般普遍認為群眾購買北太平洋股票的原因，是預期該公司因伯靈頓鐵路交易而將獲得的巨大利益。甚至連摩根和北太平洋鐵路公司的內部人士，都因股票飆漲而忍不住賣掉一些持股。

四月底，老練的大北鐵路總裁詹姆斯．希爾，雖然人遠在西雅圖，卻嗅到一絲不尋常的氣味。希爾包下一列個人火車和一條淨空的鐵路後，以破紀錄的高速奔馳到紐約。他在五月三日星期五抵達，並像往常一樣住進荷蘭飯店。當天晚上，希夫先生告知他，哈里曼已經控制了北太平洋鐵路。

這位頭髮蓬亂的西方人，拒絕相信此事。脾氣向來最柔順的希夫先生，再三向他證實此事的真實性。

然而，事實證明希夫的說法也不完全是對的。哈里曼在優先股上確實取得絕對優勢，而在總股本（包含優先與普通股）上也的確占有主導權，但單獨就普通股來看，他並未占有多數。隔天，也就是禮拜六，哈里曼打給庫恩洛布，要求買下四萬股北太平洋的普通股，如果成功了，他就能占主導地位。接到消息的合夥人準備向正在猶太教堂參加活動的希夫先生請示。希夫表示今天就先不買了。

到了星期一，為時已晚。在和希夫談過話後，希爾立刻找來摩根的羅伯特·培根（Robert Bacon）。人在歐洲的摩根接到了一封電報。五月五日星期天，摩根回應了，授權在公開市場買下北太平洋鐵路公司的十五萬普通股。希夫忽略了相當重要的一點，北太平洋鐵路公司的董事仍有收回優先股的權力，因此只要能掌控手中的普通股數量，他們就能保有鐵路的控制權。

也就是在這個時刻，我得知了整件事情的來龍去脈。下面是事情的經過。

—

在柯恩公司工作的時候，我養成了一個習慣，每天都提早一、兩個小時抵達市中心，好看看倫敦的報價是否能讓我有機會進行套利交易。尤其在星期一，我會盡量抽出時間，好掌握上個週末對市場可能造成的影響。

北太平洋鐵路公司股價狂飆的謎，就發生在禮拜一早晨，當時我正站在接發倫敦電報的套利櫃檯前。站在我旁邊的是泰爾伯特．泰勒（Talbot Taylor）——詹姆斯．基恩的女婿，是一名出色的股票經紀人，也是摩根進行棘手市場操作時會找的幫手。

我向泰勒提起北太平洋鐵路公司的股票在倫敦股市的價格，比紐約股市低了好幾點。這番話引起了他的注意。

泰勒的褐色眼珠直直地望著我。他面無表情。

「伯尼，」他開口了，邊用鉛筆的後端點著嘴唇，「你要對北太平洋股票出手嗎？」

「對，」我回答，「我可以跟你說該怎麼賺一筆。在倫敦買，在紐約賣，就可以穩賺套利利潤。」

泰勒繼續用鉛筆點著他的嘴唇，接著是前額。過了好一段時間，他終於說了，「如果我是你，我不會這樣做。」

我沒有問他原因。如果泰勒想讓我知道，他自然會說。我主動向他提起自己之前在倫敦買進的股票，如果他有需要，我可以讓一些給他。

「好吧，」他同意，「你可以在倫敦市場買北太平洋鐵路的股票，但如果我需要這些股票，我希望你可以根據我訂下的價格和利潤，賣給我。」

我同意了。他又站了一會兒。接著，他突然勾著我的手臂，將我拉到別人聽不到我們談話的地方。

「伯尼，」他用近乎氣音的音量說，「我知道你肯定不會干擾我執行買進的操作。這支股票現在處於異常激烈的爭奪戰中，基恩先生在為摩根操作。」

「小心點，」泰勒說道，「不要放空這支股票。我買進的現在就必須交割。倫敦的還起不了影響。」

由於這個無價的消息，艾迪．諾頓在那天之後瘋狂買進股票的行為，對我來說也就一點都不神秘了。我確實可以把這個消息跟別人說，而如果我這麼做了，後來的事態也就不可能如此發展了。但這樣的做法，等同是拆泰勒的臺。如果大家都得知了這個消息，泰勒就無法順利地替他們公司執行買進的動作。

許多股票經紀人都很信賴我，他們可以在完全不用懷疑我洩祕或干擾他們執行任務的情況下，坦白告訴我自己接到的命令。通常我會避免這種交流，以免有時會出現讓人尷尬的情況。有好幾次，我不得不放棄自己先前早已做好的決定，只為了讓別人不要以為我在聽了他們的真心話後，反而做出過河拆橋的舉動。儘管如此，這次我得到的消息卻攸關一筆重大交易。

當我走離套利櫃檯時，我腦中回想著基恩女婿對我說的話。由於摩根和哈里曼都急著想要買進每一股股票，因此北太平洋的股票供應很快就會被鎖死。那些預期該股票即將下跌而選擇賣空的交易員，將無法讓自己全身而退。他們不得不以很高的價格，買進北太平洋股票。為了彌補這部分的損失，他們勢必會拋售其他股票。換句話說，當北太平洋鐵路的股票鎖死時，股市就很有可能崩盤。

另外，我也決定放空市場上幾支龍頭股，趁他們被拋售的時候賺一筆。我下定決心北太平洋的股票一支也不要碰。就後來的情勢來看，選擇當一名旁觀者是不錯的抉擇，讓我可以靜心觀察證券交易市場進入有史以來最瘋狂的動盪。

隔天的禮拜二，也就是五月七日，該股明顯地被軋空。幾乎沒有任何一個人願意賣掉手中的北太平洋股票。交易期間，該股股價拉升到一百四十九元，最後收在一百四十三元。但真正的大混亂出現在三點休市後。

根據當時的證券交易法規，所有買進或賣出的股票都必須在隔天交割。如果有人決定賣空某一支股票，他就必須向某些股票經紀人借股權證書，並在必要的時候支付使用金。如果交易員無法借到所需的股權證書，那買入這些股票的人就可以到市場上，以任何價格購買該股。無論價格多高，那位賣空的交易員都必須接受。

但在北太平洋的事件上，根本沒有足夠的股權證書供放短的交易員商借。因此，在股市休市後，陷入瘋狂的交易員匆忙湧到北太平洋鐵路的交易席位周圍，爭相競標可借到的股票。

我翻閱了紐約《先鋒報》的文檔，企圖喚醒自己對當時事件的記憶。如果我的記憶正確無誤，那麼該報所描寫的瘋狂景象確實一點不假。

每當一位股票經紀人接近人群，那些認為他可能握有北太平洋股票的交易員就會衝過去，讓他狼狽地撞到欄杆上。

「讓我過去，行嗎？」他吼道。「我根本沒有那該死的股票。難不成你以為我會將它藏在衣服裡？」

就在此時，年輕且精力充沛的股票經紀人艾爾・史鄧（Al Stern）走進絕望的人群中，他也是赫茨菲爾&史鄧股票經紀公司（Herzfeld & Stern）的人。他的角色是庫恩洛布銀行（也就是負責替哈里曼買進北太平洋股票公司）的密使。史鄧一派輕鬆地問道：「有誰想借北太平洋的股票？我有一堆可以借。」

他得到的第一個答案，是震耳欲聾的吼叫聲。在幾乎不到一秒的停頓後，所有的交易員都衝向了史鄧。爭相靠近史鄧的群眾，把一台行情指示器都踢翻了，只期盼他能聽見自己嘶吼出來的報價。身強體健的經紀人將瘦弱的經紀人推到一旁。一隻隻舞動並掙扎著的手，在空氣中來回擺盪。

坐在椅子上被擠得動彈不得的史鄧，臉湊著一本簿子，開始記錄他的交易。他先向其中一人嘟嚷著，「好啦，你借到了。」然後又向另一個人抱怨，「看在老天的份上，別再用手指戳我的眼睛。」

其中一名經紀人驅身向前，一把抓住史鄧的帽子，並用帽子接連拍打史鄧的頭，想引起他的注意。

「放下我的帽子！」史鄧拉高聲音尖叫。「要不是你這麼混帳，我可能還可以跟你好好談談。」

但所有的交易員依舊不停的推擠、拉扯，有些人甚至為了更靠近史鄧，幾乎爬到了其他人頭上。他們就像那些即將渴死的人，彼此糾纏不休只為爭取最後一口水，而那些最高、最壯、最大聲的人，理所當然地得到想要的結果。

才一眨眼，史鄧就將他手中所有的股票出借完畢。面色蒼白、衣衫不整的他，努力在人群中尋找一條出路。

隔天，五月八日，北太平洋股票被鎖死的狀況已眾所皆知，恐慌開始蔓延。那些賣空的交易員明白自己必須在今日交易結束前，想辦法替自己弄到股票，因此開始漫天喊價。該支股票開在一百五十五美元，比昨天高出十二點。很快地，股價飆升到一百八十美元。

就在這天，希夫先生發表了公開聲明，宣布哈里曼取得北太平洋的控制權。但希爾、摩根派的人馬，拒絕偃兵息甲。他們決定仰賴實戰經驗豐富的大將——詹姆斯．基恩的判斷，畢竟他是當時最傑出的市場操盤者。

在任何一次操作（包括此次）中，基恩從未現身在證券交易所。事實上，他確實不是交易所的成員。在整場北太平洋股票爭奪戰中，他都待在泰爾伯特·泰勒的辦公室，好讓外人找不到他。當艾迪·諾頓需要向基恩報告時，他會將話傳給哈利·康坦特。哈利會在房間裡漫不經心地閒晃一陣，再悄悄地找上泰勒，將話傳下去。

在交易所裡，恐懼正式凌駕於理智之上。許多人開始拋售手中持股，因而下跌了十至二十點。開始有謠言傳出，說某些股票也出現軋空情形。

當你身處在恐慌的洪流之中，要想不隨波逐流，是極其不容易的事。然而，在這場事件裡我早已事先規畫好，因此我能置身事外，讓理智來引導我。當股票拋售潮湧現後，我開始買進，當日的淨收益金額是我有史以來最高的一次。

我當時更判定，不會有其他股票再被軋空。因為這些銀行家也受夠了眼前的光景，不久後定會試圖結束這場恐慌。在我眼裡，情勢就掌控在兩股龐大的勢力間，而他們早晚會決定讓步。而我認為讓步的決定即將出現。

然而，在休市的鑼聲敲響後，當天下午與晚上都瞧不出任何一絲妥協的跡象。

下午三點到四點半，急著借股票的眾人陷入一陣慌亂。當艾爾·史鄧再度出現時，那些前天跟他借到股票的交易員紛紛衝過去，要求他再借他們一天，眾人的推擠讓史鄧靠著柱子，動彈不得。最後，他爬上一張椅子，要求大家安靜，聽清楚他要說的話。

當所有人終於安靜下來後，史鄧宣布了一個讓人心碎的消息——所有向他借股票的人，必須歸還股票，他無法再續借。

我必須解釋一下，史鄧的做法並不是想榨乾那些放空的交易員，也絕不是抱持著傑・古爾德（Jay Gould）在一八七二年的芝加哥&西北鐵路（Chicago & Northwestern）股票軋空情況下，企圖賺取他人最後一分錢的心態。他這麼做，是因為哈里曼跟摩根的戰爭已經進入攤牌階段，他們必須確認誰掌握了北太平洋鐵路公司。然而，雙方都不能肯定自己究竟握有多少股份，因此只能將股權證書握在手裡。

那天晚上，華爾道夫酒店的大廳和走廊到處擠滿了人，然而這些人和幾天前在此處打扮得光鮮亮麗、怡然自得的人，截然不同。女士們紛紛走避，男士們也顧不得講究穿著。

你是否曾經觀察過在沒有任何威脅的燦爛日子裡，動物們是如何自處的？他們舔著皮毛，花枝招展地表現自己，神氣活現地來回走動，並歌唱著，彼此爭奇鬥豔。人類也是一樣。如同野獸般，當恐懼吞噬了他們的理智時，他們忘記所謂的優雅，更忘記了最基本的禮貌。

只需窺探一眼當晚的華爾道夫酒店，你便能清楚感受到，人類與野獸的差異實在微乎其微。華爾道夫從富麗堂皇的宮殿，搖身一變成了徬徨無助之人的避風港。人們兜轉在不同的團體間，著急地打探關於當前情勢的消息。有些人害怕到一滴酒都不敢喝；有些人則嚇到除了喝酒，再也無法思考。簡單來說，眼前的人群就像是一群狂徒，受毫無理智的恐懼、衝動和情感支配。

只有最勇敢的人，才有能力保持沉著。我見到亞瑟・豪斯曼和「下注一百萬」的約翰・蓋茨一起。那位豪邁爽朗的芝加哥人，把持住他誇張的氣勢。他反駁所有關於他放空北太平洋鐵路股票的謠言，信誓旦旦地說自己絕對沒有損失一毛錢，就算有，他也不會哭天喊地。

儘管這句話的前半段不見得為真，後半段也確實不假。事實上，當時蓋茨過去所賺進的數百萬美元，全都處於岌岌可危的狀態。他和其他大人物心中唯一的疑問便是——今天晚上那兩方勢力是否能達成協議？

—

隔天早晨，一群心力交瘁、面色慘白、近乎無語的人們，包圍了北太平洋鐵路的交易站。在重重守衛的門後，坐著雙方的指揮官和操盤者，沒有任何一個隱藏著妥協、或帶著停戰希望的隻字片語傳出來。

一陣含糊不清的說話聲，掩蓋過了開市的敲槌迴盪聲。一個小時內，北太平洋鐵路的股票以四百美元成交。在中午之前，價格攀升到了七百美元。下午兩點過後不久，總共有三百股以三十萬美元現金成交，平均一股一千元。

我湊巧得知艾迪．諾頓個人放空了這支股票。他後來跟我說，他賭這支股票不可能一直這麼高，否則它將毀掉市場機制。

隨著北太平洋鐵路的股價不斷飆高，其他股票崩盤，有些股價甚至在拋售下，跌了六十點。銀行貸給股票經紀人的活期拆放貸款利率一開始就飆升到了四〇%，後來甚至升到六〇%。所有理智跟價值觀都崩塌了。

在想到許多朋友可能會因為這場風暴而受苦，艾迪．諾頓站在原地，眼眶噙滿了淚。各種誇張的謠言甚囂塵上，其中一個謠言還說亞瑟．豪斯曼在辦公室裡猝死（我後來才知道這個消息甚至被謠傳到了倫敦）。為了駁斥這則傳聞，亞瑟只能現身在交易所，證明他還沒死。

股票經紀公司內部的狀況，就跟交易所內同樣令人心痛。我在霍林斯公司（H. B. Hollins & Company）內的好友佛瑞德．伊迪（Fred Edey），衝到摩根的辦公室內，警告他們如果貸款不能即時到位，當天傍晚，就會有二十間公司倒閉。佛瑞德拜訪了一間又一間的銀行，極力說服他們。他的努力替交易所帶來了數百萬美元，防止一場大危機。

兩點十五分就是最後期限，賣空者必須拿出股權證明進行回補。就在幾分鐘前，庫恩洛布的密使艾爾．史鄧現身。他爬上一張椅子，大聲宣布自己的公司不會強行交割昨天所進行的北太平洋股票交易。

接著是艾迪．諾頓，他宣布自己的公司也不會要求那八萬股如期交割。

危機解除。北太平洋的股價回到三百元。一般股票的價格也穩了下來。

當天晚上五點，告示牌上的消息指出，摩根和庫恩洛布將以每股一百五十美元的價格，提供股票給放空者。終於，華爾道夫的氣氛恢復了。這個消息對所有放空者來說，簡直是慷慨仁慈的好消息。恐慌宣告結束。

沒有人比活潑的蓋茨更加寬心，因為他再也藏不住自己其實也處於賣空窘境的祕密。那天晚上，他在律師麥克斯．潘（Max Pam）、亞瑟．豪斯曼的陪伴下，於華爾道夫的男士咖啡廳招待那些仰慕他的擁護者，大家紛紛向前擠，試圖更靠近他一點。儘管他看上去神情愉悅，但他其實費了很大的勁兒。

「蓋茨先生，您對這場小小的旋風有何看法？」有人問道。

「旋風？」他反駁，「如果你稱這是旋風，那我希望自己這輩子千萬別經歷到暴風。」

「你破產了嗎？」有人相當無禮地發問。

「不過是遭受巨大損失，」這位久經風霜的老將反駁，「你知道嗎，我覺得自己就像那隻我曾在伊利諾州養過的狗。那隻狗總是被大家踢來踢去，導致牠走起路來都有些歪斜。但是有一天，他習慣了這些情形，不再介意那些人的拳腳，於是他決定直挺挺地向前走。就在不久之前，我也像牠一樣不敢正著走路。那些拳腳打得我渾身是傷，但就在今晚的日落時分，我又恢復了從前的我。現在，我可以跟所有人一樣直挺挺地走路，迎接充滿各種可能的星期天。」

隔了一天左右，蓋茨先生啟航去了歐洲，將整件事拋在腦後——或至少從外表上，沒有人看得出來他是否還在為這件事煩心。

隨著事件煙消雲散，問題依舊還在：究竟是誰取得了北太平洋鐵路公司的控制權。哈里曼是一頭獅子，隨時做好戰鬥的準備。但摩根和希爾已經對此事感到疲憊。他們情願以妥協換取未來的和平。一份協同擬定了，根據該份契約，哈里曼取得伯靈頓和北太平洋鐵路董事會的席次，這遠比他先前設下的目標還要高。

第十二章

華爾道夫內的人性

投機與生命是密不可分的。投機生來就存在人類的骨子裡。

許多歷史學家將北太平洋鐵路的股票軋空事件，視作在那個時代下，金融大老叱吒風雲的最佳體現。在往後的幾年裡，也曾經發生了數起所謂的「金融巨擘」一較高下的事，但從未像哈里曼—摩根的對決那般驚心動魄。

在這場爭奪戰中，有一件事特別值得注意。表面上，這件事看起來就好像是兩派勢力的鬥爭，但如果將眼光放遠一點，你會發現這兩派人馬只是用著不同的方式，企圖達成同一個目標——更有效率地整合全國鐵路系統。

不管是摩根或哈里曼，都是受國家經濟成長所操控的魁儡。是的，他們或許在某方面影響了經濟成長的方式或型態，但即便沒有他們，經濟成長與國家的發展也不會因此停滯不前。

每當我回憶起那些曾發生在華爾道夫酒店內的情景，就不得不想起這樣的道理。華爾道夫總是擠滿了那些自認為是鎂光燈焦點的人物。但如果將他們放在漫長美國發展史的舞台上，即便他們真是英雄好漢，卻也只是轉眼即逝的小角色罷了。

華爾道夫充滿了各種浮誇虛假的吹捧和炫耀，但我從不認為這些人之中，有多少人真的相信對方的謊言。舉例來說，有一位股票經紀人艾迪・韋塞曼（Eddie Wasserman），他為人非常親切，但偏偏有一個缺點：喜歡誇大自己經手的交易規模。有一天，他走到華爾街數一數二精明的交易員雅各布・福爾德（Jacob Field）身邊，開口問道：

「雅各布，你猜我今天成交了多少金額？」

「先把你要說的金額除以二吧！」雅各布立刻這樣說。

雅各布是一位身型嬌小的人，帶著德國口音，也沒有受過良好的教育。他的股票經紀人總是跟著他在交易所內東奔西走，因為他總是無法正確地將交易內容記錄下來。

有一次，雅各布的朋友為了感謝他，替他設置了晚宴。身為席間最重要的賓客，他被安排坐在兩位迷人的女士中間。但她們實在不知道該跟他聊些什麼。終於，其中一位女士問他喜不喜歡巴爾札克[1]。他一邊抓著自己的鬍鬚（每當他不知道該說些什麼，就會習慣做出這個動作），一邊說：「我從來沒有在股票之外碰過這東西。」

或許雅各布不懂法國作家，但他懂華爾街。在晚宴上，他給在座的每位女士芮丁公司（Reading）的半股股票。當時，那半股股票的面值為四．五美元。他要所有女士緊緊握住這張股票，因為不用多久，它就會漲到一百美元。但他錯了，是兩百美元。

在華爾道夫裡，值得欣賞的人物簡直是說也說不盡，但其中有三個人，特別讓我感興趣——「鑽石大亨」金．布萊迪、詹姆斯．基恩和約翰．蓋茨。他們各自以不同的方式，

---

1 奧諾雷．德．巴爾扎克（Honoré de Balzac），法國十九世紀著名作家，法國現實主義文學成就最高者之一。他創作的《人間喜劇》（*Comédie Humaine*）共九十一部小說，寫了兩千四百多個人物，是文學史上罕見的文學豐碑，被稱為法國社會的「百科全書」。

闡述著人類最令人費解的謎題——在那些偽裝之下，究竟隱藏著怎麼樣的人格特質？

每當我看到那些打扮得珠光寶氣的人們，總不免想到，如果他們站在鑽石大亨金．布萊迪的身旁，不知會顯得多麼地黯淡無光。

金總是喜歡嚇人，更喜歡被人們掛在嘴邊討論。他從來不使用舊鈔票。只要有任何一張皺了角或變髒的鈔票落入他手裡，他會立刻到銀行兌換硬挺的新鈔。無論何時何地，現身在公眾場合的他一定是西裝筆挺，身旁更總是伴著一位明艷動人的女伴。

但剝去了那層光鮮亮麗的外皮後，布萊迪就是一位親切且完美的好朋友。他的本性之中沒有任何一絲惡意或害人之心。

許多人都認為，布萊迪深深愛著莉莉安．羅素。事實上，有好長一段時間，他都忙著討好埃迪娜．麥考利（Edna McCauley）的歡心，而莉莉安．羅素的身邊也有傑斯．路易森（Jess Lewisohn）的陪伴。這位高大、英挺的男士是路易森銅礦（Lewisohn Copper）產業的法定繼承人。他們四人經常結伴出遊，融洽的氣氛讓他們看上去就像是最契合的朋友。有一天，布萊迪來找我，並告訴我：「伯尼，這實在是太糟糕了，傑斯和埃迪娜私奔去結婚了。」幾年後，莉莉安·羅素嫁給了亞歷山大·摩爾（Alexander P. Moore），也就是後來的駐西班牙大使。

布萊迪是鐵路設備的銷售員，表現一流。他以驚人的努力和付出，累積了龐大的財富。但如果讀者想知道的，是那個在百老匯看秀時，總是過分珠光寶氣而被人稱為「鑽石大亨」的金·布萊迪，這部分還是留給那些對人類心理學更有研究的人們來好好解析吧。

布萊迪有一套說話的個人風格，輕聲細語地吐出一字一句，再以自己說的話自嘲一番。他曾對我說，「有個人想跟我比，看誰吃的火腿比較多。在我下注之前，我先問他究竟可以吃下多少個大火腿。」

布萊迪從不碰茶、咖啡或酒。他也不抽菸。但我從未見過哪三個人加起來的食量，可以超過他。他進食冰淇淋的單位是夸脫[2]，橘子更是一次就要吃上十幾個。當他去旅行時，總會帶上一大籃框的橘子。我還曾親眼見他吃下三、四打的生蠔，作為開胃菜。

半公斤的糖果對布萊迪而言，不過是塞塞牙縫的小點心。事實上，他也是糖果公司佩吉&蕭（Page & Shaw）最重要的顧客。他們甚至為他量身打造了一款特製的點心盒，裡面有十到十二種糖，每款各重一百多公克。

2 容量單位，主要於英國、美國及愛爾蘭使用，一夸脫約等於一·一三六公升。

金的身高有一百八十五公分，體重可觀，但他很熱愛跳舞。他和我最小的弟弟賽林是關係非常親近的好友，兩人更經常結伴參加跳舞比賽，而賽林總是贏得冠軍。布萊迪曾在位於八十六街西的住宅裡，舉辦跳舞派對。我還在派對中榮獲「舞姿最優雅」的獎品。獎品是一隻錶，儘管錶面稍大，但明顯的就是一隻女錶。錶盒外面還鑲著一層珍珠。

多數時候，布萊迪的娛樂都是在公開場合中進行。不過有一次，我向他表示我的妻子和一些朋友們想欣賞他的珠寶收藏。布萊迪要我安排個時間，他會負責招待眾人用餐。於是，我們邀請了將近十二位朋友。那天晚上，我享用了生平最美味的一頓佳餚，更得到無比細膩的服務。每上一道菜，在場的女性們就會收到一件珍奇的珠寶飾品。

這種場合，布萊迪絕對不會吃得比賓客還要多。他會在賓客抵達前，先用過餐。如果要去朋友家用晚餐時，他也會事前先吃飽。

那天晚上，布萊迪大方將自己的個人珠寶從金庫取出，供眾人觀賞。其珍藏大約有二十五或三十組，每一組都包含領扣、飾扣、袖扣、背心扣、圍巾夾針、錶鍊和錶袋、眼鏡，此外還有名片盒、吊帶夾、皮帶環、戒指、石墨鉛筆，以及可拆卸的拐杖手把。這些用品全都以鑽石、祖母綠、紅寶石、藍寶石、珍珠、月長石等各式各樣的寶石裝飾著。布萊迪更向我們解釋，其中一組鐵灰色的飾品是他準備在自己的喪禮上使用。

接著，布萊迪帶領我們參觀他的個人衣帽間。有一整排衣櫃掛滿了晚禮服與無尾晚禮服，分別有銀白色、海軍藍和暗紫色，當然也是少不了黑色。我從未在商店以外的地方，看到這麼多衣服與鞋子。衣櫃裡面還掛著一排佩斯利（Paisley）細毛披肩。專供客房使用的衛浴間，使用純銀打造的浴缸；在更衣間裡，還有一套純金的馬桶。

布萊迪擁有一匹馬，叫金蹄，他替金蹄報名了郊區或布魯克林的障礙賽。「這太簡單了，」布萊迪向朋友們保證，「金蹄至少可以領先一個街區。」大眾對這匹馬的看法也是如此，金蹄的賠率開出十六比五。到了比賽當天，布萊迪的包廂內擠滿了前來欣賞金蹄比賽的朋友，他也顯得意氣風發。他不斷向眾人說著，金蹄肯定會贏一個街區。

結果，那場比賽是我有生以來看過最驚險的賽事。當馬匹紛紛奔向終點線時，其中兩三匹馬的距離非常貼近，幾乎只差一個馬鼻的距離而已，布萊迪用力揮著手臂，嘴巴張得大大的，卻沒有發出聲音。一旁的傑斯．路易森在金蹄身上重押了一大筆錢，同樣緊張得直搓眉頭。

最後，金蹄以一鼻之距險勝，布萊迪的朋友們紛紛向他道賀。然而，面色蒼白的路易森忍不住抱怨：「你不是說金蹄肯定會領先一個街區的嗎？」

布萊迪一時漲紅了臉，伸手指著那塊公布贏家名字的板子，激動得說不出話，良久才突然吐出一句：「不然那板子上的第一名是誰？」

有些時候，當我看到某些人在得到好處後，卻還要抱怨過程太過艱辛，我就會想用這句話回送他們。

——

如果世上真有一位「華爾街巫師」，那麼此人肯定就是詹姆斯．基恩。在我所認識的人裡，最厲害的操盤手絕對非他莫屬。摩根曾命令他操作美國鋼鐵公司的股票，而這也是他造市最成功的光榮事蹟。

當這間鋼鐵財團成立時，需要發行五億美元的普通股和五億美元的優先股，好建立市場。大部分的人都認為，在釋放出高達十億美元的股票後，難免會讓市場和鋼鐵股價遭到打壓。但基恩就是擁有一種神秘的魔力，可以融合買進與賣出的動作，讓市場乖乖地完全聽任他的指揮。基恩那次的造市實在太成功，最後摩根集團只需要拿出二千五百萬美元，剩餘的資金全都由大眾投資者買單。

但我必須補充一點，根據美國證券交易委員會（Securities and Exchange Commission，簡稱SEC）的規定，基恩當時用來造市的方法，現在已不能再使用。

基恩是一位自學者，所有的成功都是靠自己雙手努力掙來（不過話說回來，人人都得靠個人的努力獲取成功）。他出生在英格蘭，在美國西海岸長大，曾當過牛仔、趕騾人、礦工和報紙編輯，直到他正式買下舊金山的礦業交易所席位，正是在這個交易所，他發現自己此生的志向。

基恩的身型中等，總是穿著得體利落，卻從不過度打扮。他下巴那把讓他被稱為「銀狐」的灰色短鬍鬚，總是修剪整齊。唯一能瞥見他早期莽直性格的時刻，就是在他激動的時候，那時的他總會忍不住喊出粗野的加州式髒話。而他那偏高且尖銳的聲音，往往替這些髒話更添加一層穿透力。

基恩在七〇年代來到了紐約，當時正值傑．古爾德操作事業的頂峰。在我結識基恩的時候，他已飽經風霜，來來回回賺進又失去好幾筆財富。然而，面對失敗，他總是面不改色。曾經有一度，他慘賠到必須賣掉家當的地步，但他依然拒絕所有人給予的援助，婉謝大家的關懷。

與我所認識的人相比，基恩在準備投入一場金融戰爭前，總是格外小心謹慎，出手更是無比俐落與準確。而當他確信自己現在的方向絕對沒問題，他也可以拿出驚人的恆心與毅力守株待兔。但只要一發現苗頭不對，他也能隨機應變。

基恩透過某一次行動，讓我徹底見識到何謂高尚的品格。當時，基恩負責替美國纜繩公司（U.S. Cordage Company）操作股票，但他發現該公司的獲利並不符合當時的股價。於是，基恩立刻停止買進，並開始替他所負責的操作者共同基金賣出這支股票。真正讓我感到敬佩的地方在於，他的第一反應是替基金中的其他操作員賣掉股票，而不是明哲保身。

又有一次，美國煉糖集團的股票正處於瘋狂的投機買氣中。當時，一則報導傳到了交易所，報導指出一艘剛進入港口且載著糖原料的商船，出現了黃熱病。消息發布後，美國煉糖集團的股票開始下跌。但是基恩相信這支股票，因此他沒有急著脫手。為了支持美國煉糖集團，他開始買進。

這時，米德頓．伯爾（如果讀者還記得，就是他將我介紹給基恩）詢問基恩，那篇黃熱病的報導將對股市產生何種影響。「我想，我不會說這報導正好分析了這支股票的後勢看漲。」他以一貫的英式態度回應。

在股市裡，基恩總是做多或維持樂觀態度的一方。「第五大道上的豪宅可沒有幾座是做空的人蓋的」，儘管有些作家老以為是我說的，但其實那句話正是出自基恩之口。

有一次，有人問基恩為什麼他已經這麼有錢了，還要繼續在華爾街投機。他說，「你覺得，為什麼獵犬還要追在那第一千零一隻野兔的後頭？投機與生命是密不可分的。投機生來就存在人類的骨子裡。」

基恩熱愛賭博。他名下擁有好幾匹知名的賽馬。以基恩獨子命名的賽馬法克斯霍（Foxhall），在一八八一年的巴黎大獎賽奪冠。而基恩自己最愛的馬——賽斯比

（Sysonby），曾是肯塔基賽馬會的冠軍。

在賽斯比死後，基恩將牠的骨頭捐給美國自然史博物館，博物館仔細地將賽斯比的骨架固定好並進行展示。在一場賽馬秀上，基恩突然想念起賽斯比，怎麼樣也壓抑不住這股思念之情。在幾位朋友的陪伴下，他離開秀場並立刻前往博物館，靜靜地在那裡待上了好幾個小時，沉緬在賽斯比的往日光環回憶。

某一天，股市行情很糟。那天晚上我遇到了基恩，他喝了一、兩杯酒，但衣容依舊整齊筆挺，舉止穩重。當我走向他，抱怨今天股市有多糟糕時，他沉著地回答我：「有時我也會感到精疲力竭，但我總會捲土重來。」

這句話成為華爾街最著名的座右銘，每當事情不如人意時，大家便會用這句話鼓舞自己。每當我遇到麻煩時，我就會想起這句話，並期待像基恩一樣，捲土重來。

基恩很安靜，內斂的舉止和鑽石大亨金・布萊迪截然不同，跟約翰・蓋茨也很不一樣。說到蓋茨，他衣裝俗麗、喧鬧不休、自負，而且此人絕對是我遇過最愛賭博的人，不管是在股市還是在現實生活裡，他都保有一貫的個人風格。

蓋茨擁有一名成功的賭徒所需具備的特質，套句俗語，他就是那難能可貴的「萬中挑一」。成功的賭徒相當罕見。蓋茨膽識過人，從不懂得退縮害怕。在他那看似粗魯的舉止之下，隱藏著冷靜、大膽、足以視破局勢的智慧。

蓋茨的出身是一名推銷員。他可說是最典型的中西部推銷員，穿著俗艷的背心，胸前掛著一條顯眼的錶鏈，黑色圓頂帽斜斜地戴在頭頂。終其一生，蓋茨都是一位推銷員。如果有人認為蓋茨對他所推銷產品的描述不夠精確講究，那麼這世界上就沒有任何一位推銷員可以大膽說自己的推銷是經得起考驗的了。蓋茨對美國的未來充滿信心。他認為美國總有一天會壯大到超乎所有人的預期。他總是能讓空氣中充滿像傳染病的樂觀氣息。

我喜歡蓋茨，也享受和他共處的時光。但我很早就學會，當他將手搭在你的肩膀上，並說：「伯尼，我需要你幫我一個忙」時，你最好趕快溜之大吉。為了預防自己感染上他的樂觀病毒，我必須替自己打了許多心理預防針，像蓋茨那樣擁有敏銳直覺的人，自然能察覺到這一點，但這始終沒有影響到我們的友誼。

在華爾道夫酒店裡，蓋茨最常出沒在有桃花心木吧檯的酒吧和撞球室。多數時候他手中都會端著一杯酒，但如果你以為他會砸大錢品酒，那就大錯特錯了。蓋茨對於「吃」特別挑剔，只會吃自己想吃的食材，但在喝酒方面卻出奇地節儉。

有一次，蓋茨對一間著名的連鎖野雞證券交易所（bucket shop）執行嚴厲的制裁。這次行動是出於道德意識、賺錢的欲望，或追求刺激的本性，我就不多加評論了。

在那個年代，所謂的野雞證券交易所根本就是賭場，顧客可以任意賭紐約證券交易所告示牌上的股價漲、跌。在這裡，並不會有股票被交易。有些大型的野雞交易所，一旦發現有顧客下了一筆很大的訂單在特定股票上，他們就會跑到證券交易所內進行買賣，改變股票的漲跌，好從中大賺顧客一筆。

於是，蓋茨和幾個人決定以其人之道，還治其人之身。他們在一間大型的野雞交易所內，對著某支股票下了一筆大「訂單」，而那支股票的價格已經卡著不動好一陣子。接著，他們抬高該支股票的價格。當蓋茨他們派人去那間野雞交易所收取贏得的現金時，卻發現對方辦公室的玻璃門上，換了一個新名字。蓋茨於是威脅他們，如果不給他們應得的錢，他就要對他們提告，並向媒體揭發，對方這才勉強地付了一部分的錢。

對蓋茨這樣一個以驚人速度燃燒精力的人來說，賭博可幫助他放鬆舒緩。從芝加哥搭火車到紐約的路上，他可以一路玩著撲克牌或橋牌，無論結果是大輸或大贏，一下了火車，他整個人又是滿面紅光，精神抖擻了。

有一次，我在倫敦遇到蓋茨和艾克・埃伍德（Ike Ellwood）上校。我們三個人在阿斯科特賽馬場裡偶遇，那是一個炎熱且使人感到窒息的夏日，但我們每個人都帶著大禮帽，穿著雙排扣的長禮服，準備進入皇家包廂觀賞賽事。我在包廂外頭閒晃，走到了馬票商那裡。蓋茨站在那裡，禮帽被斜斜地掛在後腦勺，長禮服和背心的鈕扣通通都被解開了。

「你對這場比賽有任何看法嗎，約翰？」我問。

「不，伯尼，我沒有。我只打算下一點點注。」他說。

後來我才知道他所謂的小賭注，竟高達七千美元。

那些多話的賭徒常常說著說著，就把自己的錢都說光了。但蓋茨不同。他可以說話說到讓別人口袋的錢都沒了——即便是在一場普通的陶土飛靶比賽裡。蓋茨非常擅長射擊飛靶，但也沒有厲害到無人能及。然而，他總能在自己身上下注，並勝過那些技術比他更精準的對手。他的策略就是喋喋不休，並不斷地將賭金提高，直到對方開始感到緊張。比賽結束後，蓋茨總是會笑著告訴我們，他是如何將一場射擊比賽變成演說大賽。

關於蓋茨在一九〇〇年那場古德伍德賽馬會上，讓「皇家疾風」取勝的偉大事蹟，已有各種版本的故事流傳。而我現在要憑自己的記憶，將蓋茨親口對我說的故事寫下。

運動員約翰·德瑞克（John A. Drake），是知名的愛荷華州州長的兒子。當時他準備帶一批賽馬到英格蘭。在我認識的人裡面，德瑞克是出手僅次於蓋茨的賭徒。蓋茨為了替自己找點樂子，買下了一半的馬。

到了英格蘭，他們請到一位技藝超群的訓練師，並因此贏得了幾場比賽。在某些賽事中，他們的注意力被一隻叫「皇家疾風」的馬吸引了。儘管這匹馬從未贏得比賽，他們還是毅然決然地買下牠。接著，「皇家疾風」就被送去訓練師那裡。

不久之後，蓋茨就發現這匹默默無聞的賽馬速度快得驚人。於是蓋茨請來了知名的訓練師約翰．哈金斯（John Huggins），進行祕密集訓。哈金斯走路有些瘸，蓋茨一邊說故事，一邊模仿了他的走路方式。透過豐富的肢體語言，蓋茨重演了一遍那次訓練——皇家疾風的頭前後擺動著，奔過小丘坡的頂端，哈金斯用力揮動手臂，大喊：

「我的老天，不可能有馬可以跑得這麼快！」

但他們默默地隱瞞了這個新發現。當皇家疾風加入古德伍德賽事時，馬票商將牠的賠率訂為五十比一。該場賽事的大熱門為「阿梅莉克絲」（Americus），牠的主人為坦慕尼協會的主席——理查．郭克（Richard Croker）。

蓋茨和德瑞克開始進行投注，他們透過世界各地——從英國到南非，或從阿姆斯特丹到澳洲，在「皇家疾風」身上下注。儘管如此，賽馬界依舊發覺了這股不尋常的下注。大家都不知道為什麼這匹名不見經傳的馬，竟能得到如此多的支持，但賠率還是降下來了。

比賽當天，現場氣氛十分緊張。蓋茨告訴我他如何在比賽開始前，詢問一名馬票商，他可不可以四比五的賠率，在皇家疾風押上「一點點」注。對於蓋茨口中的「一點點」，你一定要多加留心，但那位馬票商說了「沒問題」，於是蓋茨接著說，「請幫我下五萬鎊。」這幾乎將近是二十五萬美元。

沒有人知道蓋茨和德瑞克在這場比賽中，究竟贏了多少錢。開始有人質疑古德伍德賽的輸贏並不像表面上的那麼單純。如果我沒記錯，比賽之後，相關單位立刻展開調查，結果就是這匹馬和與其相關的部分人士，永遠不得出現在英國賽事上。

但如果將約翰・蓋茨的胡鬧事蹟放到一旁，他可是憑著自己的實力，在今日我們所看到的美國工業架構下，贏得自己的一席之地。他對美國的未來有讓人振奮不已的正面想像。我也相信，他是史上第一個構思出美國十億企業的人。當他提出這個構想時，毫無意外地是在華爾道夫的桌球檯前。我必須再說一句，當時的十億跟現在隨隨便便就能拿出來投資的十億，可是完全不同的概念。

有些人認為蓋茨的想法只是不切實際的幻想，但再也沒有人比經驗老道的摩根更有資格追著彩虹跑，並相信這是一個可行的計畫。而這場行動的結果，就是美國鋼鐵公司的誕生。

蓋茨曾是美國第一間鐵絲網製造商艾克・埃伍德上校的王牌推銷員。不久後，蓋茨開始經營那個足以和埃伍德競爭的鐵絲網生意。由於他經營得實在是太出色了，讓埃伍德不得不買下他的公司。接著，一連串的併購行動展開，最後促成了美國鋼鐵與電線公司（American Steel & Wire Copany）的誕生，而蓋茨又將這間公司賣給摩根，使其成為美國鋼鐵公司的一部分。

至於新公司的總裁，摩根挑選了來自卡內基鋼鐵公司（Carnegie Steel Company）、三十七歲的查理・史瓦布，後來又讓來自伊利諾州的律師艾伯特・蓋瑞（Elbert H Gary）取代了前者。蓋瑞是蓋茨在某次紐約之行中，介紹給摩根認識的。摩根肯定很快就發現蓋瑞和史瓦布或蓋茨相比，有著天壤之別。但蓋瑞跟摩根也非常不一樣。如果說艾伯特・蓋瑞的人生中曾有任何樂趣，我可能無法想像樂趣是怎麼樣發生的。

關於摩根究竟是如何組成美國鋼鐵公司的來龍去脈，眾說紛紜。根據我的記憶，直接驅使他進行這個計畫的動機，在於業界存在著的價格戰爭。至於，說服摩根進行組織與聯合的主角是弗列克（Frick）、史瓦布或蓋茨，就不得而知了。每種版本都有各自的支持者。

不管如何，蓋茨認為他自己應該在董事會中得到一個席位。但他被排除在外，而這件事種下他與摩根的芥蒂，直到蓋茨過世。而我自己更在他們兩人的金融大戰中，不只一次地涉及其中，且扮演了相當重要的角色。

第十三章

我生命中的一大憾事

當我的夢想開始溜走，而計畫又陷入了我事前未曾預想到的危機時，我選擇將自己的目標轉移到防止眾人蒙受損失。

儘管與許多人相比，我不應該再抱怨自己的人生，但有件事始終令我遺憾不已——我從未擁有或經營過一條鐵路。

自我孩提時代開始，當行駛在溫斯伯勒祖父家後面的夏洛特—哥倫比亞—奧古斯塔鐵路（Charlotte, Columbia and Augusta line）上的貨運火車司機，大力向我揮手時，這個夢想就已經在我心中成形。

曾經有那麼一次，我差點就可以完成自己的夢想，那是發生在第一次世界大戰後的事。當時我和詹姆斯．杜克、湯瑪斯．瑞恩促膝長談，我向他們表示南方經濟正處於一個極其理想的發展氛圍，如果能繼續建設從紐約開往佛羅里達的大西洋海岸鐵路（Atlantic Coast Line），想必可以刺激當地的經濟發展。

瑞恩向杜克說：「我們何不買下鐵路，讓伯尼經營？」

不久之後，我和妻子前往杜克位於七十八街和第五大道交口的住宅作客。晚餐之後，主人準備好了幾張牌桌，我發現自己正和大西洋海岸鐵路的總裁亨利．沃特斯（Henry Walters）同桌。當牌玩到一半，沒有加入牌局的杜克走過來，對著沃特斯說：「我想替坐在這裡的伯尼買下大西洋海岸鐵路。你要賣多少？」

「蛤？」沃特斯一臉詫異。「一股六十五元。」

「我買了！」杜克毫不思索地直接回答。

然而，到了第二天早晨，當沃特斯去找了摩根，摩根卻否決了這樁生意。後來我才知道，摩根認為我會將該鐵路的財政交給庫恩洛布銀行。但這是我絕不會做的事。我考量事情的優先順序是——哪間銀行能給我最棒的交易條件，生意就歸誰。

奇妙的是，摩根企業已經不只一次阻擋在我和鐵路夢想之間，而這個事件也並非第一次。一九〇二年，當時我正試著取得路易斯維爾和納許維爾鐵路（Louisville and Mashville Railroad）的控制權。正是因為這場交易，讓人們普遍認為約翰・蓋茨欺騙摩根，讓他多給了自己七百五十萬美元，好取得這條鐵路的控制權。或許我現在公布這筆交易尚未公開的細節，補足故事，還為時不晚。

一九〇一年的夏天，股市還在努力地擺脫北太平洋鐵路股票案的餘波。當時，我做了一份調查，認為路易—納許鐵路是一條傑出的鐵路，或許是當時股市中，最值得投資的股票。於是我開始進行購買，當時股票的價格還低於一百美元，因此我盤算著不妨將手邊可挪用的資金，都拿去購買股票（在未經深思熟慮的情況下，我並不建議大家這麼做）。

在發現我手邊的資金不夠買下該鐵路公司的控制權後，我找了幾位朋友加入我的計畫。其中一位，是艾德溫・霍利，我對他在鐵路經營這塊領域的經歷，大為欽佩。他是兩條鐵路——明尼亞波利＆聖保羅鐵路（Minneapolis and St.Paul）及愛荷華中央鐵路（Iowa Central）的總裁；他也替哈里曼買下了漢廷頓（Huntington）手上持有的南太平洋鐵路股份。

首先，我向霍利解釋路易—納許鐵路與市場上所有公司相比，其價格有多麼和藹可親。接著，我描述了擴張工程的可能性：如果和芝加哥&東伊利諾鐵路（Chicago & Eastern Illinois）相接，就可以擴張版圖至芝加哥，還可以跟大西洋海岸鐵路、南方鐵路或海岸鐵路（Swaboard）銜接。

我也指出，路易—納許鐵路的大多數股份都落在羅斯柴爾德家族手中，而他們在美國的代表為奧格斯特．貝爾蒙特。由於業主不在國內，加上管理態度採取消極政策，延緩了這條鐵路的發展。如果管理階層換成美國人，就可以替這條鐵路帶來更積極且嶄新的方向。

在我認識的人之中，霍利是少數幾位生來就擁有一張撲克牌臉的人。臉色蒼白，面無表情猶如雕像。說話的時候，嘴唇也幾乎沒有變化。在我們的會談過程，他沒有給我任何正面的答覆，於是我心想自己大概沒能引起他的興趣。

加入購買行列的，還有雅各布．福爾德等數人。雅各布在北太平洋鐵路股票軋空期間賺了一大筆，而他這次買下了一萬股。有一天，雅各布注意到我購買股票的動作是逐次減少數量，就對我說：「別傻了。我總喜歡第二次買得比第一次多，第三次再買得比第二次多。」

換句話說，雅各布喜歡支持自己的判斷，儘管他的判斷，必須能立刻證明自己是正確的才行。不過一般來說，他這樣的做法是正確的。

當我的朋友們也開始執行買進的動作後，整個買氣開始被帶動起來，讓路易—納許的股價開始抬升。很快地，那些在我的建議下買進股票的人，都賣掉股票，好賺取利潤。儘管我不斷勸阻雅各布，他也跟著賣掉了。如此一來，這讓我成為除了羅斯柴爾德家族之外，最大的股東。於是我再次開始尋找同盟者，同時繼續買進。

—

一九〇二年一月至二月間，路易—納許的股票如同以慢火煨著，股價緩慢上升。接著，突然開始沸騰。

當我坐在路易—納許的交易櫃檯前時，第一次感受到了大眾對這支股票的熱烈興趣。當我看到一旁的某個買家也下了一些單時，我有點驚訝。我直覺認定這個買家肯定打算買下一大筆股票。每當他開始買進，我就出更高的價。最後，這個買家的身分終於揭曉了，他們是芝加哥&東伊利諾的人馬。

接著，約翰．蓋茨也登場了。他買下大量的股票，一開始是透過他在華盛頓的股票經紀人希伯斯（W. B. Hibbs）購買，後來則由他兒子在紐約新成立的公司哈里斯—蓋茨公司（Harris, Gates & Company）負責接手。蓋茨的購買讓大眾開始猜想路易—納許股票的漲勢，是否只是因為有心人的投機操作。

在情勢緩緩地發展期間，三月的某個午後，剛過三點鐘，霍利出現在我的辦公室。他用一貫的撲克臉告訴我：

「伯尼，請你替我買下路易—納許的控制權。」

我向霍利表示這個操作會需要很大一筆資金，並詢問他的合夥人是誰。他給了我一份名單，包括喬治．克羅克（George Crocker）、H．E．漢廷頓（H. E. Huntington）、柯莉斯．漢廷頓（Collis P. Huntington）太太、亞當斯快遞（Adams Express）的總裁L．C．威爾（L. C. Weir）、鐵路律師湯瑪斯．哈伯德將軍（Thomas Hamlin Hubbard），還有我的合夥人亞瑟．豪斯曼。後來，我和這些人以及其名下持有的股份，都有公開的紀錄。

原來，我和霍利首次會談有關路易—納許鐵路前景的內容，在他的心中留下深刻印象，而我當時並毫不知情。

在我同意替霍利與其合夥人進行購買動作前，我向他表明自己手中握有的股票數量。我提議，我可以將自己的股票加入共同資金中，如此一來，我替他購買的股價價格就可以加上這些股票來平均。他說這樣對我不公平，會減少許多我已經賺到的利潤。儘管如此，霍利還是請求我不要賣掉股票，以防他在取得控制權時需要。我同意了。

當天晚上，我無法入眠，我的腦中不斷盤算著整個計畫。霍利與其合夥人的加入，意味著我離自己小時候經營鐵路的夢想，又更進一步了。與此同時，我也想著在蓋茨、霍利等人的參與下，事情將可能會有何種發展。不管如何，我們的第一步就是盡可能地買下路易—納許的股票。我認為，最好的出擊方式，就是在倫敦取得大量的股票選擇權。黎明時刻，我抵達辦公室，發電報到倫敦，並用七萬美元買下兩萬股的選擇權。

那天，霍利在中午前就抵達了我的辦公室，而我人正在交易所。我透過電話，向他報告自己稍早進行的動作，但他並不喜歡選擇權這個決定。

我可以理解他的顧慮。花七萬美元買下的選擇權，不過是給予我們在九十天內，買下股票的權力，買進價格則依選擇權買定前一天的市場價格，外加利息。這也意味著在選擇權到期前，股價必須大幅上漲，才足以彌補這筆七萬元的支出外加利息。舉例來說，如果市價為一百零七美元，那麼在九十天後，股價必須上漲到一百一十一，這樣我們執行選擇權時才能收支打平。

我向霍利表示，根據我的分析，股價可以漲到一百三十美元左右（後來證明，這個預估確實是正確的）。而選擇權的最大好處，就是讓我們可以靜靜地買下大筆股票，因為我們如果直接在市場上操作，將讓股價不斷上升。

我極力說服霍利接受這兩萬股的選擇權，但我也告訴他，如果他真的不樂意，我可以自己拿下一萬股，再找人接替另外的一萬股。最後，霍利還是拿下了一萬股，我猜他這麼做的主要原因，是想對我的判斷表達支持。在他的建議下，我拿下了另外一萬股的選擇權。

在頻繁的買進動作下，路易－納許的股價直線上升。四月一日，交易的數量不過是幾千股，到了四月四日、五日，交易的數量卻躍升至超過六萬股。接著，在四月七日到四月十日間，買氣急速暴漲，交易量激增為六十萬股，這也意味著路易－納許的股票可能會像北太平洋鐵路那樣，面臨軋空危機。

北太平洋鐵路之所以會突然進入軋空狀態，是因為雅各布·希夫操作失誤，沒有在禮拜六確切執行哈里曼的買進要求，拖到禮拜一後，才發現為時已晚。奇妙的是，這次路易－納許股票差點進入軋空的狀況，也是一次操作失誤所導致，而這次的主角是奧格斯特·貝爾蒙特，羅斯柴爾德家族的路易－納許代表董事長。

當時路易－納許公司剛好有五萬股未在市面上交易的庫存股。看著股價不斷上漲，貝爾蒙特認為可以將這些股票賣個好價錢，果決地替公司賺一大筆。四月七日，他讓路易－納許的董事會授權發行這五萬股。看起來，貝爾蒙特先生一直都沒發現，有人正在他的眼皮底下，努力地買進路易－納許的控制權。

我認為我們應趁著貝爾蒙特將股票釋出到市場上的瞬間，盡速買下，霍利也同意我的看法。同時，蓋茨那方人馬也抱持著同樣的策略。

根據紐約證券交易所的規矩，這些新股票必須等三十天，才能登記上市。由於貝爾蒙特在這些日子裡都不能交割這些股票，因此這也意味著他在技術上「賣空」，除非他可以借到足夠的股權證書來進行交割。

蓋茨立刻決定緊咬著貝爾蒙特不放。但我沒有。每天下午，霍利和我都會見面，討論那天到來時，我們該如何行動。我跟他說，如果我們讓貝爾蒙特過不了這關，股票就會被軋空，而我非常不願意成為重演十一個月前北太平洋鐵路股票的恐慌推手。霍利和我同意以合理的價格將股權證書借給貝爾蒙特，好讓他能順利完成交割。蓋茨後來也表示，他絕對無意讓軋空案再次發生。

在這之前，蓋茨和我們分屬於兩個獨立陣營，彼此互相競爭較量。我們總感覺蓋茨好像是故意阻擾我們以合理的價格，取得股票。但事情發展至此，我們認清，自己應該和蓋茨達成某種程度上的協議。

當我和霍利坐在華爾道夫的紳士咖啡廳裡，發現蓋茨就坐在不遠的桌子旁。我建議霍利去找蓋茨談談，看看我們兩方的股票如果加在一起，是否能一舉拿下路易—納許的控股權。霍利和蓋茨詳談之後，發現他們兩方人馬的股票加在一起，幾乎就快要拿下控股權。於是雙方達成協議，根據協議，蓋茨將和我們一起行動，取得控股權，而鐵路的經營權則會交給我們。這正是我所想要的！

隔日早晨，我們找了股票經紀人「土包子」普沃斯特（Provost），請他設法幫我們買進還缺少的四萬股。

與此同時，路易—納許股票所面臨的軋空危機和各種活動，引起了摩根的關注和疑惑，他們在南方也擁有不少鐵路。摩根先生當時人在法國，但他的合夥人喬治．柏金斯（George W. Perkins）找上了蓋茨，並詢問他要出價多少，我們才會願意賣掉手上的股票。

當協商還在進行的同時，有天清晨，泰爾伯特．泰勒告訴我前一天晚上，柏金斯在摩根先生的指示下，找上詹姆斯．基恩進行諮商。基恩建議柏金斯，無論我們開價多少，甚至高出市價許多，他最好一律接受。聽到這個消息後，我火速趕往霍利的辦公室。他的辦公室位於十三樓，我記得自己一邊搭電梯，一邊著急地想著這棟大樓的電梯為什麼這麼慢。

一到辦公室，我發現霍利正穿好大衣、戴上帽子，準備前往摩根銀行和蓋茨與柏金斯會面。我個人的想法是希望不要賣掉全部的股份，但如果霍利和其他人想賣，這絕對是最棒的時機。

離開摩根銀行回到辦公室的霍利，神采飛揚。當他抵達會面地點時，蓋茨已經做好交易，因此霍利只需要同意他的舉動。摩根將以每股一百三十美元的價格，買下我們三分之一的股權，剩餘的三分之二則以約定價格一百五十美元、為期六個月的選擇權賣給他們。於是，我那想要擁有鐵路的夢想就這樣飛走了。

當我告訴霍利，我並不喜歡這個交易時，他感到有些驚訝。確實，我們第一批股票買進的平均價格，比一百一十美元還低，因此一百三十美元的確讓我們大賺了一筆。但如果經濟變得不景氣，摩根最後決定不執行他的選擇權時，我們該怎麼辦？如果事情真的發生了，股票就會落入那些一心想著賣掉股票的投機者手中。他們可能會不斷拋售股票，造成嚴重的後果。但霍利認為這個顧慮不太可能。

「如果你不認為這是個好交易，你可以在公開市場上賣掉你的股票。」他對我說。

「你是說真的嗎？」我驚訝地問。

「當然，」霍利回答我，「如果你不認為這是一筆好交易，畢竟我們事先沒有徵求你的意見，所以我願意讓你退出。但我希望你可以留下一萬股，以示對我們做法的支持。我不希望蓋茨或其他人質疑，為什麼你沒有跟我們同進退。」

我同意他的說法。於是我賣掉手中所有的股票，只留下一萬股。很快地，摩根行使選擇權，於是我只剩下六千六百六十六股。

—

失去經營鐵路的機會，讓我備感失落，但我在經濟方面確實獲得了可觀的收入。然而，我的公司並沒有脫離風暴圈，因為我們替霍利及多位合夥人買進大量路易—納許的股票，此外，還有亞瑟．豪斯曼個人的持股。

我試著向豪斯曼解釋，一旦摩根決定不執行自己的選擇權，他們的處境將變得相當棘手。身為一位樂觀主義者，豪斯曼顯然不同意我對這筆交易的看法。

很快地，蓋茨的兒子查理（Charley）發現我幾乎賣掉所有手上持有路易—納許的股票。我沒有向他解釋自己的做法。唯一知道我為什麼要這樣做的人，就只有豪斯曼和霍利，因為我覺得自己有義務向他們解釋。但我想，蓋茨八成猜到了我賣出股票的理由，而我相信這件事應該會給他帶來不快。

時間到了五月底，也是選擇權即將到期之前，摩根公司宣布為路易—納許和南方鐵路，買下蒙諾鐵路支線（又稱芝加哥、印第安納波利斯和路易鐵路）（Monon Route—the

Chicago ,Indianapolis and Louisville Railroad）。

我建議霍利寫信給摩根企業，表示他們在未諮詢我們的情況下，即以路易－納許作為購買蒙諾鐵路的擔保，因此我們將視他們的舉動為摩根企業願意買下我們剩餘三分之二股份的初步通知。

寄出這封信後，我終於能安穩地睡上一場好覺。自從我投入路易－納許的冒險行動後，就未曾好好休息過。所有人都對這個結果感到開心。由於蒙諾鐵路的那場聲明，將摩根企業的選擇權，進一步提升為交易契約。

摩根先生於一九〇二年八月下旬，從歐洲返國。他派人去找了霍利先生，隨同霍利一同赴約的還有查理．蓋茨。我在事前已和他們談過一番。目前的財政境況如同霧裡看花，不太明朗。

「如果他提出其他條件，而不是根據選擇權買下股份的話，」我說，「你最好拒絕。根據蒙諾鐵路那筆交易，緊咬你身為賣方的立場。」

想當然爾，摩根先生要求延長六個月的選擇權。接著，摩根和我們這方的人開了好幾場會議。在某場會議上，摩根對蓋茨表示，如果我們多點耐心，就可以賺得更多。他說，如果法院在總統西奧多．羅斯福（Theodore Roosevelt）提起的訴訟中（正是羅斯福那場知名的反托拉斯活動，共控告了四十四間大企業），支持北方證券公司（Northern

Securities Company），那麼他或許會成立一間南方證券公司，而這將也會連帶拉抬南方鐵路的股價。

我認為霍利應該會同意延長選擇權期限，或讓他們可延遲購買。但蓋茨立場堅定。畢竟這個選擇權包含了三十萬六千股，目前只有給付三分之一的金額。於是，摩根以一百五十美元的價格買進剩下的三分之二。六個月不到，金融風暴席捲全國。如果那個時候，我們再把路易－納許的股票放到市場上拋售，下場會有多慘我就不多說了。

我在最後那筆交易中所賺得的利潤，相較之下並不算多，畢竟我手中只剩下六千六百六十六股可以賣給摩根。但整場計畫執行下來，我一共賺進了一百萬美元。這筆金額或許是整起交易中，最高的個人收益數目。由於我買進股票的時間比大家都早，因此我持有股票比平均成本還要低十五點。

這件事在當時成為熱門話題，由於蓋茨和其合夥人在交易中賺進七百五十萬美元，因此只要說到蓋茨，就會提起這樁交易。人們也視這件事為蓋茨一貫的賺錢手法——像是他如何透過取得鐵路公司的方式，威嚇摩根，好讓他那可敬的對手買下他手中的股份。蓋茨只要一想到，人們是如何想像他將一根魚叉直直地刺進摩根的身體，就會忍不住大笑，而摩根本人也不得不相信這個說法，畢竟是他的手下讓這個說法四處流竄。

儘管如此，我還是必須說，蓋茨進行這筆交易的目的並不是要讓摩根難堪。是我開啟了路易—納許鐵路併購的計畫，而蓋茨不過是在後來才加入我們的行列。最一開始我的初衷只是想買下，或營運一條重要的鐵路幹道。當我的夢想開始溜走，而計畫又陷入了我事前未曾預想到的危機時，我選擇將自己的目標轉移到防止眾人蒙受損失。在摩根買下的三十萬六千股中，有三分之一是我們的，三分之二是蓋茨那方持有的。

當路易—納許的生意結束後，我變成了有錢人。而我的表現也剛好讓幾位金融界心思縝密的人物，注意到我。其中，我非常榮幸得到安東尼·布萊迪的邀約，請我成為中央信託（Central Trust Company）執行委員會的一員。

如果答應了，就代表我將可以和菲德烈克·奧爾卡特（Frederic P. Olcott）、艾德里安·艾斯林（Adrian Iselin）、小詹姆斯·史拜爾（Jr., James Speyer）、布里斯（C. N. Bliss）、奧格斯特斯·朱利亞（Augustus P. Juilliard）和詹姆斯·華萊士（James N. Wallace）等人共事。對於像我這樣一位不隸屬於其他勢力團體的操作員來說，這是一個極其罕見且充滿誘惑的職位。

過了一陣子，我又得到了鳳凰人壽保險（Phoenix Life Insurance Company）的董事一職。但我拒絕了這兩份工作。我向布萊迪解釋，我希望可以繼續在市場上進行投機操作，而我不認為銀行董事或壽險公司的管理人，需要這種才能。

事實上，我沒有跟布萊迪坦白的是，我開始質疑自己究竟應不應該繼續待在華爾街。

第十四章

投機者應該孤身一人

市場上沒有「絕對」的事情。而我不希望因為別人跟著我的腳步，而必須對他們負責。

我永遠不會忘記，有一天，當我告訴父親，自己已經擁有一百萬美元的身家時，父親的反應。當他試著消化這件事的同時，和藹的臉上出現了滑稽的表情。想到他有可能對我的會計能力抱持懷疑，我告訴他，我願意給他看貨真價實的股票證書。

「不用，我相信你。」他堅定回答，接著，他開始談論其他事情。

或許，我實在不應該期待會得到其他反應。父親總認為，比起道德價值觀和社會貢獻，賺錢不是人生的第一要務。當我們還在南卡羅來納州時，母親總是抱怨他花太多時間在自己的「實驗農場」裡，那時他的反應就是如此。當我因普特因灣鐵路股票輸掉他大筆積蓄時，他認為更重要的是表達他對我的支持，於是他給了我更多的積蓄，讓我進行其他操作。

然而，正是父親的反應，讓我再次檢討起內心反覆出現的糾結。如果一名擁有一百萬的男子不能用這些錢做點事，那擁有這些錢又有何用？

我可以隨心所欲地購買市面上的任何商品，但我明白還有更多事物是無法用錢收買。我忍不住將自己的事業和父親擺在一起比較，我懂得賺錢，而他在醫學與衛生方面貢獻良多，也盡力助人。

那時，我發覺自己開始後悔當初放棄從醫的抉擇。我很羨慕弟弟赫曼，此刻的他已經成為一名醫生。

最後，我決定以協助父親工作的方式，來證明自己的情感認同。當時，父親爭取建立的公共澡堂已在紐約利文頓街上建設完畢，而他那本關於水療的書籍，也被翻譯成德文和法文發行。但父親依舊過著與一般醫生沒兩樣的辛苦日子，乘坐自己的輕型馬車四處看診，從未好好地靜下來享受過夜晚的靜謐時光。每當母親和父親外出跟朋友用餐時，他也經常不得不中途離席。每回去戲院看表演，父親都會將名字留在售票處，以防病人找不到他。

儘管我從未聽過父親抱怨，但這些工作開始讓他疲憊不堪。一九〇〇年六月，在他的六十歲大壽上，我請求他放下自己為人治病的工作，並接受一份足以支持他繼續進行醫學研究與實驗的金錢。這種新生活所代表的自由，成功地吸引了他。而他也非常欣慰自己的兒子提出這項主意。但直到那個時候，他對於我躋身富人階級的事情，並沒有放在心上。

然而，父親還是猶豫了。他不願意拋下其中的幾位病人，因為他認為自己是最了解那些病患的人，實在不放心將他們交給其他醫生。於是他留下那幾名病患，無論白天或晚上，他依舊隨傳隨到。

只要想到自己可以用錢為父親多爭取一些時間，讓他毫無顧慮地進行自己在水療方面的開創性研究，我就感到欣慰。到了一九〇六年，父親已經是美國水療領域公認最優秀的學者。一九〇七年，他開始擔任哥倫比亞大學醫學院的水療教授，一直到一九一三年。

在那個年代，許多醫生根本不相信水療法，認為這只是一種江湖術士的把戲。直到一九四〇年代後期，我為了推廣物理治療的研究，捐給各學校和醫療機構一大筆錢，這才真正理解那時的父親為了推廣水療法，需要克服多少困難。我也協助建立了紐約貝爾維醫院（Bellevue Hospital）部分的物理醫療與復健部門，該部門後來成為全世界的物理治療典範。

投身於這些工作後，我發現自己必須和某些美國醫學協會的人斡旋，才有可能讓物理治療成為一門受認可的專業。直到一九五七年，當我得知美國醫學協會將頒獎給小亨利・維斯卡地（Henry Viscardi, Jr.），肯定其在物理治療方面的傑出表現時，我真的非常激動。生來就沒有雙腳的維斯卡地，幫助許多殘疾人士進行復健，讓他們能繼續從事生產性工作。這漫長的奮鬥正是從我父親開始發起的，而醫學界終於也認可了這樣的醫學專業。

時間回到一九〇〇年的夏天，能夠在一旁協助父親增進他的工作效率，讓我感到十分滿意快樂。但幫助他人的滿足感，並不能填補一個人內心的空虛。唯有透過自己的行動實踐，才能讓一個人更加完整。對於自己只懂得賺錢，我感到非常不滿意。同時，我也明白將金錢運用在有價值的事情上，只是讓自己朝正確的方向邁進一步，並不等同於自己親力親為地完成了某些事情。

然而，對於這些複雜的內心情緒，我並沒有多做處置，直到一年多以後，在一場位於華爾道夫酒店的晚宴上，這個煩惱再次重回我的心頭。這場晚宴由鑽石火柴公司（Diamond Match Company）總裁巴伯爾（O. C. Barber）舉辦。

在用過冷自助早餐後，不知不覺，百家樂的桌子已準備就緒。曾經和蓋茨一起讓「皇家疾風」參加古德伍德賽馬盃的約翰．德瑞克，和不動產商洛優．史密斯（Royal Smith），合力當莊。我們找了個地方，並買好籌碼。面額最小的籌碼是白色籌碼，一枚代表一千美元。

蓋茨的位置就在我的對面。在接連出現兩千、三千和五千的下注金額後，蓋茨碎念著我們真是一群沒有膽量的小氣鬼，接著他開始提高賭注。亨利．布萊克（Henry Black）和哈迪．哈德森（Huddie Hudson）跟進他的兩萬五千元；後來哈德森拒絕再加碼。我看得出來蓋茨那副心癢難耐的樣子，於是就把自己的賭注設下五千美元的上限。我的預防措施得到了其他人的仿效，例如休．華萊士（Hugh Wallace）和後來的駐法大使威利斯．麥考利克（Willis McCormick）。

這個舉動惹惱了負責收錢和賠錢的莊家洛優．史密斯。「真受不了你們這些小氣鬼。」他說。「你們乾脆直接替自己付錢或收錢好了。」

接著，賭注又上升了，一局的賭金為五萬、七萬五千美元。

到底是什麼原因，會讓原本只是普通下注的行為，變成不計一切的豪賭呢？其中一個原因正是輸錢，尤其是輸了大錢的人。有一次，我看到某個玩家的手氣特別旺，他忍不住想著要是剛剛賭注下得大一點，他就能贏到更多錢。但在這場遊戲裡，沒有所謂的大輸家和大贏家。整個晚上，無論是出手闊綽的豪賭客，或是斤斤計較的小賭徒，大家的輸贏都驚人地公平。每個人都輸了錢又贏錢，贏了錢再輸錢，因此輸贏一直都差距不遠。

或許，就是這種沒輸沒贏的曖昧氣氛，讓蓋茨焦躁不安。總之，他一口氣丟出了兩枚黃色籌碼，每一個代表五萬美元。銀行接受下注。接著，其他玩家也陸續提高了下注的金額，但我依然堅持每次下注不超過五枚一千塊籌碼的上限。

這天晚上，我第一次見識到有人可以為一張翻過來定生死的紙牌，下注十萬美元。有那麼一瞬間，我感覺那些錢好像不是真的。但當我瞄到德瑞克和史密斯的表情後，我非常確定那些絕對是貨真價實的美元。

蓋茨對此並不滿意。他又丟出四個黃色籌碼到桌上，莊家交頭接耳了一番，確定接受下注。然而，沒有人敢豪邁跟進。在一場二十萬的賭局裡，人人都成了錙銖必較的小氣鬼。蓋茨又試了幾次類似金額的下注，結果也是沒輸沒贏。

接著，他拿起自己的籌碼，隨意地放在手心裡玩弄一會兒，用他那粗短的手指靈巧地將籌碼分成兩疊。他將一疊放在自己的位置上，將第二疊放在我玩的那個位置上。每一疊有十個黃色籌碼，加起來共有一百萬美元！

「只是一個小小的賭注。」蓋茨充滿期待地看著兩位莊家。每當蓋茨感到興奮或是充滿壓力的時候，若是他有一絲稍大的喘氣，或是語調藏有任何不尋常的起伏，在當下我可是一點也沒有察覺。

此時，我們所有人都將目光移到莊家身上。史密斯對此表示反對，他認為這筆金額太大了，他不能冒這個風險。

「快點！讓我們一起榨乾他的錢。」德瑞克催促地回應。

最後，史密斯還是被各種理由說服了，接受下注。德瑞克拿起牌，開始發牌。他的面色有些蒼白，但手非常穩。史密斯就站在他的背後，臉白得跟鬼一樣，前額還掛著斗大的汗珠。

我看著自己的兩張牌。它們加起來共九點，是非常尋常的例牌，於是我立刻攤牌。蓋茨下注在我和他自己的牌上，而我這邊替他贏到第一注五十萬。

接著，蓋茨到牌桌的另一側，翻開自己的牌。他覺得點數不夠，於是喊牌，結果輸了。這次，蓋茨和莊家打成平手。

連德瑞克這個超級容易緊張的人，都對這場賭局的結果感到滿意，蓋茨卻偏偏不滿意。因為當他出手時，他只有一個目的——贏。

那個晚上後續的賭局，大夥的激情漸漸消退，莊家宣布自己不再接受超過五十萬美元的下注。儘管如此，我們還是繼續玩了好一會兒，畢竟莊家的底線沒有妨礙到我。事實上，我還嫌它太高了，我握著白色的籌碼，堅守一場不可以放超過五個的原則。

神奇的是，局面繼續維持著沒輸沒贏的平衡。下大注的人基本上沒什麼輸贏。而那位輸得最多的人，正是在場所有人中最不想輸的那位。當我退出遊戲時，手上還留有一萬美元。

——

隔天早晨，我一如往常去了艾德溫・霍利位於五十七街跟百老匯轉角處的單身公寓，再和他一起搭車到市中心。路上他告訴了我，這次蓋茨和德瑞克前來紐約的原因。他們正準備和基恩、丹・雷德，以及霍利共同出資，準備拉抬市場買氣。對此，我只是靜靜聽著，沒有任何表示。

於是，霍利繼續解釋，他們將如何在市場上買下三十萬股不同公司的股票。在去市中心的路上，霍利不斷試圖用集資內容的細節吸引我，邀請我加入他們。

我依然沉默以對。對我來說，一群投機專家湊在一起，代表市場將會轉弱。當我們抵達布洛德街二十號，也就是我的公司後，霍利開口問我：

「那麼，伯尼你想要占多少？」

「或許二五%吧。」我說。

霍利眉毛高高地挑起，「我不認為我們可以讓你占這麼高的比例。」他回我。

「其實我什麼也不想買，艾德。」我說。「我想賣。」

於是我向他解釋這一路上，我回想著昨天在華爾道夫發生的賭局。我認為那場賭局既讓人憂心，也給了我很大的啟示。它讓我見識到，如果錢落入隨便的人手裡，將會發生什麼事。錢都不像錢了。

當一個人會在一場百家樂賭局裡，投下如此龐大的賭金，或在賽馬比賽中瘋狂下注時，就代表他們已經喪失價值觀與經濟觀。我向霍利說，如果市場落入這些人的手中，絕不可能得到安穩或合理的運作。

市場的股價已經夠高了，我繼續對霍利說。如果真要說有什麼不對勁，就是現在的股價的確太高了。

我這番話在霍利的心底或許留下了一些影響，畢竟他是一位非常正直的紳士。儘管如此，當下的他並沒有同意我的看法。臨別時，他跟我說別再說這些喪氣話，不然我們就要吵架了。

我爬上樓梯，並下令表示自己要賣股票。我那總是抱持樂觀態度的合夥人亞瑟・豪斯曼，不贊同我的做法。那天下午，聚在華爾道夫的股市公牛們，忍不住對我嘲弄一番。然而，在他們刻意增強語氣、挖苦我的話語中，我可以感受到他們潛在的不安，就好像這些行為只是為了隱藏自己的脆弱那般。

我轉身看著霍利，告訴他，「只有真正的傻子才會將手放在野獸的嘴巴裡，還跑去睡覺。」

「嗯，或許你是對的。」他點頭承認。

在那群公牛們驚人的資金運作刺激下，市場熱絡、股價上升。但好景不常，價格開始下跌。

「那不過是一些看衰市場的熊在作祟，股市不會跌太久的啦。」有個聰明人這樣說。

但股市卻遲遲沒有起色。有一次跌幅特別大，那天我坐在華爾道夫的吧檯邊，聽著其他交易員如何自我安慰。同樣也是不看好市場的雅各布・福爾德，正代表我們的立場跟其他人對話。我從不與人爭論行情究竟會如何發展，因為事實勝於雄辯。不久之後，詹姆斯・基恩走進來。

「先生們，你們覺得那間了不起的豪斯曼公司如何啊？」他用自己那尖銳的聲音問著。「一邊是低吼著的公牛，一邊是張牙舞爪咆哮著的熊！」

或許，責備看衰市場的人，可以稍微撫慰他們受傷的自尊。但真正讓市場陷入低迷的原因，自然不是因為我在賣出股票，而是股價早已被推到超出平衡的高點，完全不符合當時的經濟狀況而致。真要說起來，也是那些看空者的批評與操作，讓價格不至於失控地向上直奔，從而減少了災難性下跌的幅度，拯救了盲目投機客與一般投資大眾免於遭受更大的損失。

即便是再老練的市場操作者，有時依舊很難認清人為操控不但有極限，更有時效性。到頭來，實質的經濟條件（價值）才是決定價格的王道，這是不可抗拒的真理。只有當公牛們不斷把價格抬高，抬到超過合理價格時，我們這些熊才有可能賺到錢。

在這個國家裡，公牛總是比熊更受歡迎，畢竟樂觀是人類血液中流淌著的天性。然而，當你過分樂觀的時候，往往會將謹慎拋到一旁，因而蒙受比悲觀更為嚴重的損失。

要能享受自由市場的好處，就必須要有買家與賣家，既要有多頭也有空頭。一個沒有看空做空的市場，就像一個沒有自由言論的國家。錯誤的樂觀精神，在缺乏批判與箝制的力量之下，只會帶來可怕的災難。

也差不多就在這個時候，我開始不喜歡自己股票經紀人的身分，以及需要替他人進行投機操作的職務。如同我拒絕出任中央信託董事會時，對安東尼・布萊迪所說的，我不認為投機者適合擔任一間公司的董事。我總有一種感覺，投機者應該孤身一人。而後來發生的事情，更強化了我這種感覺。

最直白的道理就是：市場上沒有「絕對」的事情。而我不希望因為別人跟著我的腳步，而必須對他們負責。即便是最傑出的投機操作者，也必須承擔一定的失敗風險比。因此，在那些情況下，他必須要能即時發現危機，再有技巧且平順地悄悄撤退。

但如果他身後偏偏有一大群人跟著他買進賣出，那麼他就不可能自行撤退。當他有責任在身的時候，他就有義務讓那些人擁有跟他一樣撤離市場的好時機。有好幾次，我就面臨這樣的困境，我通常會直接替大家操作，或個別通知他們，告訴他們我打算怎麼做。但這是一種讓人膽戰心驚的責任。

如同我之前所提，我當時還未想明白「投機者應該是孤單的」這件事，但我開始隱約覺得，自己替其他人操作股票的同時，還一邊進行個人投機買賣，似乎是一件不太對勁的事。

儘管如此，如果我不願意替別人操作股票，就代表我必須離開豪斯曼公司，而我還沒有那個決心，足以踏出這一步。

如果我離開公司，接下來又該去哪裡？這個問題並不容易回答。三十二歲的我，擁有超乎自己想像的財富。具體來說，每年我可以花十萬美元，這裡指的全部都是現金。而這些錢是我在短短五年內所賺得的。

在我的家族裡，除了祖父沃爾夫（儘管他過世時身無分文），不曾有人如此富有。即便如此，我的父親和母親的家人們，都過著有意義且令人滿足的生活。於是，我開始思考自己是不是應該離開華爾街，修讀法律系，提供法律服務給那些不幸或貧苦的家庭。

我決定在那年夏天（一九〇二年）去歐洲，讓自己想清楚人生方向。

當時的我認為股市已經過熱，於是就賣掉手上大部分的股票，換成現金。離開前，為了重新整理自己的資產，我從公司領出一部分錢，並走到美國國民城市銀行存錢。在沒有事先預約或介紹的情況下，我要求見詹姆斯．史提曼先生，也就是他們的總裁。在那個年代，銀行不像現在擁有許多副總，因此我被帶到財務經理何瑞斯．基爾伯恩（Horace M. Kilborn）的辦公室。

當基爾伯恩先生問我有何貴幹時，我說自己希望能開一個戶頭。他詢問了我的身分，這讓年少輕狂的我受了點傷，畢竟我以為整間公司都會因為聯合銅礦事件，或其他史提曼先生進行的交易，而知道我的名字。

在微微地羞紅了臉後，我提供了咖啡商赫曼．席肯的名字，作為我的介紹人。我可以感受到赫曼的名字，起了不小的作用。基爾伯恩先生詢問我預計要在銀行存多少錢。當下，我拿出一張一百萬美元的保兌支票。而這張支票起的作用，絕對可以令那些狂妄的人們感到嫉妒。

和我一同搭船前往歐洲的，還有妻子、父親和亨利．戴維斯（Henry C. Davis）。戴維斯是我在豪斯曼的同事，由於亞瑟．豪斯曼認為必須要有一個人為我們提供美國西部霍博肯區域的消息，因此戴維斯就這樣加入了我們公司。戴維斯是我認識的所有人之中，對美國大小事最瞭若指掌的人，而他也毫無保留，紮實地將這些資訊全都教給我們。在這趟旅行中，我試著帶他認識歐洲，想回報他在工作上的表現與教導。然而，結果卻不太理想。

戴維斯和我們一起去了倫敦，但之後便不願意再走下去。他根本不在意自己身在何處，就像他說的，「我根本不會說那些鬼話。」戴維斯不喜歡歐洲，不理解歐洲，也不願意理解。

他曾在設計北太平洋鐵路的工程部門擔任探路員。他不太懂、也不關心股票操作。當他想知道股價的漲跌時，他會跳過我們這些緊盯告示版的交易員，直接到鄉村野外找答案。我還記得，有一次和他乘車經過一大片搖曳的麥穗田時，他說的話。「只要將這些每年反覆生長的鬍鬚通通割掉就行了，」他說，「這就是致富之道。」

隨後，我和妻子、父親三人從倫敦出發，悠閒地踏上穿越歐洲的旅程，終點是君士坦丁堡。接著，父親展開了自己的學術旅行，去了維也納、柏林和巴黎，而他的知名度更是與日俱增。妻子和我則是沿著原路回到了巴黎。

這趟歐洲旅行的目的，是省思自己的人生方向，而此刻的我，思緒並沒有比起程時更清晰。但我打消了成為窮苦人家的辯護律師的念頭，畢竟重新回到學校、重新學習一種專業，要花的時間實在是太長了。但對於自己究竟想做什麼，我不知道。

有一天晚上，我和妻子待在巴黎的麗緻酒店。一通電報把我從睡夢中吵醒，電報是最小的弟弟發的。他說我的合夥人亞瑟．豪斯曼正處於破產邊緣。這也意味著我們公司蒙受極大的損失。出於震驚，我差點跌坐在地上。

我立刻從自己的帳戶中移轉資金到公司，並搭上第一班蒸汽船返回美國。在碼頭上，我見到了亞瑟．豪斯曼。他告訴我，他和霍利投資的鐵路公司——明尼亞波利&聖路易鐵路（Minneapo is and St. Louis）、科羅拉多&南方鐵路（Colorado & Southern）的股價，巨幅下挫。我馬上接手合夥人的帳戶，補足資金，好讓他可以繼續持有那些股票，保住自己的資產。這些股票就這麼一直留在我的帳戶裡，直到那兩間鐵路公司的股價回升，豪斯曼先生可以獲利賣出。

我透過自己的信用和資金，在這場危機中保住了豪斯曼先生，並讓他留住辛苦打拼起來的事業，著實令我非常欣慰。是他，讓我得以進入華爾街；也是他，在我早期最辛苦打拼的階段，給予我各種幫助，這些都讓我無以回報。

經過反反覆覆地折騰與深思後，我終於對自己的事業走向做了一個重大決定：我決定漸漸退出豪斯曼公司。這件事非常難，因為我對豪斯曼公司已有了感情，而這份感情日久年深。但當我做了這個重大決定後，我心中舒坦多了。沒有人可以同時效忠兩個主人。現在，我終於可以建立並維持絕對的經濟自主。

我向湯瑪斯．瑞恩表達自己的想法。他告訴我，這麼做是正確的。後來，他曾數次邀請我和他一起合夥，而我也反用他當初給予我的建議，表示自己想要繼續保持獨立狀態。

一九〇三年的八月，我正式離開豪斯曼公司。我將辦公室搬到百老匯一百一十一號，並在這裡一直待到我離開紐約證券交易所的那一天。儘管我已經三十三歲，但搬進專屬辦公室的喜悅，如同幾件事情一樣叫我欣喜若狂：菲茨西蒙斯說我體內具有冠軍選手的特質時、當我取得第一份工作時、賣掉自己第一份債券時，以及第一次從自己擁有的債券剪下息票時，那是利息五％的喬治亞太平洋集團第一期抵押債券。

新辦公室成立的那天，母親發了一封電報來。後來我將這封電報裱框，掛在牆上。她還給了我一個綠色的陶瓷貓咪，上面有紅色的斑點，這個飾品現在依舊放在我的桌子上。

父親給了我一張他的相片，下面寫著：「願永不動搖的誠信成為你的指引。」

我為自己設下的第一條規矩——「不幫別人操作」。對於這項規矩，我嚴格執行，只有少數幾個情況例外。其中一個例外，就是羅德島的尼爾森·奧德里奇（Nelson Aldrich），我們兩人因為投資一間研發與製作橡膠的公司，而成為商業夥伴。在一次橡膠公司的會議後，奧德里奇參議員問我，該怎麼樣投資才能賺錢。我告訴他，我認為美國鋼鐵公司的股價被低估了，因為國內的產業正在復甦，他們很快就會接到龐大的訂單。當他請我替他購買股票時，我明白地表達自己從不幫人操作的原則。

奧德里奇參議員的年紀與我父親相當，他曾是聯邦軍隊的軍人。他平心靜氣地看著我說：

「好了，孩子，你去用我的名字買美國鋼鐵的股票。我是說，我會跟知道這件事的人說，是我請你幫我下單，買了美國鋼鐵。」

我買好了股票，並交給他。不久後，他告訴一些與美國鋼鐵公司關係密切的朋友，說他買了這支股票。他們說，他可能做了個錯誤的決定。參議員淡淡地回答，他只是參照了某位年輕友人巴魯克的建議。

「噢。」根據我所聽到的內容，他們的反應就只有這麼一個字。

儘管我對奧德里奇參議員的政策，不總是抱持支持的態度，但我們依舊是非常好的朋友，直到他過世。我可以很榮幸地說，在他留下的財產中，還有我替他買的股票。

但除了少數摯友外，我堅持不替別人操作。我成立公司的最初目的，就是為了能夠獨自進行投機操作，這樣一來，如果我的判斷錯了，也不會有人因此受傷。

但在我做了這麼多的事情，只為了讓自己可以更自由地進行投機操作後，奇怪的事情發生了。我投機的次數不增反減。一九〇三年的秋天後，我越來越少關注市場的價格起伏。我發現自己的注意力轉移到了新視野，於社會有益的建設與投資開始占去我越來越多的時間。

第十五章

和古根漢家族合作

這就是古根漢家族最大的特性。他們認為一個成功的計畫不應該只是賺錢。

一八八九年，當我決定前往墨西哥，學習該如何替古根漢家族進行買礦生意時，母親阻止了我，她的阻止改變了我的人生。十六年過去了，古根漢家族又給了我一份工作。在這十六年間，古根漢家族從一個占有科羅拉多礦場二分之一權益的礦主，搖身一變成為國內採礦產業最強大的單一勢力。

而這十六年的光陰，也將那位青澀、瘦弱、試圖向丹尼爾·古根漢先生討要人生中第一份工作的年輕小夥子，變成了截然不同的人。此時的我，對金融走勢的評估，歷經了無數次的考驗——我經常逆市而為，那些向我招手的董事席位，某種程度上，反映出了其他人對我進行協商與操作市場能力的實質肯定。

同時，我也替自己掙足了資本。在一八九三年的經濟大恐慌之後，我認為在此刻市場低迷的時候買進股票，並在即將到來的經濟復甦期間賣出，肯定可以賺到一筆錢。但我手邊沒有足夠的資金，因此我沒能好好利用這個機會。

當一九〇三年的恐慌發生時，我則處在另一個非常不一樣的處境。在恐慌出現前，我認為市場的股價被炒得太高，因此我選擇於一九〇二年賣掉自己大部分的股票。在恐慌發生後，我就有足夠的資金買進股票，坐等經濟復甦。事實上，我不僅拓展自己在經濟方面的觸手，更主動出擊，投資新公司。

在一八九三年經濟恐慌發生後，國內最主要的經濟成就，或許就是全國鐵路的整合。

到了一九〇三年經濟恐慌發生的隔年，由於美國國內急遽發展的產業，使得原物料需求大量增加。在第一次世界大戰發生前的十年間，我將大部分的錢投資在開發各種新原物料的公司，像是銅、橡膠、鐵礦、金和硫磺。由於我的個性有著靜不下來的特質，因此每當新公司步上軌道、進入分紅的階段後，我就會離開並尋找下一個目標。我之所以喜歡投資這些新公司，是因為他們會開發資源，將地球的資源採集出來，供人類使用。簡而言之，這些企業創造的是真實的財富，不是虛無縹緲的金錢，而是實實在在的可用物資。

在這些過程裡，我獲得了許多實用的知識。後來一次世界大戰爆發，威爾遜總統任命我為國防部的諮詢委員會委員，這些知識正好發揮了極大的價值。當時，我的第一項任務就是確保有充足的原物料供應，讓備戰計畫可以順利進行。而我傑出的表現，也讓我後來被提名為戰時工業委員會的主席。

擔任古根漢家族代理人的機會，讓我第一次接觸到原物料。他們是一個極其傑出的家族。一手帶起這支家族的老梅爾・古根漢（Meyer Guggenheim），是我父親的病人。儘管我從未和他說過話，卻時不時地能見到他。記憶中，他總是叼著一根雪茄，毫不在意那些灑落在他大衣上的菸灰。

其中一個他兒子最喜歡說的故事，清楚顯示了老梅爾的個性。有一個人帶著一份賺錢的計畫來找梅爾・古根漢，宣稱：「如您所見，古根漢先生，這將為您帶來可觀的財富與權力！」

這位老人輕撫著他的鬍鬚，淡淡地回答：「喔，然後呢？」

這就是古根漢家族最大的特性。他們認為一個成功的計畫不應該只是賺錢。他們更將這種精神發揮到慈善事業上，將大量的家族資產用於支持藝術、音樂、航太和學術。

當老梅爾對礦場事業產生興趣時，他已年近六十歲。古根漢家族的本業是製作蕾絲與刺繡，但梅爾認為這個領域很快就會沒落。在一名顧客的驅使下，老梅爾・古根漢買下科羅拉多州萊德維爾的A・Y・米尼礦場（A. Y. and Minnie）的半數股份。

一八八一年，老梅爾決定視察礦場，卻發現裡面積滿了水。於是，他拿出一筆錢添購抽水設備，而這個決定為他帶來了可觀的財富。

從那時開始，老梅爾開始學習經營礦產事業，並督促自己的七個兒子一起學習。古根漢家族最強大的力量就來自於團結。採礦事業與煉金、銀、鉛、銅和鋅的事業息息相關。在一塊礦石裡，經常混雜著各式各樣的金屬成分。如果一塊礦石混合的金屬成分比例恰當，將讓熔煉變得更為容易。古根漢家族的每個人，都有各自負責學習整套事業的一塊領域，他們就像是一支訓練精良的軍隊，聽命於最高指揮官——老梅爾。

舉例來說，第六個兒子西蒙（Simon）在歐洲花了兩年的時間，學習並精進自己的西班牙語和法語，好讓自己能勝任管理墨西哥資產的職務。後來，他被派到科羅拉多州，擔任普韋布洛當地一座熔煉廠的紀錄員。

而丹尼爾在經營過程中不斷展現出超強能力，甚至超越老梅爾，最終成為該家族的領袖。在他統治礦產帝國的期間（一直到他於一九三〇年過世後才終止），留下了許多故事。其中一個關於他如何在一次世界大戰中，替所有實業家立下愛國典範的故事，我認為特別能顯示他的人格特質。

當時，還沒有進入戰爭階段的美國，開始強化國防力量。軍方預估他們必須立刻取得四千五百萬磅的銅。身為國防部負責處理原料供應的委員，我必須確保銅原料不能短缺。此外，我還必須決定政府應該要花多少錢購買原料。

於是，我向熟悉銅礦產業的小尤金・邁耶（Eugene Meyer, Jr.）諮詢。他是一位非常正直的人，更一心渴望能為大眾服務。邁耶建議我們以戰前十年的平均價格，作為收購價。根據這種算法，訂出來的價格是：一磅的銅為十六元又三分之二分美元。

但業界是否能接受這個縮減的價格呢？在那個時候，丹尼爾・古根漢每個星期天的下午五點，都會在他住的聖瑞吉斯飯店公開接待客人。任何想要與他會面的人，都知道那個時段他一定會在。邁耶和我一起去了聖瑞吉斯飯店。我們詢問是否可以私下會見丹尼爾先生。

我告訴丹尼爾，在購買原料進行備戰的過程中，我希望能立下一個榜樣，激勵國內所有業界人士。眼看，美國就要捲入戰爭了。很多美國家庭在不久後，就要將自己的孩子送上戰場。這些家庭必須明白，這場戰爭不是為了讓特定的有錢人或大企業賺錢才參加的。我希望銅礦的價格可以盡量拉低，讓大家知道，連工業界也做好為戰爭付出的準備。

丹尼爾先生安靜地聽我說。當邁耶和我說明完畢後，他說：「我必須和我的其他兄弟談談，也會跟其他銅礦製造商溝通看看。」我們接著詢問能在多久後得到回覆，他果斷地告訴我們：「明天去市中心之前，先來接我。」

我們照他的話做了。當丹尼爾先生坐上車後，說：「你們要的銅，我可以給。」

我用這個故事，來介紹古根漢家族的性格。我也深信，正是這種性格，讓他們能在礦產事業上取得空前的成就。

在他們轉行從事礦業開發後的一年，他們明白在配合熔煉事業下，可以將利益最大化，因此他們花了一百二十五萬美元，在科羅拉多的普韋布洛蓋了一座熔煉廠。這座熔煉廠精鍊的礦石，主要來自墨西哥。當國會宣布對墨西哥礦石實施禁運時，古根漢家族早已在墨西哥蓋好一座熔煉廠。

一八九〇年代，鉛和銀的事業進入低潮，一八九九年，有十八間企業被美國冶煉＆精煉公司（American Smelting and Refining Company）合併，其中幾位大股東為亨利．羅傑斯、洛克菲勒家族和路易森家族。古根漢家族也被邀請一起加入這個「托拉斯」，但他們表示除非自己可以取得公司的控制權，否則他們不會加入。可想而知，其他人可不願意見到這種發展。

後來，古根漢家族與該公司經歷了數場生死攸關的交戰，每一次都是古根漢家族獲勝。到了一九〇一年，托拉斯終於向古根漢家族舉手投降，同意他們先前開出的條件。丹尼爾成為美國冶煉&精煉公司的執行董事委員會的主席，他的四名兄弟成為董事，整個古根漢家族持有絕大多數的股票。

—

在那場合併案發生後，過了一段時間，我對美國冶煉&精煉公司的股票產生了興趣。在索羅門．古根漢（Solomon Guggenheim）的協助下，我好好地研究了該公司一番。我開始買進他們的股票，也向朋友推薦投資他們公司。結果美國冶煉&精煉公司的普通股（經常被大家稱為冶煉者）的價格，在十八個月內從三十六美元一路被推到八十美元。這件事發生在一九〇五年之前，當時所有的股票都在投機潮的推動下，被帶往高點。

然而，古根漢家族跟洛克菲勒家族的鬥爭還沒落幕。一九〇四年，洛克菲勒家族買下加州的聯邦鉛礦開採&冶煉公司（Federal Mining & Smelting & Lead Company）。此時，在太平洋沿岸還剩兩座大型冶煉公司：華盛頓州的塔科馬（Tacoma）和加州的塞爾比（Selby）鉛礦冶煉。只要能買下這兩家的其中一間，標準石油公司就能在太平洋沿岸與剛開始發展的阿拉斯加立足，成為足以和古根漢家族匹敵的對手。當時，人們對於阿拉斯加的發展潛力非常看好，好到即便到了今日，也還無法證實那些美好的想像。

古根漢家族試著買下塞爾比和塔科馬，但都沒能成功。我向丹尼爾・古根漢表示，自己會試著扭轉這種局面。

我的朋友亨利・戴維斯和塔科馬公司的執行總裁威廉・羅斯特（William R. Rust）是舊識。戴維斯告訴我，羅斯特本人對古根漢家族並沒有偏見。戴維斯也認為，如果我選擇開誠布公，或許羅斯特會盡量給予我幫助。

這對我來說實在是個好消息，但第一位我必須贏得好感的人，遠在紐約，可不是從辦公室走路五分鐘就會到。他就是那位超級有錢的戴瑞爾斯・米爾斯，經歷過一八四九年加州淘金熱的老手。當時的他已經八十歲，但依舊活躍地經營著那版圖遼闊的商業帝國。他為窮人所建造的米爾斯飯店（Mills Hotels），就是證明其企業效率極佳的好例子。這些機構以每晚二十分美元的價格，提供住宿，如果要加餐，價格需多加十五分美元。由於他們的管理是如此精良，讓這些慈善機構甚至能擁有小小的獲利。

戴瑞爾斯是塔科馬最大的股東，且握有大量塞爾比的股份。在布洛德街的米爾斯大廈內，他以最莊重、老派的作風在辦公室內接見我。他的兩鬢有鬍鬚，但上唇與下巴剃得非常乾淨。他的外觀與言談舉止讓我想起了我那身在南卡羅來納州的祖父——賽林・沃爾夫。

我們談了好一陣子，米爾斯先生分享了許多故事，也告訴我在淘金熱的時候，他經常睡在馬車底下。當我們將話題切入重點後，我請他給予我購買塞爾比和塔科馬股票的選擇權。米爾斯拒絕選擇權的提議，但他要我繼續協商，並表示在我們溝通的期間裡，他不會和洛克菲勒進行交易。

一九〇五年，一月初，我和亨利・戴維斯搭火車到了西岸。同行的還有來自威廉・佩吉辦公室的律師賈普林（A. C. Jopling）。如果讀者還記得，佩吉就是那位與我一起進行我人生中第一件收購案的人——替瑞恩購買有利格特&邁爾斯菸草公司的股票。我們和羅斯特在塔科馬位於華盛頓艾威雷特的辦公室內碰面。我提出以每股八百美元的誘人價格收購普通股。幾天之後，我們手上就握有為期四十五天的選擇權。該選擇權包含了九〇%普通股的交割，四個現有金礦開採合約（其中三個位於阿拉斯加），以及塔科馬所有董事都必須辭職。

接著，我們將陣地轉移到舊金山，準備針對塞爾比下手。他們的反應則沒那麼爽快。塞爾比的股東很多，且他們也不準備放手。此外，我背後還有其他勢力的消息開始走漏。

舊金山的報紙大肆報導我與古根漢家族的友好關係。當然，從這些八卦報導中所推論出的結論，多數都是正確的，但這只是讓協商過程變得更加困難。

與此同時，洛克菲勒也現身了。有一天，我收到一通從紐約發過來的電報，要我立刻搞定塞爾比的交易，就好像我這陣子根本不是為了這件事忙得焦頭爛額！

在購買塔科馬冶煉公司的過程中，我對羅斯特留下深刻的印象，因此我請他幫我應付塞爾比的那些股東。戴瑞爾斯．米爾斯也答應運用他強大的影響力，協助我。在部分內容協調的退讓後，我終於將大部分的事情安排妥當，只剩正式簽約。於是，我在三月的第一個禮拜搭上歐佛蘭（Overland）火車，前往紐約。賈普林留下來替工作收尾。

回到紐約的幾天後，塞爾比的選擇權交易通過了。但有一名舊金山的採礦工程師佛瑞德．布拉德利（Fred Bradley），開始大吵大鬧，威脅說等到我要執行選擇權時，他一定會想辦法從中作梗，使交易失敗。連續三個禮拜內，我收到了一大堆電報，布拉德利和他的夥伴們讓我頭疼極了。但好在有威廉．羅斯特和亨利．戴維斯，他們讓這件事順利落幕。

透過這兩筆交易，古根漢家族在太平洋沿岸與阿拉斯加站穩了腳步，狠狠地將了洛克菲勒一軍。根據事前的契約，事成之後我可以得到一筆豐沃的獎金。起初，丹尼爾．古根漢計畫將這兩間太平洋沿岸的冶煉廠結合，成為一間新企業，而我可以拿到這間新公司的大量股票，作為酬勞。但丹尼爾改變主意，他決定將塔科馬與塞爾比納入美國冶煉&精煉公司之下。

這個新的安排讓我的報酬有了變化。於是古根漢家族請我和山繆・安特邁爾（Samuel Untermeyer）溝通。安特邁爾是當時最精明老練的律師之一。這是我第一次在生意上，與他交手。安特邁爾先生在為他的客戶著想的前提下，提出了最划算的契約，而我就像一隻毛被倒梳的貓。

如果按照原計畫成立新公司，我的收益將可達到一百萬美元。我告訴安特邁爾先生，這就是我想要的金額，並拒絕討論其他細節。安特邁爾問我是不是打算「洗劫」美國冶煉&精煉公司一番。

我將上半身傾向前，壓過我們兩人之間的桌子，說：「不！安特邁爾先生，在你說這番話之前，我還沒想過可以做這件事！」

接著我道了聲日安，就離開房間了。

我的要求被傳達給丹尼爾・古根漢，他平靜地接受了請求。「如果伯尼說他應該得到一百萬，他就應該得到一百萬。」

當我收到支票後，我付清了法律與附帶的費用，金額約為十萬美元。接著，我分別開了兩張三十萬美元的支票給亨利・戴維斯與威廉・羅斯特。

收到支票的戴維斯與羅斯特非常震驚。他們雙方都堅決不收。我也堅定地告訴他們，這是他們親手賺來的錢，他們應該收下。我說的是實話，如果沒有他們，我永遠都辦不成這樁交易。

—

讓我在談判中途不得不匆匆趕回紐約的原因，是因為美國冶煉&精煉公司的股價不斷向上攀升。在我缺席的兩個月裡（一月初到三月初），股價從八十幾元躍升到超過一百美元。後來，當我在結束塞爾比與塔科馬選擇權的協商時，股價更漲到超過一百二十美元。對我來說，這樣的攀升速度非常不健康。我向許多朋友推薦這支股票，如果股價繼續這樣升上去，我擔心許多人會因此受傷。我去找了古根漢，向他們表達我的擔憂，並告知他們我會建議朋友賣掉手中的股票。

古根漢家族並不喜歡我這個做法。他們不認為自己的股票飆得太高。他們的表現，正是典型的「內部人士」抗拒接受客觀評斷的反應，以及那些極其成功的商人對於股市的了解，其實是少之又少。古根漢家族比世界上的任何人，更熟知採礦，但對於股市，他們沒有人比我熟悉。

傑出的實業家，很少能掌握股票市場的運作技巧，愛德華·哈里曼是個罕見的例外。

就像詹姆斯・希爾，他一手打造大北鐵路，但面對市場操作他卻稚嫩地像個孩子。我不相信世界上有所謂多才多藝的人，因為就我所認識的人裡，很少有人可以擅長一件以上的事。

就像我對古根漢說的，我將股票賣掉了，部分朋友也如法炮製。但有些人、尤其是與古根漢家族關係較緊密的人，則輕易地忽略了我的建議。

一九〇五年到一九〇六年間，股市繼續瘋狂爬升，我小小的警告根本沒有起到任何作用。在經歷短暫的下滑後，美國冶煉&精煉公司的股價開始向上攀升。起初，上升的速度還算緩慢，後來漸漸加快。到了一九〇五年八月，股價已經超越一百三十美元；十一月初，一百四，該月結束前則又漲到一百五十七塊半美元。

想當然爾，我非常不喜歡這種瘋狂的漲勢。

由於古根漢家族對於我唱衰股價的舉動不太高興，因此看到事實與我預測的相反時，還是有些竊喜。但是索羅門・古根漢在這期間還是對我展現了信心，他告訴我希望可以拿下國家鉛業公司（National Lead），好讓美國冶煉&精煉公司鉛的製造上站穩腳步。

這間最強大的獨立製造商——國家鉛業，股本並不高，我想大約只有十五萬股。一般來說，這樣的股票交易量較低，但其收益良好再加上一般性拓展，讓股價在一九〇五年的十月至十一月初期間，向上攀升。

儘管如此，我還是告訴索羅門，取得國家鉛業的最好方法，就是在公開市場買下半數股票。索羅門聽了，便立刻請我購買。但我請他不要向任何朋友提起這件事，也儘可能不要讓家族中其他成員知道。

隔天早上，我請了最優秀的股票經紀人哈利·康坦特，在市場上買下國家鉛業。我要他在一開始就拉高股價，嚇退其他競爭對手。我總感覺，如果我們等得越久，想要買下足夠股權的機會就越低。

早上十點，當股市開盤後，我坐在自己辦公室的股價行情報價機前。我手邊就放著可以直接和交易所聯繫的電話。國家鉛業的開盤價為五十七美元。隨著康坦特的買進，價格升了三點。接著，康坦特向我報告出現一些對手。

我立即叫他停止買進。不久後，康坦特跟我提起的那些買家（無論是誰），也因為害怕而停手。然後，那些競爭對手開始賣股票。我重新下令要康坦特再次快速地拉高股價，讓那些買家被股價嚇退。這樣的做法不但可以刺激股票釋出，還能讓其他買家決定不要跟進。

當股市收盤的鑼聲響起時，古根漢家族拿下了控制權。這件事在一天之內就達成。康坦特的手法是如此地嫻熟精準，股票的收盤價落在六十四點多，與開盤價相比只上升了不到八點。

還有哪個經紀人能如此嫻熟精準地操盤？

取得國家鉛業的舉動，讓美國冶煉&精煉公司的股價再創新高。到了一九〇六年的一月，股價攀到一百七十四美元。公司內部的管理者無不興高采烈地談論，股價一定會達到二百美元。

接著，股市出現一般性的下跌。美國冶煉&精煉公司跌到一百六十一美元，反彈後又再次下滑。古根漢的股票經紀人們急著阻止下跌趨勢，卻徒勞無功。

當不幸的事降臨在我們身上時，我們總會盡可能地指責他人。這種維護自身尊嚴的本能，是人性之中最難抹滅的特質。謠言出來了，有人謠傳美國冶煉&精煉公司的股價之所以下滑，不是因為本來就過高，而是股市空頭巴魯克暗地裡賣空。那些曾在股價只有一百二十美元時就聽到我的警告、而我也再三反覆警告他們的人，全都被失望蒙蔽了雙眼，繼續散播這個謠言。

但這件事不是真的。賣空那些曾經與我關係親近且我也近距離確認過其營運狀況公司的股票，有違我一貫原則，而我也從未破例。我絕對不會「攻擊」那些曾經給予我機會的公司，尤其是像古根漢這樣信任我的家族。

就這樣，這則讓人不悅的謠言傳進了古根漢家族耳中，有好幾個兄弟甚至不願意見我。對此，我感到悶悶不樂。儘管如此，我依然暗自決定除非他們直接開口問我，否則我不會跳出來反駁這則傳聞。最終，我得知索羅門．古根漢也說，我賣空他們家的股票。

我去見了索羅門，努力保持自己的冷靜，簡單地重述美國冶煉&精煉公司股票的漲跌過程，證明他對我的指責完全是錯誤的。當我離開他時，他依舊非常憤怒，但我想他的憤怒是出於他忽略了我的警告，而不是因為我賣空他們家的股票。

在這場令人痛苦的會面發生後的隔天，古根漢家族有一名擔任股票經紀人的親戚，向索羅門提起，是他和其他人說我在股票市場上賣空，那其實是錯誤的說法。爾後，索羅門．古根漢立刻向我道歉。

然而這場風波還沒結束。另一個質疑古根漢家族財務穩定性的謠言出現，並在華爾街鬧得沸沸揚揚。這樣的謠言出現在這樣的時機，除了讓人不得安寧外，更對股價造成嚴重的傷害。一天下午，我去了古根漢位於布洛德街七十一號的辦公室。當時裡面有四個兄弟在。我詢問他們，是否願意接受我的五十萬美元存款，作為我對他們公司的信心表徵。丹尼爾先生的眼眶泛紅，代表他自己與其他家人向我道謝。當我問他還有沒有什麼事是我能幫忙的，他說：「沒什麼，除了向其他人保證我們公司真的很正常。」

為了做到這點，最好的方式就是購買美國冶煉&精煉公司的股票，於是我這麼做了。

還有一件事情，加深了我跟古根漢家族的感情。古根漢探勘公司（Guggenheim Exploration Company）手上握有大量的猶他銅礦公司（Utah Copper Company）股票，而他們打算處置這些股票。有人建議他們將股票賣給另一個古根漢家族也持有股份的聯合企業，保證這樣做一定可以賺到錢。在解釋完這個情況後，丹尼爾・古根漢說了：「你知道的，我們把你當作自己的兄弟一樣，所以跟你說這件事。」

「如果你真的把我當兄弟，」我回他，「那我就有話直說了。」

於是我跟他說，如果古根漢將自己控制的公司股票賣給自己，將會犯下一個非常嚴重的錯誤。這樣做只會顯得古根漢家族好像在占古根漢探勘公司其他股東的便宜。丹尼爾先生舉起他的手，「你不必說下去了，你說得對。」

在相當激動的心情之下，丹尼爾和我握了握手，感謝我讓他注意到自己可能會犯下一個嚴重的錯誤。後來，他更在好幾個場合中提起這件事。

第十六章

橡膠探尋之旅

我不敢說，自己也屬於那些預見車子有驚人發展趨勢的人。但我確實認為人們對汽車逐漸增強的狂熱，將為橡膠產業帶來極大的好處。

我的第一輛車子，是一輛擁有八或十二匹馬力的潘哈德[1]，那輛車種在某一場巴黎到波爾多的車賽中贏得第二名。一九〇一年，我在波斯維克（A. C. Bostwick）的建議下買了這台車。而波斯維克是繼承了標準石油公司的大部分財富的人。

在當時來說，這輛潘哈德簡直是飆風的野獸，我很驕傲可以擁有他，學會如何駕馭它後，我又更驕傲了。買了這輛車後，我請了一位司機，叫亨瑞奇·海根巴赫（Heinrich Hilgenbach），此人精通駕馭這輛車的技術。亨瑞奇沒有喝醉的時候，是個友善的好人。但他常常喝得太多，體內的酒精經常讓原本就已經相當刺激的車程，變得更刺激。

這台潘哈德的點火系統含有一些熱管，在點燃瓦斯後會產生爆炸聲，就像一尊小大砲。這個特性讓有些人不敢坐上這部車。住在紐澤西北方沿岸（我的避暑勝地）的人們，只要聽到潘哈德的聲音，就能知道我們的到來。大家會立刻從輕便馬車上跳下來，趕快拉緊馬的轡繩，避免馬兒受驚。

至少有一名以上的鄰居，像是小尤金·邁耶的父親，認為我的潘哈德簡直是「公害」。但直到多年以後，我才知道這件事。

擁有這輛車讓我成了所謂的名人，甚至上了紐約《先鋒報》，他們刊登了一張我坐在車上的照片。這是紐約報紙編輯第一次給了我這麼大的報導篇幅。

我的第二輛車是一輛黃色的賓士，擁有四十匹馬力。這台車花了我二萬二千美元。當時，W．K．范德比爾特也有一台像這樣的車。或者，應該說我的車和他的車子很像，畢竟論種類來說，在那個年代他的車子可是全美第一輛。

賓士也搭配有熱管系統。開車上路的第一天，我就一路跑到格蘭特將軍紀念堂，直到賓士故障，才甘願停下來。後來，我在朗布蘭奇的賽道上，用這輛賓士和波斯維克進行表演賽。他開著一輛美國車，徹底發揮高能的車速，每分鐘跑超過一．六公里。這場精采的比賽贏得眾人的喝采。對我而言，更是無與倫比的賽車經驗。

在汽車剛發展的階段，其中一項交通規矩就是：「當輕便馬車上的人舉起手，汽車駕駛必須停下，等待馬車上的主人下來牽住他的馬。」「紐約市的限速為一小時十六公里。」「中央公園內不允許駕車。」由於這些規矩，我決定到紐澤西開車。在那個年代，歐洲的道路比美國平坦高級許多，因此每到夏天，我總會讓車子跟我一起飄洋過海，以滿足我盡情開車的心願。

早期，車子是一種相當昂貴且充滿不確定性的玩物。一個跑上好幾百英里才爆胎的輪胎，已經算是相當了不起的產品。

我不敢說，自己也屬於那些預見車子有驚人發展趨勢的人。但我確實認為人們對汽車

1 潘哈德（Panhard），創立於一八八七年的法國汽車製造公司。

逐漸增強的狂熱，將為橡膠產業帶來極大的好處。

在一九〇三年經濟恐慌期間，我買下的產業股票內包含了橡膠製品製造公司（Rubber Goods Manufacturing），當時是全美少數幾間生產橡膠製品的企業。在擁有這些股票後，我開始研究美國使用橡膠的情況，並激發了我對橡膠運用範疇的想像，我大膽地認為橡膠可以像洛克菲勒利用石油那樣，拓展一片天。

但憑著我個人的資金，無法完成這個目標。因此早在一九〇三年大恐慌消退以前，我就開始尋找有創見的企業家，他們必須具備足夠的資本，還要有領導能力。古根漢家族在各方面都符合我的期待，因此丹尼爾·古根漢成為我第一個分享橡膠王國夢的人。

我詢問丹尼爾，要不要和我一起買下橡膠製品公司的控制權。由於該公司的股票自大恐慌後，已出現上漲趨勢，所以我表示自己願意將之前購買的股票拿出來，和新買進（以取得公司控制權）的股票一起平均，拉低成本。如果能和古根漢家族結盟，我非常願意付出這一點代價。

丹尼爾表示他會仔細思考這件事，並和其他兄弟談談。時間一天天的過去了，我卻遲遲沒有得到回音。

後來，橡膠製品的股價大幅攀升，由於價格實在太吸引人，加上橡膠事業的未來又沒有著落，於是我決定先放棄橡膠王國的夢想，賣掉股票。

幾個月後，丹尼爾問起我手中握有的橡膠股。我告訴他因為自己等不下去而全部賣出時，他向我表達了他的歉意。接著，他請我看看另一樁橡膠提案。

該提案的主旨是，尋找一個大量且穩定的橡膠原料供應。如果這個目標達成了，各產業使用橡膠的數量將巨幅提升。在那個時代，大型橡膠園的構想才剛剛成形。當時的原料主要來自於巴西帕拉州、靠近亞馬遜南邊的野生橡膠樹。而這些原料的品質並不一致。採收者主要為當地人，且無法依賴他們持續供應。

在那個年代，十萬噸的橡膠對全世界來說就已經很多了。到了二次世界大戰，我成為橡膠委員會的主席時，光是美國一年的橡膠需求量就高達六十七萬兩千噸。

有一位發明家叫做威廉・勞倫斯（William A. Lawrence），他發明了一套在銀膠菊上採收橡膠的流程。銀膠菊是一種銀色葉子的灌木，屬於菊科，生長在墨西哥北部。勞倫斯引起了湯瑪斯・瑞恩與參議員尼爾森・奧德里奇的興趣。於是，他們轉而向古根漢尋求支持，如同我之前那樣。由於瑞恩和奧德里奇的提案，讓丹尼爾・古根漢再次找上我。

這次我去了墨西哥，親自調查銀膠菊的前景。我發現這種大量生長在半沙漠土質上的灌木叢，只需透過很簡單的方法，就能進行人工培育，三年就能長成。隨著我調查得越深入，我就越感興趣。就在我們國土的家門口前，有著健康氣候的墨西哥，生長著能與南美洲及非洲等疾病肆虐之處相抗衡的橡膠原料。

我的調查報告促成了大陸橡膠公司（Continental Rubber Company）的成立，時間是一九〇四的十一月，該公司後來成為洲際橡膠公司（Intercontinental Rubber Company）。參議員奧德里奇、瑞恩、丹尼爾與我，平均持有該公司的股份。其餘的股份，則分給年輕的約翰・洛克菲勒、惠特尼（H. P. Whitney）、李維・諾頓（Levi P. Norton）、彼林斯（C. K. G. Billings）等其他親朋好友。

—

墨西哥並不是我們尋找橡膠的唯一目標。曾經有那麼一度，我們公司在世界各地探勘。我們派出去的人，深入亞馬遜河的上游，翻閱安地斯山脈，仔細搜索了西邊的坡地。在非洲，他們搜索了剛果河與其支流流域。其他隊員則搜索了婆羅洲和海峽殖民地[2]。

在非洲，我們失去兩名成員，還有一名成員在加勒比海因船隻受暴風雨襲擊而喪命。後來，因起身抵抗禁酒修正案而聲名大噪的威廉・斯戴頓（William Stayton），更受困於委內瑞拉的叢林裡。在突破各種險境後，他抵達海岸。看到一艘小型縱帆船後，他大聲呼喚，並朝著船游過去。這場奇遇對那艘船和斯戴頓來說，都屬幸運。那艘船的船員因黃熱病而病倒。曾在美國海軍學院（U. S. Naval Academy）接受訓練的斯戴頓開始指揮帆船，並帶領大家順利抵達港口。

我們在得到利奧波德二世[3]的邀請下，進入非洲。利奧波德是一位不尋常的男子。在他還年輕的時候，就發現該國微小的收入不足以支撐他豪奢無度的習慣與壯大國家的野心。為了補救這一點，他讓比利時朝殖民帝國方向發展。

在進行了一連串巧妙的政治操控後，他在剛果河流域的富庶之地成立了表面上為獨立的「剛果自由邦」，接著再將其納入比利時的統治之下。這個在英國等其他列強眼皮底下進行的金融政變，只有像摩根、哈里曼、洛克菲勒或瑞恩等人，才能做得如此俐落。

剛果自由邦最肥沃的土地，留給了比利時皇家。早期的開發過程實在是殘酷無比。剛果的橡膠之所以被稱為「紅色橡膠」，其中一個原因是因為其顏色，但主要的原因還是因為在其生產過程中，有大量的當地人遭到屠殺，而得其名。那些遭受利奧波德玩弄的強權們，更將其施行暴政的事蹟四處散播。儘管比利時政府不斷表示，這些言論是因其他強權的嫉妒而捏造的，我還是深信「紅色橡膠」的名字是對事實的反映。

一九〇六年夏天，七十一歲的利奧波德認為重組剛果政府的時候到了。加上當時國際

---

2 該名字源於一八二六年，當時英國將新加坡、馬來半島的麻六甲與檳城三地，合併稱作海峽殖民地。

3 利奧波德二世（Leopold II.），一八六五年繼承比利時王位，對剛果進行殖民統治，統治手段殘酷，當時近一千五百萬剛果人慘遭屠殺。

社會紛紛嚴厲譴責他的殘暴施政，讓他不得不注意自己的一言一行。為此，利奧波德向美國詢問誰是最能幹的天主教資本家。他得到的回覆就是湯瑪斯．瑞恩，當時的瑞恩家裡還有一間私人禮拜堂。

當利奧波德正在尋覓人才的同時，瑞恩恰巧人在瑞士。他花了大把的時間與金錢，收購藝術品。在利奧波德的召喚下，瑞恩和他見了面，利奧波德提出了他的計畫。接著，美國剛果公司（American Congo Company）與剛果林業礦業國際公司（Societe Internationale Forestiere et Miniere du Congo）成立了，後者也經常被稱為剛果林礦業公司。美國剛果公司得到開發橡膠新原料的特許，而剛果林礦業公司的特性更接近一般企業，目標放在林業與礦業產品上。

利奧波德是一位精明的商人。他利用給予特許權的權力，取得兩間公司半數的資本股。而剛果林礦業更將四分之一的股份留給比利時企業家，因此瑞恩只取得二五％的股份。除了一位聰明絕頂的國王，我想不出還有誰有能耐可以讓瑞恩接受這樣不公平的交易。

對皇室如此看重自己感到受寵若驚的瑞恩，帶著新計畫的滿腔熱情返國。他成功地讓古根漢家族、惠特尼、參議員奧德里奇與我（或許還有其他一兩人），加入他們的行列。起初丹尼爾．古根漢並不太感興趣。他非常自豪自己與勞工的關係保持良好，對於利奧波德這樣殘暴的企業主，他可沒有半點好感。因此，他提出除非當地的工人可以得到公平的待遇，否則他不會加入。

我也放慢了自己加入該計畫的腳步，因為我總覺得利奧波德的舉動只是為了減輕美國譴責其施政的手段。但瑞恩充滿熱誠，深信那些特許權將是施行人道主義的大好機會，更是讓我們所有人成為塞西爾・羅德斯[4]的好機會，因此當古根漢加入後，我也跟進。事實證明，瑞恩對於改善剛果勞工狀況的預測，是正確的。

歷經兩年驚險萬分的探勘後，美國剛果公司終於確定了特許權無法為公司帶來利潤。然而，由於剛果林礦業公司的土地上發現了鑽石，讓其股票成為值得投資的對象。但瑞恩從未失去他對美國剛果公司的熱誠。我猜其中一個原因在於國王，畢竟是國王親自請他去執行這項任務。當第一次開採出鑽石後，瑞恩經常將這些石頭放在口袋裡，帶著它們四處跑，有時也會像個炫耀彈珠的男孩，得意地將這些石頭展示給眾人看。

---

4 塞西爾・羅德斯（Cecil Rhodes），英裔南非商人，礦業大亨與政治家。他是戴比爾斯（De Beers）的創辦人，該公司的鑽石原石銷售量占市場總量的四〇%，更曾一度高達九〇%。

在橡膠開採上，我們還是將重心放在墨西哥。一九〇四年，我首次前往墨西哥，並安排買下數百萬畝的土地，除了用來種植銀膠菊外，更打算建設一座嶄新的工廠，透過勞倫斯發明並申請專利的浮選法（flotation process），從銀膠菊萃取橡膠。

我們搭著自己的私人火車移動。同行的還有我的太太、弟弟賽林、艾迪・諾頓（在北太平洋股票軋空事件中，表現傑出的股票經紀人），及其他幾位我如今實在想不起名字的人。

我們從拉雷多進入墨西哥。當火車行駛到最高點阿瓜卡連特特時，我的胸部與胃部突然出現疼痛。但隨著火車漸漸開往低處，這種疼痛很快就消失了。

抵達墨西哥市，我們住進一間名字非常有趣的飯店——伊蒂彼蒂飯店（Iti Biti）。我們觀賞了有生以來第一場鬥牛賽。我熱愛各種運動，尤其是賽馬，總能讓我熱血沸騰，時至今日，我也還會在南卡羅來納州進行獵鳥活動。但這是一場我最不想看到的鬥牛賽，跟我想像的完全不一樣。看到幾匹馬被公牛的牛角刺傷，著實讓我心情直墜。

妻子和賽林大部分的時間都在購物，他們買了各式各樣的東西，也包括半寶石與墨西哥珠寶。當他們在進行觀光客行程時，我正在和墨西哥官員協商。很快地，我就發現自己深陷在法律、技術、農業，甚至是文化問題裡，種種事情都讓我對這個南邊的國度有了更深入的認識。

那個在我短暫逗留下所認識的墨西哥，是一個充滿對比與矛盾的國度。波費里奧・迪亞斯[5]的周圍盡是些才能出眾且優雅的人，他們的生活完全可媲美任何歐洲大城市的上流社會。但就在他們的庭院外，有著上百萬無法改變自己生活處境的貧苦人們。

後來的發展讓我們明白，這樣的隔閡是不可能持久的，儘管當時的我還不懂。那時候，我理應更關注這些議題，而我卻忽略了。

在我去墨西哥之前，聽過許多關於該如何和墨西哥官員打交道的傳聞。但根據我自身的經驗，我只能說那些墨西哥官員與我過往曾進行協商的人相比，並沒有任何不同。有些墨西哥人很正直，有些人則否，有些人很自私，有些人則一心為國——簡單來說，就跟所有國家一樣。

在我所遇到的墨西哥人中，最讓我印象深刻的莫過於巴勃羅・德里奧（Pablo Martinez Del Rio）。他精通英文、法文、德文和義大利文。他有著舊時王公貴族的儀態，接受過良好的教育，擁有多元文化的背景，這使得他在世界各國無往不利。

德里奧先生非常憂心讓美國人插手墨西哥的經濟。他向我解釋，他擔心若給予美國人特許權，總有一天我們會因為這樣的好處，侵略墨西哥。

5 波費里奧・迪亞斯（Porfirio Diaz），墨西哥總統，獨裁者。任期內企圖在墨西哥推動現代化，建設鐵路與電報線路。在他的任內，墨西哥鐵路擴張約十倍，影響延至今日。

幾年後，當美國的石油業人士提出了一則提案，立即讓我想起讓德里奧憂心的侵略計畫。但由於威爾遜總統的阻止，這些人才沒能稱心如意。

當時的背景，是美國加入一次世界大戰後不久。總統威爾遜邀請我到白宮，一同討論因原油短缺可能導致我國軍事計畫被迫中斷的問題。其中一位官員建議我們奪取墨西哥坦皮科的油田。海軍陸戰隊中隊甚至也收到指令。但威爾遜總統下令中斷行動。

威爾遜總統根本無法坐等眾人討論。他激動地站起來，以堅定且不可動搖的語調，直接了當地表達自己的想法。

他譴責道：「你們叫我做的事，就跟我們起身抵抗的德國沒有兩樣。你說我們需要墨西哥的油田，這就是德國入侵比利時所說的話；就連侵略法國也是『必要的』。」他總結：「先生們，我們必須用自己擁有的油進行戰爭。」

為了我們在墨西哥的橡膠事業，我們買下超過三百萬畝的土地。交易的過程非常普通，我們透過正常的管道購買，支付了自己應付的金額，不多也不少。我曾聽說有所謂的捷徑，但我從未有機會嘗試。我們表示自己急於將一種產業引進墨西哥，可以讓幾百萬畝閒置的土地因而得到利用，更能帶來龐大的工作機會。對我來說，這正是迪亞斯所需要的。我們和墨西哥人立下了幾份合約，而這些合約所包含的內容程度就跟其他合約沒什麼不同。

事實上，墨西哥的合約並沒有引起糾紛，唯一出現糾紛的，反而是美國。當時，我們在墨西哥的托雷翁設立萃取橡膠原料的工廠。在這間工廠開始運作前，我們和美國的橡膠製品公司簽訂合約，該公司將在兩年內全數收購我們生產的橡膠。但當托雷翁工廠開始製造天然橡膠後不久，橡膠製品公司拒絕執行合約，他們聲稱我們的品質低於要求。但這絕不是事實。

儘管多數時候我會尋求法律以外的途徑，來解決糾紛，但這次我想要告美國橡膠公司（United States Rubber Company），美國橡膠公司先前已經買下橡膠製品公司的控股權。但摩根與第一聯合國家銀行（First National Bank）的喬治・貝克（George F. Baker）阻止我。於是，我建議買下美國橡膠公司，作為我們生產原料的加工去向。在收購失敗後，我又努力想和鑽石橡膠公司（Diamond Rubber Company）交易。但由於我的合夥人太想拿到對己方有利的條件，導致交易失敗。

對於不能和美國橡膠公司纏鬥一事，我感到非常憤怒，因此我拋出自己手中的股票，撤出洲際橡膠公司。儘管如此，洲際橡膠還是找到購買其產品的買主，並在一九〇一年，當馬德羅（Madero）掀起革命並推翻迪亞斯的時候，開始發放紅利。反叛軍恣意侵擾我們的種植場，最後托雷翁工廠關閉。儘管如此，這項產業的發展依舊打下了良好的基礎。

我相信老迪亞斯確實為國家做了許多事，但在他被推翻後，墨西哥從一開始的混亂，漸漸變成一個更好的國家。當我在墨西哥的時候，我覺得美國人忽視了自己在墨西哥發展的大好機會。即便現在的國家情勢已有改觀，我依舊認為還有許多潛力發展可促成。

墨西哥的問題、與許多未開發國家所面臨的問題，都肇因於對過去帝國殖民主義所產生的不信任與疑心。我出生在重建時期的南方，我深知往日記憶的苦澀與強烈將如何鑄成錯事。如果這些未開發國家想要解決經濟困境，就必須拋開過往，不能讓過去的歷史成為下一代的包袱。

許多亞洲、非洲與南美洲地區的政府領導，心頭糾結著對過往歷史的仇恨，而看不清自身利益的方向。

這些國家最明顯的盲點，就是忽略了利益所帶來的動力。只有當人們在自己的勞動付出中，看到好處，讓他們覺得自己的收穫大於付出，社會才會向前推進。一間賺錢的企業對國家的貢獻，絕對大於虧損的企業。

確實在很多時候，利益沒有得到妥善分配。但我們可以在不毀滅其利益的前提下，改善這點。

謀利動機，也是支持我們爭取獨立的珍貴工具。是什麼原因驅使人們工作？動機通常有三點：熱愛工作或想要為他人服務的心態；對酬勞的渴望；受更高權威的命令與迫使。

如果一個社會擁有足以滿足人們改變自身命運的機會誘因，不需要花太多心力，該社會就能朝進步的方向邁進。

許多未開發國家對這種謀利動機的誤解，源自於卡爾・馬克思（Karl Marx）將帝國主義與資本主義掛勾而產生的錯誤觀念。在許多未開發國家內，那些資本主義國家確實表現得與殖民統治者無異。但從古老的羅馬、希臘、波斯歷史來看，帝國主義發展的時間遠比資本主義長。

蘇維埃政權的出現更證明了即便沒有謀利動機，帝國主義依舊可以存在。事實上，當那些資本主義國家開始選擇放棄手中的帝國勢力時，蘇聯卻想盡各種辦法接手那些地方，企圖建立新的帝國。從二次大戰結束後的種種歷史事件來看，蘇聯所展現出的帝國主義氣勢，比任何國家都還要濃厚。

與其用那些過於抽象的理論，如「資本主義」、「社會主義」等種種「主義」來標籤一個國家，我建議用其他方式來分類——像是用一個國家在改善國民生活品質的程度上，屬於哪一級別。

我呼籲使用此種標準的原因，是因為大部分國家的對外政策通常不會高於國內水平。

沒有一個國家會用異於國內政策的態度對待外國。那些致力於改善人民生活品質的國家，在國際政策上也經常以幫助他國提升生活水準為目標。那些可以從容不迫地打壓自己人民的國家，在與其他國家交手時，毫無意外地也會企圖拉低對方的人民生活品質。

引進外來資本的意義，就是將一個該國原本不具有的資源，帶進國內。伴隨著資本而來的，還有管理技術，而這也是未開發國家經常缺乏的。

只要未開發國家不需要為這個外來資本與管理技術付出太多成本，那麼這筆交易對該國來說，就屬於有利可圖。而在這樣對等的交易裡，如果未開發國家企圖拉高對方進入國內的成本風險，事實上他們也將為此付出更多代價。

簡而言之，對所有的未開發與已開發國家來說，他們真正要去爭取的目標，是締結一份讓雙方都能獲利的契約。一樁公平的投資行為，兩國之間應該不需花太多時間來達成協議。當然，外國投資者也必須提高當地的生活水準。他們應該將各種技術傳給未開發國家的人民，持續地增加受訓工作者與管理者數量。當該國投資勢力出現時，也應盡可能地給予對方股份。

至於未開發國家，則必須明白維持管理秩序的重要性。他們必須當心那些充滿甜言蜜語的理想主義言論，這些言論承諾著幸福，卻只帶來被奴役的下場。自治，是一門需要花費許多時間學習和執行的學問。在我國的對外政策上，我們不應該過分許下承諾，而應盡力幫助那些新獨立的國家，讓他們擁有充足的時間學習該如何治國。

在我們與這些新獨立的國家之間，至少有一種共同利益是我們可以一起構築的——讓這些國家保有他們的自由。

第十七章

尋找美國需要的銅礦

在我處理銅、糖、橡膠等原料的經驗裡，我學到任何一個商品市場的供需平衡總會自行在各處找到平衡。

在十九世紀末與二十世紀初，我便明白發生在世界各地的事情，都會對股票市場與商品市場造成影響。

我在倫敦市場進行的套利交易與許多小插曲，如我們在聖地牙哥之戰勝利後所發動的行動等，讓我有了地域延續性的概念，即便是全世界最遙遠角落所發生的事，也會反映在華爾街。在我處理銅、糖、橡膠等原料的經驗裡，我學到任何一個商品市場的供需平衡總會自行在各處找到平衡。

儘管如此，一直到第一次世界大戰發生後，我才真真切切地體會到每件事的發生與影響，和全球各地情勢都是密不可分的。由於各項物資的超量需求，我不得不衡量每件事情的輕重緩急，以決定物資的用途。這種過程就像在衡量哪間房子的火燒得比較大。舉例來說，為了讓潘興將軍[1]得到能將槍運到前線的騾子，我們不得不將國內需求也出現短缺的硫酸銨交易到西班牙。此外，我也經常需要決定同樣一噸的鋼材，怎樣運用才能創造最大的效益——到底該拿去打造驅逐艦或商船，還是留在國內或送到法國的軍工廠。

當然，這一切過程都是我在戰爭爆發時，不得不學的課題。儘管如此，早在戰爭發生前，我從自己的金融貿易經驗中就體會到，經濟與國防的關係有多麼地密不可分。

二十世紀初發生了兩件事，對未來產生極大的影響。其一是美國與德國逐漸成為新的海上強權。其二則是「電力時代」出現了第一道曙光。

這項全新的技術在全球引發了一股尋找新原料的風潮。馬克思主義者將此種行為視作資本主義系統受謀利動機牽制，所展現的弱點。直到今日，依舊有些人如此認為。

但這種馬克思主義的想法對世界上所發生的事，卻從未給予任何令人滿意的解釋。當然，對利益的追逐是人類的本性，但到全球各地探求資源的動機，卻是工業化文明的發展趨勢。嶄新的科技技術為人類的生活便利帶來了無限的可能，為了支援這種新科技，我們需要額外的物理資源。而這種技術，更讓國防方面出現新的安全需求。舉例來說，隨著武器的發展日新月異，我們就需要打造新的艦隊。

搜尋新原料的動作也不僅僅著眼於國外。像是在一八八〇至一八九〇年間，全世界的銅產量躍升十倍，地球上的每一寸土地都被仔細探查，以期找出新礦藏所在。正是這股對銅礦產製需求的激增，讓古根漢家族一腳踏入銅礦事業。如此大量的需求也讓美國西部的州，開始以較低階的礦產來取代銅，這樣的做法讓美國銅礦產量最終足以供應國內市場。

我總是呼籲大家，在國內的礦石區進行更密集的開發，而我也很高興自己能提供資金，協助美國進行相關的開採試驗。九年的時光，再加上數百萬美元的投入，該計畫終於開花結果。

1 約翰．潘興（John J. Pershing），美國著名軍事家，陸軍特級上將。對軍紀要求嚴格至極，又稱「鐵鎚將軍」。

在靠近猶他州賓漢的附近，有一處廣闊而深邃的礦化斑岩峽谷。根據檢測，該斑岩內蘊藏著銅，但由於礦石品位[2]過低，從未有人認為開採這些礦石是可行的投資。唯有一位住在賓漢縣的老上校伊諾斯·沃爾（Enos A. Wall）買下了兩百畝的銅礦峽谷，又花了兩萬美元試圖開採，卻失敗了。

眼看沃爾的錢即將付諸流水之際，一名來自密蘇里州的年輕採礦工程師丹尼爾·賈克林（Daniel C. Jackling）來到此處。賈克林體格壯碩、魁梧，愛虛張聲勢的個性與滿面紅光的外表，讓他看上去更像是一位礦工，儘管他的身分其實是一位大學教授。曾經在科羅拉多州卡農城經營一間鋅礦工廠的他，深信自己可以發展出一套可獲利的低品位礦石開採技術。

一位叫戴勒瑪（Delamar）的外國資本家原本擁有買下賓漢該處的選擇權，但他一聽到工程師表示該峽谷無法進行開採後，便放棄購買此處。於是，賈克林抓緊機會向查爾斯·麥克尼爾（Charles MacNeill）推薦購買此地。

到了一九〇三年六月，猶他銅礦公司成立，總裁為麥克尼爾，副總裁為沃爾，賈克林則是擔任總經理。

賈克林的構想非常單純，而偉大的點子經常就是如此簡單。由於透過一般的隧道豎井開採此處的銅礦，已證實為不可行。因此賈克林提議用挖掘機直接開採——此方法現稱為「露天開採」。所有鏟起來的礦石，直接送進碾磨機，利用浮選法將銅篩選出來，再將其製成精銅。

為了讓過程更符合效益，賈克林希望打造一個能在一天內處理三千至五千噸礦石的碾磨機，而不是使用原本一天只能處理三百至五百噸的機器。在一定的營運成本下，如果能提高碾磨機的生產效率，精煉低品位礦石就能產生利潤。

從一開始，大家就明白這個實驗的成本非常高。該公司將股票一股的價格定為十美元，並開放大量認購，但卻無法吸引公眾的注意，募得所需資金。也就是在這個時候，麥克尼爾向我提起了這個計畫。

他安排我和賈克林見面，一見到賈克林，我就很喜歡他。他的理論對我來說非常棒。他這種大量生產的概念，在當時還很新穎，應用在銅礦上更是新鮮。於是，我買下了大量的股份。

在有限的資本下，賈克林只能蓋一座實驗性的碾磨機，並專注於設計出更適合未來大

2 礦石品位是指單位體積或單位重量的礦石內，有用成分（元素或礦物）占礦石重量的比例。礦石品位是衡量礦床經濟價值的主要指標。

型開採的合理計畫。一年之內，機器開始運作。我們坐立難安地等待結果。而這台小小的實驗性碾磨機讓我們看到了未來。

賈克林希望再接再厲，打造一台規模更大的碾磨器，但這需要上百萬美元的費用。猶他銅礦公司透過各種管道及方法想募集到這筆錢。一九〇六年，古根漢家族剛好決定再次尋找銅礦的可能。

一連串在賓漢的行動大大引起了古根漢家族的興趣，他們甚至請約翰・海斯・哈蒙德（John Hays Hammond）替他們進行投資。哈蒙德或許是當時最優秀的採礦工程師，他的聲譽不僅僅來自於那優秀的工程策畫能力，更因為良好的人脈關係。

在南非的時候，哈蒙德被布爾人抓住，判了死刑。由於美國參議院的請願書，他從絞架上被救下來。後來，古根漢家族和威廉・惠特尼讓哈蒙德經營古根漢探勘公司。在墨西哥，哈蒙德不僅發揮了工程方面的才能，更展現了罕見的政治才華，和波費里奧・迪亞斯斡旋，替古根漢家族打下穩妥的根基。

哈蒙德派出兩名傑出工程師雪萊・穆德（Shelley W. Mudd）和切斯特・比替（A. Chester Beatty），探查賓漢峽谷的狀況。接著，調查結果送到古根漢手中，表示此地急需資金。這項投機活動讓古根漢家族的優勢大幅超越其他銅礦公司，甚至是當時的銅礦界托拉斯——聯合銅礦。聯合銅礦公司擁有一群聰明的工程師，他們也跟古根漢家族一樣，研究了賈克林的提案。但他們認為賈克林的點子行不通。今天，國內多數銅業都是以賈克林的方法精煉銅礦，或是以此方法為根基所發展出來的進階方法。

古根漢家族加入後，掀起一股投機風潮，大筆資金與力量開始凝聚，這是一九〇三年恐慌之後，最大一波的熱潮。猶他銅礦的前景是如此美好，古根漢家族甚至以每股二十美元的價格向贊助人購買原本只要十美元的股份。

賈克林把握住這個大好機會，開始進行工作。接著，他一次又一次地要了更多的資金。為了達成他的需求，該公司被建議發行總價三百萬美元的債券。

賈克林燒錢的方式嚇壞了部分內部人士，包括第一個將錢砸在賓漢峽谷的沃爾。在公司的會議上，沃爾反對發行債券。沒有得到支持的他，辭去董事職位，將戰場轉移到法院上。他取得了禁止發行債券的禁止令，但效果只維持了一陣子。接著禁止令被撤銷，債券發行了。

在禁止令紛爭還未落幕前，丹尼爾·古根漢找上我，討論發行三百萬美元債券的問題。我表示願意以五％的仲介費，負責承辦債券業務。

在我替大部分的債券找好認購人的時候，海登&史東證券公司（Hayden, Stone & Company）的查爾斯·海登（Charles Hayden）找上古根漢，並同意以不到一％的仲介費承銷債券。我從來沒聽過這種低價。儘管我認為古根漢和我已達成口頭約定，但在面對這種削價競爭的情況，我不認為自己可以拿到約定的報酬。債券的數量供不應求，賈克林如願以償，得到一大筆建立大型碾磨機的所需資金。

與此同時，我也同意承銷內華達州綜合銅業公司（Nevada Consolidated）的可轉換債券。但這份工作再次被海登搶走。查爾斯·海登以非常嫻熟的手法將這兩份債券分別銷售完畢。內華達綜合銅業公司確實是一間好公司，後來也被猶他銅礦吸收。

—

最初預估在一九〇六年的年底，賈克林的碾磨機會開始啟動。但由於製作過程的重重障礙，一直到了一九〇七年春天，碾磨機才開始運轉。截至目前為止，賈克林花了八百萬美元。

一九〇七年三月，紐約證券交易所進行一場重大的調整。精明的人開始轉向賣空。沒有人預料得到一場恐慌就此發生，即便是摩根本人也未曾預知。

到了夏天，儘管賈克林的碾磨機開始加速運作，國內的金融不確定性卻繼續增加。十月，尼克伯克信託公司（Knickerbocker Trust Company）宣布破產，總裁自殺。這個事件讓紐約的銀行突然陷入危機，我這輩子從未見過紐約變成這番光景。這股恐慌席捲了證交所；整個國家的信用系統崩潰。我們面臨了自南北戰爭重建時期以後，最瘋狂的金融危機。

當時已七十一歲的摩根是如何僅憑自己一人，運用其如沙皇般的大權穩住股市，我們在這裡應該不用多述。但我必須說一件當時我做的事，這件事也與摩根很有關係。

為了穩住市場，摩根成立了一個特殊基金，接受各家金融機構的捐獻。某一天晚上，當我在床上翻來覆去睡不著時，我突然對這個基金做了一個戲劇化的決定。

我決定去摩根的辦公室，站在這位老紳士的桌前，告訴他我想要捐款。當摩根先生問起我打算捐多少時，我將拿出一百五十萬美元，而且是現金。我有理由相信，除了摩根先生以外，不會有人捐獻的金額比我還高。

但隔天早上當我前往市中心的路上，我忽然發覺自己怎麼樣也辦不到這件事。於是我改去曼哈頓銀行（Bank of Manhattan）一趟，跟他們的總裁史蒂芬．貝克（Stephen Baker）說無論他們要捐多少，從我戶頭提出一百五十萬美元跟他們一起捐出去。就這樣，這筆錢以曼哈頓銀行的名義而不是我的名字，進入了摩根的基金中。

對於我為什麼不親自去見摩根先生的原因，我也無法解釋。絕對不是因為我過於謙虛。我其實也希望可以讓他留下深刻的印象，讓他明白我對他的領導能力百分之百信賴，而我也可以為國家做出實質貢獻。但我就是做不到。

如果我照著自己原本的計畫去做，或許我和摩根的關係會有所進展，而大西洋海岸鐵路和德州海灣硫磺公司（Texas Gulf Sulphur）的交易，也會有不一樣的結果。但如果我在金融上和摩根走近了，或許伍德羅・威爾遜就不會給我機會，讓我擔任戰時工業委員會的主席，為國服務。一個王國因為缺乏一根釘子，而丟失了一切，但有時正因為遺失了這枚釘子，而得到了一場原本不屬於自己的冒險。

當一九〇七年的恐慌進入最瘋狂階段，也沒有人說得準摩根先生的行動會成功或失敗時，我收到一封求救訊息，猶他銅礦公司急需五十萬美元以支付員工薪資。那時，銅礦的價格從每磅二十二分美元跌到十二分美元，公司的股價則從三十九美元跌到十三美元。但賈克林必須繼續生產以維持組織正常運作，即便那些金屬就這樣乾巴巴地堆疊在鐵道旁，無人問津。

很難想像一間有古根漢和海登&史東公司投資的公司，居然會在沒有任何銀行可調度五十萬美元的情況下，找上一個獨立的市場操作者；而更奇怪的是，當時的我居然連這一點現金也無法立刻拿出來。原因很簡單。

與所有人一樣，我也做好了進入財政窘迫時期的準備工作。我提高了自己在曼哈頓銀行的現金餘額。此外，我也向史蒂芬・貝克表示，自己隨時有可能會將這些錢提出。

「你會順利領到錢的，我們會照顧好顧客。」他向我保證。

當我收到猶他銅礦公司總裁查爾斯·麥克尼爾的電報時，我認為這場金融動盪早晚都會結束，經濟會恢復到往昔的模樣，而地球會繼續轉動。直到某種更棒的替代物質被發現前，銅礦的需求依舊存在。於是我去找了貝克，請他給我五十萬現金。這筆錢正是麥克尼爾需要的——好將它們放進員工的薪資袋裡。在這個時刻，你有再好的信用也比不上現金實在。

貝克先生從銀行金庫取出現鈔。數過的鈔票被裝進盒子中，以最快的方式送到鹽湖城。

取出現鈔的那天，市場上的貸款利率為一五〇％。我告訴麥克尼爾，六％便足矣，而且還款的日期不限。他寄回來一張公司支票，上面的利息為二〇％。在做完這件事後，我在市場上按當時的低價，買下許多猶他銅礦公司的股票。

猶他銅礦安然度過大恐慌時期，且頭一年的營運狀況超越賈克林最初的預估。在接下來的三十年間，猶他銅礦公司配給股東的股息超過二億五千萬美元。這個世界上最大的銅礦場、也是賈克林於一九〇三年開始開挖的賓漢礦場，至今依舊是地表上最大的人工開鑿場。

如果有人想知道怎樣才是好的投資，猶他銅礦公司能度過一九〇七年大恐慌，就是最好的例子。一項投資的價值，就像一個人自身的性格。好的投資在逆境中依舊能站穩腳步，堅定地克服困難。當然，在賈克林不斷精進自己提煉低品位礦石的過程裡，他替先前備受質疑的公司開創了嶄新的價值。這種被創造出來的新價值，遇到金融恐慌也無需害怕。恐慌或許會讓一間公司的股價下滑，但這樣的損失是暫時性的，只要該公司能符合市場需求又得到妥善的管理，其股價遲早會回溫。

猶他銅礦公司的成功也證明了個人特質與積極性的重要。當賈克林想到這個顛覆銅業產製過程的絕佳點子時，他才三十歲。他花了五年的時間找到投資者，再用了四年的時間證明這些投資者的決定是正確的。

在第一次世界大戰中，眾人都強烈質疑建造無煙軍火工廠的可行性，但賈克林辦到了，他成功替政府蓋了一座無煙軍火工廠，還得到了美國傑出服務勳章。當時杜邦公司（Du Ponts）已經定好建設這座工廠的條件，但軍方認為條件過於困難。在一場漫長的晨間電話會議後，我表示自己知道一個人或許可以做到這件事，我推薦了賈克林。戰爭部長貝克（Baker）表示自己將會和總統討論。

那天下午，我打電話到加州的舊金山飯店，告訴賈克林：「我不知道他們會不會接受你，但我希望你先過來這裡。」幾天後，當戰爭部長貝克請我通知賈克林時，我當下告訴他：「他已經準備好了，我立刻帶他來見你。」

在賈克林走進去前，我給了他一個建議：「別加入軍隊，記得，比你高階的長官可以左右你該怎麼做，該怎麼停。」賈克林沒有加入軍隊，並以最快的速度蓋完工廠。

但賈克林也失敗過。

在一戰中，他蓋了一座試驗碾磨器，向一間鋼鐵公司展示米沙比礦場（Mesabi iron range）在精煉高品位礦石後所產生的低品位角岩礦石，也可以再利用。接著，他又在阿拉斯加嘗試了低品位的金礦石，但這次他失敗了，我們兩人都損失了不少。

—

這場冒險——阿拉斯加朱諾金礦公司（Alaska Juneau Gold Company），是我此生在還沒見到任何成果前，砸入最多錢的投資。該公司擁有的露天礦位於朱諾市以南、加斯蒂諾海峽過去的山脈上。我之所以會注意到這裡，是因為一流的礦業家佛瑞德·布拉德利、麥肯奇（J. H. Mackenzie）和馬克·雷郭（Mark Requa），他也是赫伯特·胡佛（Herbert Hoover）的摯友。有那麼一段時間，胡佛對採礦事業很感興趣，而我們只是搶先他一步。但這也讓我們後悔萬分。

賈克林去了阿拉斯加後，對朱諾金礦旁邊的阿拉斯加金礦公司（Alaska Gold Mine Company），有了極佳的評價。由於深信賈克林的判斷力，我決定前往阿拉斯加朱諾。一九一五年春天，礦藏報告顯示裡面含有豐富的金礦，於是朱諾金礦公司根據合約的內容，發行了總價四十萬美元、一股十美元的股票，該合約中包含了一段文字：

> 「所有未被公眾認購的股票，都將由小尤金．邁耶和伯納德．巴魯克認購。」

前所未見地，我的名字居然在股票發行中被公開使用。認購數量是股票發行數量的五倍。幾天內，股價直接升到十五美元。

但是沒過多久，大家知道賈克林在阿拉斯加金礦中所找到的礦石金含量比預期更低。這件事替朱諾金礦公司的未來，蒙上一層陰影。股價開始下跌。

最後，賈克林放棄，阿拉斯加金礦公司決定關門。但佛瑞德．布拉德利拒絕投降。由於我的名字已經成為阿拉斯加朱諾金礦的贊助人，因此我總懷抱著一股歉疚的道德感，認為其他人都沒放棄前，我更不能放棄。還有幾個人也抱持著與我相同的看法。由於資金與大眾的信心都已透支，於是克羅克（W. H. Crocker）、奧格登．米爾斯（Ogden Mills），其兒子後來成為胡佛總統的財政部長、佛瑞德．布拉德利、小尤金．邁耶和我，共集資了三百萬美元，以繼續進行工作。

一九一六年，朱諾金礦的年終收盤價為七．七五美元，一九一七年降為二美元，一九二〇年跌至一．一二五美元，在一九二一年的大蕭條時期，股價更只剩〇．六二五美元。當一絲希望映入債券持有人的眼中時，他們無不立刻準備取回自己的權益。一九二一年九月，碾磨機的營運收益為兩萬四千美元。當然，這筆金額自然連固定支出都不夠抵用，但妥善運用這筆收入，就可以擴大經營規模，並使工廠收支打平。

布拉德利逐漸地補強生產方式，並提升產量，讓礦石的生產過程符合經營效益，讓一噸礦石只能產出八十分美元的礦場，不至於虧損。不過就在十年前，試圖處理這些礦石的人都會被視為瘋子。到了一九三〇年，公司債務清償完畢，一九三一年，公司第一次發放股利。這一切，全歸功於佛瑞德・布拉德利不屈不撓的決心。

後來，當總統富蘭克林・羅斯福讓美元貶值，提高金價時，阿拉斯加朱諾金礦公司自然賺到一些錢。儘管如此，我反對羅斯福這樣的政策，當時身為《華盛頓郵報》出版商的小尤金・邁耶也是這麼想，儘管我們兩人手中都握有大量金礦股。

幾年之後，阿拉斯加朱諾金礦公司因開支增加、礦石中的金含量變低，而再次面臨困境。最終，這個礦場因不再適合開採而必須關閉，不過此地的發電廠還持續使用著，直到今日。

我從這些經驗中學到，就算是低品位礦石也能對我國國防做出重大貢獻。在美國對外

經濟政策中所遇到的問題之一，也起因於原料來源的爭議——應該從生產成本較高的國內獲取，還是到成本低廉的國外開採。

關於這個爭議，我從來就沒有明確地支持自由貿易派或保護主義派。但在兩次世界大戰中，我們可以看到本土礦產與礦石的運用成為國防最珍貴的資源。

若不是賈克林的發明帶動生產方式演化，加上工程設計的修正與改良，在二次世界大戰中，我們就必須依賴進口銅。而這種做法將大量占據商船的位置，讓這些船隻無法運用在其他戰爭用途上，而這又將是一場選擇生產，或選擇戰鬥的掙扎。

由於這個原因，我總認為我們必須鼓勵人們研發更有效開採低品位礦石的方法。儘管如此，由於阿拉斯加朱諾金礦公司的事件，也讓我明白在研發方面，聰明才智也會有所極限。

我們所必須做的，就是折衷這兩種做法，從國外進口成本更低廉的原料，同時精進研發與運用本土資源的能力。

我認為，不計代價地朝自給自足方向發展是不明智的，這就像希特勒為了不要輸掉二次世界大戰而做的努力，只是徒勞無功。但我也不同意為了增加對外貿易量，就平白放棄美國已高度發展的內部供應鏈。

此外，如果以為只需套用一些教條或固定公式，就能解決這個影響深遠的問題，也是相當不智的態度。只要應用新開發的技術，過去被視作荒土的區域，也可能出現新生機。

考量到這些原料在國防上有極其重要的價值後，我們應隨時記錄下國內需求與可能的供應源。在採取國內製造或國外進口的取捨問題上，除了要考慮經濟成本外，也必須關注穩定的供應源對國家安全方面的貢獻。

第十八章

錯失與摩根共事的機會

我向來視摩根為大師與指導者，如能在其底下工作，絕對是難能可貴的經驗。未曾和老摩根真正相處，一直是我的遺憾。

由於一個錯誤的用字，讓我錯失與老摩根共事的機會。曾有一度，我們兩人差點成為合夥人，而那個投資計畫也成為我金融事業中獲利最豐碩的一次。該事件更讓美國繼續保有硫磺業霸主的地位。儘管如此，我至今依舊非常懊悔摩根從這場計畫中抽身，這個舉動不但讓他的公司損失數百萬美元的利益，更讓我失去了和美國最偉大的金融奇才合作的機會。

但即便摩根先生的公司失去那幾百萬的利益，對他來說也是不痛不癢。事實上，他不在意手中有多少錢。他所追尋的目標，是讓國家的經濟和諧與安定。根據我個人的經濟、產業與社會觀，我其實更傾向西奧多・羅斯福的政策。但我向來視摩根為大師與指導者，如能在其底下工作，絕對是難能可貴的經驗。

未曾和老摩根真正相處，一直是我的遺憾。在我還只是個跑腿小子的時候，我曾經數次親自傳遞證券與市場報告給他。我也曾經在下東區的聖喬治教堂男孩俱樂部中，看過他一次。當時，我一直在六十九街西的男孩俱樂部上夜間健身課，因此我跑去其他俱樂部參觀，想知道其他地方都有些什麼活動。我還記得摩根先生非常專心地站在一個男孩身邊，看著那個男孩用雪茄紙盒製作拼圖。

在替亞瑟・豪斯曼工作的時候，我曾將密爾瓦基電機（Milwaukee Electric）債券報價單送到摩根先生手上。摩根先生詢問了我的看法。我琢磨著他的問題，應該是關於整個大環境的金融狀況，於是我向他表示我們可能會遇到恐慌。

摩根先生用他那著名的雙眼緊盯著我片刻，然後說了：「年輕人，你知道什麼是恐慌？」

我不知道該如何回答。這就是我和摩根唯一一次的對話，直到一九〇九年，摩根公司的查爾斯．史蒂爾（Charles Steele）請我調查一處位於德州布拉佐里亞的硫磺穹丘，大約在加爾維斯敦西南方六十四公里處，墨西哥灣沿岸。我很驚訝摩根公司竟然找上我。我們雙方之間達成協議，如果調查結果證明值得投資，摩根方面提供資金，我負責工作，收益則以六四分的比例拆。

我的第一步，自然是雇用一位傑出的採礦工程師。於是我找了替古根漢探勘公司工程師哈蒙德工作的雪萊．穆德。穆德則替我介紹了一位年輕的助理工程師史賓賽．布朗（Spencer Browne）。

不久之後我們一起去了德州，找了一群探鑽工，鑽了幾個測試用的洞。日復一日，我都待在布萊安丘，看著鑽孔工將井筒放下去，再帶著地球核心處的土壤，準備分析其內部的硫磺成分。夜復一夜，我都待在布拉佐里亞的小旅館內，一邊打著蚊子，一邊研究世界硫磺交易的現象與數據，思考著如果探勘結果理想，我們又該在這供應鏈中，扮演哪一個角色。

最後，穆德認為布萊安丘所蘊含的硫磺量在以賺取利潤為前提的考量下，成功機率約為一半一半。

回到紐約後，我向摩根先生報告此事，並表示如果直接買下整塊土地，再加上礦區使用費後，總花費為五十萬美元。我也表示自己願意出一半的資金，「賭一把」。「賭一把」是最糟的選字，我本來應該使用「投資」這個字眼。

「我從不賭。」摩根先生回覆，他的言談舉止間透露著某種暗示——這場會面結束了。他對這項計畫沒有任何興趣。

在他以高傲的態度將我送出辦公室前，我們只多相處了幾分鐘。他甚至沒有給我時間呈現我在布拉佐里亞旅館中，為硫磺貿易所進行的分析。報告內容顯示，此刻正是進場的最佳時機，美國的硫磺產製剛好即將踏入急遽擴張時期。另外，美國產業對純硫磺的需求正在成長，因為純硫磺是硫酸的基礎成分，而硫酸是當時最重要的工業化學品。

而當時的硫磺礦開採技術也剛好達到一個新階段，讓美國的製造商不再需要使用進口硫磺。

直到一九〇〇年，純硫磺主要的產出幾乎是義大利一枝獨秀，西西里島產出的硫磺量占全世界貿易量的九五%。在一八七〇年代，西部的路易斯安那州曾發現廣大的硫磺礦藏，但在開採的過程中，滿布在表層的流沙加上混雜其中的有毒氣體，讓採礦工程嚴重受挫。這些阻礙刺激了天才發明家赫曼・弗拉希（Herman Frasch），這位成功的油田工程師原本來到路易斯安那州，是為了尋找油田。在經歷了數年的實驗後，一八九一年，他找出開採硫礦的完美新方法，該方法後來也被稱為弗拉希法。

弗拉希的做法是將一根寬約二十五公分的金屬管或水管，伸進地心。在這根管子裡，再分別放入三根管徑不同的管子，一根並著一根。接著從一根管子中注入過熱的水，融化地底下的硫磺。接著，第二根管子會將被壓縮的空氣送下去，讓融化的硫磺從第三根管子中被擠上來。一旦液態硫磺被送到表面，就會進入冷卻箱中，使其凝固。

聯合硫礦公司（Union Sulphur company）因而成立，準備以弗拉希的方法開採路易斯安那州的硫磺礦，其公司的獲利預期更是無限美好。然而，當時美國工業正值擴張時期，聯合硫礦公司的硫磺產量不足以滿足國內需求，這讓大家開始思考尋找其他供應源的必要性。

一九〇八年，弗拉希申請的專利到期。這讓德州的布拉佐里亞，或路易斯安那州其他面臨開採困境的硫礦，都可以利用該方法進行開採了。當摩根先生打斷我的話，並拒絕參與這項計畫時，我正打算跟他提起弗拉希法。

在深受摩根這種態度刺激的情況下，我決定獨自一人繼續進行我的硫礦開採計畫。

當穆德和我在德州的時候，有許多探勘者、贊助商或帶著各種目的的人來找我們，他們要不是有方法想和我們討論，就是想賣硫磺礦給我們。當時我們也快速地瀏覽過幾個硫磺礦。自從摩根先生抽手後，我們依然繼續調查工作。

穆德認為其中一個位於德州馬塔哥達縣，叫大穹丘（Big Dome）的礦場很有開採潛力。第一次注意到這裡，是因為來自路易斯安那州公共事業公司的愛因斯坦（A. C. Einstein）。在我們進行調查並證實了穆德的想法後，我成立了墨西哥灣硫礦公司（Gulf Sulphur Company），並著手購買其他位於馬塔哥達縣的資產。

與此同時，那些讓摩根注意到布拉佐里亞硫磺穹丘的人們，在自由港硫礦公司（Freeport Sulphur Company）的名義下，進行開採。沒過多少時間，這些投資就收到了回報。第一次世界大戰的爆發，讓硫磺的需求量大增，更讓自由港硫礦公司大量獲利。但在聯合硫礦公司與自由港硫礦公司兩間公司的稱霸下，看似已沒有第三家製造商的容身之處。

我們所能做的，就是等待未來發展。愛因斯坦建議我們繼續買下其他位於馬塔哥達的資產。我授權讓他進行此事，並建議他讓那些資產所有者加入我們的行列。然而，並沒有人願意加入。於是，只好由我獨自替這些土地買單。

到了一九一六年，由於戰時的硫磺需求量大增，自由港硫磺的投資者得到了百分之兩百的回報。穆德認為時機成熟了，我們可以開始進行開採。為了有效率地進行開採，我們需要更多資金。當時，老摩根已於三年前逝世。想到之前摩根公司曾對硫磺事業感興趣，我想他們或許會對墨西哥灣硫磺公司的股份感興趣。

我找上了亨利．戴維森，他將這個計畫告訴了摩根的另一位合夥人——湯瑪斯．拉蒙特（Thomas W. Lamont）。拉蒙特找來威廉．湯普森（William Boyce Thompson），此人也是後來成為世界上最大的礦產與石油投資公司紐蒙特礦業公司（Newmont Mining Company）的創辦人。

在研究過提案後，湯普森建議摩根公司投資。他們買下了六〇%的股份。但在進行開發後不久，摩根公司就將股票賣給湯普森，賺了微小的價差。而他們在事前也完全沒有和我溝通。我認為這種舉動相當狡猾，因此我向摩根那方表達我的不滿。

畢竟股票應該是先賣回給我，而不是湯普森。如果有任何人對摩根公司做了這種事，他們肯定一輩子都不會原諒對方。如果他們當初將那些我以一股十美元賣給他們的股票留在手上，現在不知道可以賺上多少。在一九二〇年代末期，最初的三百六十萬美元的股本，已增值到四千五百萬美元。此外，他們還可以收到將近二千五百萬美元的分紅。

就在這個時候，美國加入戰爭，威爾遜總統任命我為戰時工業委員會委員，後來更成為主席。顧慮到我的職位與責任，我認為應該放棄自己在紐約證券交易所的席位，並賣掉手中所有任何可能因與政府簽約或收購而獲利的公司股票、債券。

在這些賣掉的股票中，也包括費希博德（Fisher Body）公司，如果我當時沒有賣掉，之後幾年，這檔股票將為我賺進可觀的利潤。儘管如此，我心中從未有過一絲悔恨。我擁有的財富已經夠我使用；況且不管是多麼龐大的財富，都無法給予我為國服務那般程度的心滿意足。

當時，我手中依舊握有一些證券，這些證券因為沒有上市而無法賣掉。其中，包括了墨西哥灣硫磺公司的股票和加州某處鎢礦的股份。我對祕書瑪麗・波伊爾（Mary Boyle）下了指示，如果這些公司發放股利，請她將這些錢全部捐給紅十字會或其他愛國團體。同時，我向總統威爾遜交代了這些做法，也獲得了他的贊同。

而鎢礦確實發放了可觀的紅利，那些紅利也全數捐給慈善團體。但直到戰爭結束前，德州海灣硫磺（Texas Gulf Sulphur，從墨西哥灣硫磺公司改名為此）都還沒開始動工。

在我當上戰時工業委員會主席前，聯邦礦業局（Federal Bureau of Mines）要國內生產稀缺戰爭原物料的製造商提高產量。在被找上的公司裡，也包括了德州海灣硫磺，礦業局也承諾該公司可優先分得建設材料與設備。

有一天，我和德州海灣硫磺公司的總裁華特・奧德里奇（Walter Aldridge）會面。地點就在戰時工業委員會位於華盛頓的辦公室裡。在被問到他此行的目的後，奧德里奇解釋他想知道優先權的順序。

由於我已經完全撤出該公司的管理階層，因此這時候我第一次知道政府正在考慮給馬塔哥達礦坑優先權，讓其取得開發設備。我立刻轉告戰爭部長貝克，我握有該公司的股份。同時，我也請以前的老同學迪克・萊登（當時是德州海灣硫磺公司的董事）堅持，一定要按成本價出售該公司的硫磺，就算遇到對手的價格比我們更低，我們也必須不計成本地賣給國家。

但我的預防措施根本沒有必要，因為一直到戰爭結束後四個月，德州海灣硫磺才開始生產。

在我參與巴黎和會並返國之後，曾有一段時間我又開始參與德州海灣硫磺的事務。當時業界有很多問題必須解決。突然終止的戰爭，讓市場上最大的兩間硫磺供應商——聯合和自由港，多了幾十萬噸沒有市場可消化的硫磺。

此外，這三間公司之間瀰漫著一股敵對的氣氛。聯合硫磺控告自由港，指稱對方侵害弗拉希的專利權。案件最後被判敗訴，因為專利已經過期。這個判決案例讓我們免於面臨類似的訴訟案，因為我們採用的也是弗拉希法。

儘管如此，聯合硫礦公司換用另一種方法攻擊我們。由於我們兩方的土地毗鄰，因此他們控告我們透過礦井開採屬於他們的硫礦。該案子最後採庭外和解，但兩方爆發的種種不愉快，已無法挽回。

聯合硫礦公司的其中一名股東是弗拉希家族的成員，他的做法更過火，他甚至控告我利用身為戰時工業委員會的職權，向聯合硫礦公司索取鉅額佣金，否則就不讓他們取得政府的合約。他們宣稱赫曼・弗拉希本人曾這樣表示過。但事實是赫曼・弗拉希於一九一四年過世，當時一戰都還沒開打呢。對於他的「記憶」，我不得不跳出來說句公道話。

一九二〇年代初期的蕭條氛圍，讓全世界的礦產與金屬貿易量大幅下滑。美國急需開發新的外國市場以消耗囤積的製品，加上國外企業聯盟舉動頻出，誘使國會通過《韋伯—帕默內法案》（*Webb-Pomerene Act*），鼓勵國內製造商組成聯盟，處理出口銷售。對硫礦公司來說，這就像一場及時雨。

聯合、自由港與德州海灣公司，共同組成了硫礦出口公司（Sulphur Export Corporation）。很快地，該公司就和西西里簽訂協議，協助他們供應國外市場的硫磺訂單需求。

在接下來的五年內，美國的硫磺產業出現了劇烈的變化。德州海灣公司賣出一噸又一噸的硫磺，地位逐漸上升到與聯合硫磺平起平坐，而自由港則下滑一位。接著，聯合硫磺位於路易斯安那州的礦藏逐漸耗竭，迫使其工廠關閉。另一方面，自由港公司發現他們新購買的礦場，其收益遠低於當初的期待。這些原因讓德州海灣硫磺公司，一舉成為全世界最大且開採成本最低的製造商。

從那時開始，一直到一九二九年，該公司的表現屢創佳績。最初一股價值為十美元的股票，現在一股股價為三百二十美元。在股價抵達這波高峰前，我拋出自己手上的十二萬又一千股。當朋友問到我為什麼要賣掉，我解釋說，我認為股價已經太高了。我同時也建議這位朋友賣掉。

儘管如此，多數人都沒有認真看待這個建議。硫磺股票的價格依舊不斷飆升，許多質疑我的人，都說我會賣掉股票代表我已經失去判斷力，我對股市的判斷成為過去式了。等到一九二九年股市發生大崩盤，我手中的硫磺股已全部出清。

在我進行的市場操作裡，我重複性地在股價持續抬升時，賣掉股票，而這也是為什麼我得以保住自己的資產。有些時候，我其實只要繼續持有股票就可以大賺一筆，但我也可能因此無法在股市崩盤時全身而退。儘管我因為這樣的決定而錯失一些賺錢的機會，但我也讓自己免於像他人那樣面臨「破產」的可能。

有些人吹噓著自己在市場最高點賣掉股票，又在最低點買進，我從不相信這種事，除非他們是後來的孟喬森（Munchausen）[1]。我曾在股價看起來相當低的時候買進，也在股價看起來相當高的時候賣出。透過這種辦法，我讓自己免於因市場劇烈波動而導致的破產，而這種破產對許多人來說是相當致命的。

—

一九二九年股市崩盤之前，股票市場出現瘋狂投機者所塑造的狂熱行情，我們究竟為什麼會成為這瘋狂市場的犧牲者？我認為這主要反映了群眾的好奇心理，在人類歷史上，我們經常可以反覆見到這種情況。

紐約《先鋒報》曾刊登一篇金融報導，作者為約翰・戴特（John Dater），這篇報導讓我開始思考群眾的奇怪行為。早在一九〇〇年，在我離開歐洲的返鄉旅途中，戴特在輪船的甲板上採訪我。我們談論到恐慌，戴特極力推薦我去看一本他無意間讀到的書：《異常流行幻象與群眾瘋狂》（*Extraordinary Popular Delusions and the Madness of Crowds*），作者是查爾斯・麥凱（Charles Mackay）。下船之後戴特和我跑去舊書攤尋寶，最後終於找到一本。

麥凱的書於一八四一年出版，一九三二年由L．C．佩吉出版社（L. C. Page）再版，此書是一部記錄人類史上各種不思議瘋狂的鉅作。沒有任何一個國家可以免於此種瘋癲。如果說冷靜的荷蘭人也能被鬱金香狂熱所征服，那麼個性反覆無常的法國人自然也有可能一手創造了他們的密西西比陰謀，而剛毅的英國人則免不了遇到自己的南海泡沫。

在我閱讀這些人類瘋狂史的時候，我有時甚至會忍不住叫出來：「不會吧！這不可能是真的！」然而，在我這一生中，我也親眼目睹了類似的狂熱，像是一九二〇年代發生的佛羅里達房市泡沫，以及因大量股市投機導致的一九二九年股市崩盤。也或許正是這種群眾狂熱，讓希特勒得以在德國崛起，掌握大權。

這種群眾瘋狂在歷史上出現的次數極為頻繁，因此我們可以推測這必定代表了某種人類根深蒂固的特質。或許，正是這種力量，讓鳥類進行長途遷徙，讓海鰻出現集體行動。在這些舉動中，都帶有一種循環的規律。舉例來說，牛市可以毫不節制地一路發展上去，突然間，卻因為一件事——無論是大事或小事，某個人決定第一個賣掉股票，接下來所有人都爭先恐後地賣股票，以為股票會繼續向上漲的連續性思維，在這一瞬間，頓時消失無蹤。

「連續性思維」——多麼美妙的表達詞彙。但這句話並不是我首創的。我第一次聽到

1 此疾病得名於德國的一位男爵，此人虛構了許多自己的冒險故事，如在月球上漫步，拽著自己的頭髮讓自己升天等。後來醫學上則以「孟喬森症候群」，形容假性心理疾病或是詐欺性心理疾病。

這句話的時候，正試圖操作一支J．P．摩根大量持有的鋼鐵股。當時市場的大環境欣欣向榮。接著，洛克島（Rock Island）的股票開始暴跌。事件發生的當下，我正好和米德頓・伯爾在一起，他說：「這個暴跌將打壞對牛市的連續性思維 。」我從來沒有聽過人家這樣表達，但我曾經見證過伯爾的預測有多準確，所以我還是選擇將手上的鋼鐵股全數賣掉，儘管這支股票背後還有摩根支撐。

另一個關於群眾瘋狂的特性在於，即便是高知識水平與地位的人，也不能倖免。麥凱的書中詳盡地描述國王與王子、富商與教授如何前仆後繼地捲入狂熱。在我們這個年代，一九二七年至一九二九年的市場狂熱，同樣席捲了社會各階層的人們。

我還記得自己在這些日子裡的感受。從一九二八年開始，我對股市價格的走高感到不安。環伺國際局勢，戰爭債務與戰後賠償就像《辛巴達歷險記》中最難纏的海上老人，拖垮了國際貿易，因此我感覺到只要能解決這兩個問題，或許一波新的繁景就會到來。另一方面，我不喜歡聯邦儲備銀行（Federal Reserve）自一九二七年開始施行的信用寬鬆政策。

進入一九二八年，有好幾次我都感覺到危機逼近因而趕緊賣掉股票，但股市卻泰然自若地繼續上漲。

到了一九二九年的八月，我去蘇格蘭獵松雞。在那裡的時候，我收到家裡傳過來的消息，表示有人提議用一些傳統產業的股票換取兩間新的控股公司股份。對方更保證這場交易絕對能讓該公司的相關股，通通漲到令人驚艷的好價格。

我打了電報給三位非常親近的朋友，詢問他們對經濟狀況的看法。其中兩人沒有明確表態。第三個人當時位居美國財政部最高行政層，他在發出的電報上表示現在的商業狀況如同「一個風向標，指向繁榮」。我十分確信，這個人對自己電報上的每個字都信心滿滿，因為他在接下來的經濟風暴中，失去一切。

縮短蘇格蘭之旅的天數後，我決定乘船回家。當我在倫敦等待返航的船時，我記得自己曾發了幾封電報到紐約，要求買進一些股票，隔天又立刻下令賣掉它們。在返航的船上剛好有一位股票經紀公司的經營者，是一位迷人的年輕人，他誠懇地要我跟他做些生意，所以我下單請他幫我賣掉部分股票。在我抵達紐約後不久，我決定清空手上所有股票。

在接下來那段黑暗的日子裡，我重讀了麥凱的書，並發現裡面的故事出奇地充滿鼓勵。如果他的書揭露了人們狂妄的夢想有多麼地猖狂，那麼他的書也同時告訴我們虛幻的絕望是毫無道理的。在過去的事件裡，無論那些狂熱是多麼地駭人，最終，日子總會雨過天青。

無論人們企圖做些什麼，他們總是經常做得太過火。當樂觀占據了眾人的心智，我總會對自己說，「二加二依舊是四，從來沒有人能成功地無中生有。」當世人的看法都很悲觀時，我會提醒自己，「二加二依舊是四，人們不可能永遠悲觀下去。」

第十九章

我的投資哲學

世界上沒有零風險的投資，但投資也不等同於賭博。人生總要冒險。如果人類歷史上從未出現那些願意冒著最大賠率風險的人，如今的我們或許會活得非常辛苦困乏。

我曾聽過國王愛德華六世（Edward VI）的私人理財專家歐內斯特・卡塞爾爵士(Ernest Cassel）的一句話，我真希望那句話是我說的。

歐內斯特爵士說，「當我還只是年輕且無知的小伙子時，人們總將我的成功歸因是賭博，隨著我的操作範疇與金額增加了，人們又說我是投機者。現在，我經手的金額越來越大，因此人們開始喚我為銀行家。但事實上，我一直在做同一件事。」

對於那些試圖找出一個最安全的投資法的人而言，這句話很值得他們深思。當我使用「賭博」這個字眼時，老摩根大為光火。然而，事實是——世界上沒有零風險的投資，但投資也不等同於賭博。

人生總要冒險。如果人類歷史上從未出現那些願意冒著最大賠率風險的人，如今的我們或許會活得非常辛苦困乏。為了尋找前往印度的新航線，哥倫布（Cristoforo Colombo）進行了一場當時鮮少有人願意進行的冒險。又或者是我們這個時代，當亨利・福特試著打造第一台Model T時，他進行的可是人類當時最大的投機行為。

如果我們試著杜絕這些看似毫無希望的挑戰與賭注（儘管這些力量可謂勢不可擋），那麼這將是我們犯過最愚蠢的錯。或許我們能做的事情，是試著降低這些行為隱含的風險。換句話說，我們的問題在於該如何讓自己在不像個傻瓜的情況下，保持自己適度的冒險心與實驗精神。這個原則也同樣適用在政治事務與經營事業方面。

如同我所說的，真正的投機者是在觀察未來趨勢後，先發制人。如同一名外科醫生，他必須在極端複雜與矛盾的資料中，找出最重要的因素。接著，他還要像一名真正的醫生般，冷靜、清楚且有技巧地面對該因素，著手進行處理。

探尋真相之所以變得如此困難的原因在於，股票市場的真實情況總是被人類的各種情緒遮蔽。讓股票價格高低起伏的原因不是客觀的經濟之力或環境改變，而是人類對事件的反應。對於投機者與分析者來說，經常遇到的困難在於他們該如何從容易引起共鳴的人類因素中，分解出最客觀無情的經濟實況。

沒有幾件事比這還困難。是否能將自己從情緒中解放出來，是真正的難題。

我曾經認識一些擁有絕佳洞察力、總是能一眼看穿他人心思的人，但他們在面對自己的錯誤時也同樣無力。

事實上，我也是這些人的一分子。

讓我用兩個故事告訴你，要銳利地剖析他人所犯下的錯誤有多麼容易，但要清楚明白地檢討自己有多麼困難。

身為一位盡力學習人類心理學的學生，我總是認為一位好的投機者，應該要能在他人出手之前，就猜出對方的下一步。一九〇六年的某一個十二月午後，威廉・克羅克（William Crocker）意外地現身在我的辦公室裡，而我的信念也因此受到考驗。克羅克的父親是加州的中央太平洋鐵路（Central Pacific Railroad）創辦人之一。

克羅克在我所認識的人之中，堪稱最迷人的一位。儀態英挺，打扮精緻細膩，每一縷頭髮都規矩地貼在腦袋上，每一根短刺的鬍鬚也都精心梳理。他說話咬字帶著些微的障礙，這點特別引起我的注意，但他的才智或為人可沒有任何一點瑕疵。他是那種在事情出差錯時，絕不會拋下客戶的銀行家。無論外在環境有多麼地艱苦，他也從未失去自己的幽默與勇敢。

克羅克帶來了內華達州的參議員喬治・尼克森（George Nixon）。他以一貫直接了當的個性，開口說：「尼克森需要一百萬美元，而且他的條件絕對沒問題。」

尼克森買下了聯組礦業（Combination Mines），作業廠地點就在他的高德菲爾聯合礦業（Goldfield Consolidated Mines）隔壁，並同意支付二百五十七萬八千二百一十六美元，分期三次付款。第一次的付款日期就在三個星期後，金額為一百萬美元現金。由於大家都知道尼克森急需現金，因此高德菲爾的股價開始下滑。

在經過短暫的討論後，我同意借尼克森一百萬美元，期限一年。他簽下了一張支票，以高德菲爾的股票為擔保。

但這只能幫助尼克森度過第一道難關。在接下來的四個月內，他必須分兩次繳清剩餘的一百五十七萬八千二百一十六美元，而聯組礦業的所有人可以決定收現金或（高德菲爾）股票。對尼克森來說，理想的方案當然是讓對方收下高德菲爾的股票。

我向克羅克與尼克森表示，自己有個方法能讓聯組礦業的人乖乖照他的意思收下股票。在沒有說明自己想法的情況下，我給了尼克森一張一百萬美元的保兌支票，並要他照著我的指示去做。

我給的指示是這樣的：「當你進到華爾道夫後，在咖啡廳找張桌子坐下，一定會有人跑過來問你事情怎麼樣了，他們知道你很需要錢。你將這張支票拿出來，在他們眼前秀一下。接著收起來，什麼都不要解釋。如果有人表示他想買下高德菲爾聯合礦業，你就跟他們說，『你必須去問巴魯克。』」

在尼克森根本還沒走進紳士咖啡廳、找張桌子坐下來前，已經有人跑過來問他手邊的問題處理得如何。他完美地扮演了自己的角色，抽出那張保兌支票。對於蜂擁而來的問題，他只淡淡地回了一句：「去找巴魯克」，並表現出無事一身輕的神色。

隔天，尼克森前往芝加哥與聯組礦業的債權人見面。他遵循我的指示，將我那張保兌支票交給他們，對於接下來兩次的付款，什麼話也沒提。

其中一位聯組礦業的人立刻離開房間。過沒多久，紐約方面接到拋售大量高德菲爾股票的指示。我早就預期到他們會想測試市場風向，因此立刻用自己的名義買下高德菲爾的股票。於是股價沒有被打下來，波動也維持在一點以內。這個結果顯示了高德菲爾的市場非常堅強，但在此之前，沒有人是如此評估這支股票。

而事情的後續發展就與我的預期一模一樣。那一百萬美元現金所造成的心理影響，加上股票在市場上面對強烈賣壓所展現出來的堅強實力，讓多數聯組礦業的股東轉而支持以股票支付剩餘尾款，而不是拿現金。他們更在同一天提出完成交易的要求，沒有拖到下兩次的付款日。

興高采烈的尼克森回到紐約，擺脫了財務困境。他給了我十萬股作為獎金，而我也心安理得地接受了。

但在稱讚我有如魔法師一般的表現前，你應該看完第二個故事。

我曾提過自己在聽完赫曼．席肯分析聯合銅礦公司試圖控制銅價的想法有多麼荒謬後，是如何致富的。就本質上來說，這件事對供需理論來說不過是個小小的測試，並證明即便是最傑出的投機者，也無法違逆市場原則。你們或許會想，在經歷了這樣的事件後，我本人絕對不會嘗試挑戰供需理論的法則。但我偏偏就是這麼做了。

一九〇二年，巴西的聖保羅市頒布限制咖啡種植的禁令，為期五年，而這個法令將讓一九〇七年的作物產量下滑。沒有人比席肯先生更了解咖啡貿易市場。他認為在這則限制令與不理想的天氣預測下，將讓咖啡的價格明顯提高。

在一九〇五年年初，我開始大量收購咖啡。由於我是用保證金帳戶進行購買，因此只要每磅的價格提升幾分美元，我就能賺到一大筆錢。

但預期的價格漲幅卻遲遲沒有出現。這次大自然沒有站在投機者的那一邊，原本大家預期一九〇二年的咖啡種植限令將讓五年後的咖啡產量直直下滑，但一九〇六年的咖啡收成量預期卻大增。

一九〇五年年底，一整年價格都維持在八分美元的咖啡，價格開始下跌。關注此問題的巴西政府在諮詢了咖啡界的權威席肯先生後，決定進行「穩定物價」計畫：在市場上收購數百萬袋咖啡，以收緊咖啡的供應量。席肯先生深信這個動作可以穩定咖啡價格，因此叫我再等一等。而他也一邊替巴西政府籌集貸款金額，好進行收購動作。

然而，咖啡的價格卻一次次地向下滑落，每一次的波動都讓我損失數千美元。儘管如此，我還是堅持住了，看著帳戶中的金額不斷減少，多年來的心血慢慢消失殆盡。

其實我當下該做的事，就是在看清一九〇六年咖啡產量將大增之時，盡快脫手所有咖啡。儘管這樣的做法或許會讓我賠一點錢，但在股票市場裡，第一筆損失總是最小的。最可怕的地方在於，盲目地堅持，不願承認自己判斷錯誤。

這個道理我非常清楚，但我沒有憑自己的專業理智行事，反而像那些業餘玩家般被市場壓迫而失去理性判斷力。

許多新手會在這個時候賣掉其他有表現較好的投資，以彌補失利的部分。由於那些好的股票通常不太會跌價，有時甚至還能獲利，因此想賣掉它們是非常理所當然的心態。而壞的股票總是一跌就停不住，但人們往往不願認賠殺出，反而覺得自己應該再等等。

事實上，最正確的做法應該是賣掉壞股票，留下好股票。一般來說，高價股之所以高價，就是因為它們好，而股價下跌則代表它們的價值受到市場質疑。

這一切我都懂。但我做了什麼？一九〇三年，我買進大筆的加拿大太平洋（Canadian Pacific）鐵路股，接著該股大幅上漲，而我也確信其可以漲得更高。然而，我賣掉了加拿大太平洋鐵路的股票，以籌措我用來買咖啡的保證金。

很快地，我賣光全部的加拿大太平洋鐵路股票，但咖啡的價格持續下滑。當時人在舊金山的我，終於重拾理智，看清自己最好趕快脫身。

這個教訓花了我七十或八十萬美元。有好一陣子，我飽受神經性消化不良所苦。比起金錢上的損失，更棘手的問題在於我曾經以為自己精明幹練，現在卻信心盡失。從此之後，我下定決心絕對不要在自己不熟悉的領域上冒如此高的風險。

事件結束後，我清楚看見自己犯下的每個錯誤。最奇怪的地方在於，像赫曼・席肯這樣一位眼光銳利、能精確分析他人試圖控制銅價有多麼愚蠢的人，居然在他最熟悉的商品市場裡犯下同樣的錯。許多時候我們太過渴望得到某個結果，反而導致我們忽略了行動的可行性。在這些情況裡，當我們對該項目的熟悉度越高、擁有越多內部資訊，我們就越容易相信自己可以打敗供需理論，讓事情按自己的意思發展。

專家有時也會踏在那些連傻子都不敢走的薄冰上。

我相信這兩個故事能清楚讓讀者知道，要想讓自己的判斷力不受情緒影響有多麼困難。希望透過我的親身經歷，能令讀者從我的失敗教訓中得到有益的啟發。但我必須承認自己對於這個建議能發揮的效果，抱持懷疑。

我發現別人犯下的錯誤往往更讓我們躍躍欲試。或許這是因為每個人的心中都有股不信邪的衝勁，以及企圖克服困難、證明自己比其他人聰明的心態。因此許多時候，唯有親身經歷了一場又一場的失敗，我們才會記取教訓。

由於我自己對於忠告的效果心存質疑，因此我一直不太願意替如何投資或投機，設下所謂的「規矩」或「教戰守則」。然而，過去的經驗確實給了我些許體悟，對於那些可以做到自我約束的人來說，這些體悟或許值得一看：

1. 不要投機，除非你打算將投機作為全職工作。
2. 留心那些理髮師、美容師、服務生或任何無償告訴你所謂「內幕消息」的人。
3. 在你購買一支股票前，請先找出關於該公司的所有資料，像是營運狀況、競爭者、獲利、成長空間。
4. 不要企圖在最低點進場，最高點出場。這是不可能的事，除非你是個騙子。
5. 學習如何快速且果決地接受失敗結果。不要認為自己總是對的。一旦犯了錯，就要盡快認賠殺出。
6. 不要一次買太多種股票，確保自己可以留心每一支股票的狀況。
7. 定期對所有投資項目進行再次評估，確認市場上的變化是否對投資項目的預期收益產生影響。
8. 研究你所繳納的稅金，找出最有利的節稅操作。
9. 從資本中留下一筆充裕的現金預備金。絕對不要將所有錢投進市場。
10. 別想到處試試，堅守你最熟悉的領域。

將這些原則歸納後，可分類成兩種面向：在行動前做好功課的重要性，以及永遠保持警惕且持續性地搜集資訊。

舉例來說，我曾聽過一名堪稱當時最傑出金融家的羅斯柴爾德家族成員，為了替心愛的人保護一大筆財產的價值，決定將它們投資在奧地利與德國政府債券，以及超過面值的英國永久債券、法國政府長期公債。許多年後，當我聽到這個故事時，這份資產已經縮水到僅剩當初的五分之一。奧地利與德國債券自然已經沒有任何價值，而其他投資項目也大幅縮水。

換句話說，我們不能在進行一項投資後，理所當然地認為其價值永遠不會變。來自世界上未開發領域的新資源，或許會改變一間公司在市場上的競爭力，也可能改變人類的習慣並帶來科技革新。許多時候，事物的價值可以因為一項新發現而大幅縮水，就像石油與電的資源稱霸，使得煤炭價格大幅下滑。但如果今天科學家發現一種必須從煤炭中才能提煉的新化學物質，那麼煤炭的價值則有可能又出現另一番新氣象。

事實上，數世紀以來僅有鮮少事物能抵抗時間的力量，但即便是這些物質，也無法擺脫經濟波動的騷擾。在這些事物中，包括了金、銀、銅等金屬，還有寶石、藝術與耕地。

但在提到這些物質時，我們還必須加上「迄今為止」的前提。舉例來說，人工飼育珍珠的發明，幾乎毀滅了過去珍珠所建立起的高貴價值象徵。至於黃金，有些政府（包括美國）已經通過一些法律，判定持有黃金是違法的。

正因為一項投資的價值無法被視為絕對或不變的，所以我認為定期重新評估各項投資，是非常必要的。而這個原因也解釋了雜而不精的投資項目，是不好的。我們必須花上許多時間與心力，才能做出一項正確的判斷，以及跟上瞬息萬變的投資情勢。在一定的時間下，我們能真正能掌握的議題往往很少，想要熟悉並理解全部議題，根本是不可能的事。

有一句格言，特別適合套用在投資上：「一知半解是最危險的事。」

當你在評估一間公司的價值時，有三件事情一定要仔細檢驗。

第一，該公司握有的實際資產、流動資金占負債的比例，以及實質資產的價值。

第二，該公司進行的生意是否取得特許權，也就是該公司是否為製造一般民眾都會需要或想要的產品或服務。

我總認為，那股可以將經濟從谷底拉起來的最強力量，就是我們人類總會為生命尋找出路的動力。即便在那最黑暗絕望的時刻裡，我們還是要工作、要吃飯、要穿衣服；而這些活動都將再次帶動經濟的齒輪，向前轉動。當一個人決心繼續活下去，他需要什麼物質、資源，其實並不難想像。而這些需求往往能開啟一波具有長期保值性的新投資。

第三，也是最重要的一點，該公司管理階層的個性與才智。我情願選擇一間價值沒有那麼高但管理優良的公司，也不願意投資一間有大筆資金卻管理極差的公司。再好的提案都有可能被差勁的管理者搞砸。在評估公司的未來成長時，管理品質是極其重要的評估項目。其管理階層是否具有創新思維、危機應變能力，且保持其經營方面活力的決心？還是帶著混吃等死的態度？我從經驗中學到，比起關注公司背後有哪些大財閥支持，我們更應該謹慎關注該公司員工是否充滿活力。

再次重申，關於各公司的基本經濟條件，你必須持續再三地確認。有時我也會犯下錯誤，但只要能即早收手，有時候甚至能賺到錢。

舉例來說，在一九〇四年年初，我聽說索鐵路（Soo Line）為了提升載運小麥的數量，打算建設一條從明尼蘇達西夫河瀑布通往北達科他州肯默爾的支線，這條鐵路將向西延伸四百八十二多公尺。我請了亨利．戴維斯到西部，看看這條鐵路的投資性。回來後，他給我們看了一張地圖。從戴維斯呈現的資訊中，我確認將有大量的小麥透過此支線運載，並為該鐵路帶來顯著的收益。

當時索鐵路股票的價格為六十或六十五美元，利息為四美元，投資報酬率超過六%。於是，我開始購買股票。該鐵路的支線開始動工，但沒有多久，華爾街開始出現許多謠言，說其財務收益遙遙無期，前途未卜。我知道這些流言有時候是有心人士故意放出來，想要嚇退其他買家。因此，我又買進更多股票。

結果小麥大豐收，索鐵路的營收提高了百分之五十。這個結果讓股價直接飆升至一百一十美元，幾乎是我開始購買股票時的一又三分之二倍多。而此刻，西夫河支線根本還沒開始營運。

與此同時，我又檢查了該鐵路的預期收益狀況，進行額外的預防措施。我另外派了一個人去美國西北方及加拿大交界處，在真實與模擬的情況下繪製穀物的移送狀況。他帶著數張表格回來，我花了許多時間摸索與研究。

我的結論是西夫河支線的營收狀況將不如預期，因為多數農作物都會載到湖的最西邊，接著再走水路往東送去。由於這項結果與我自己最初的評估背道而馳，因此我開始賣股票，多數股票都被該鐵路的內部人士買下。

由於我及時發現自己的錯誤，不但免於賠錢，還在大賺一筆的情況下撤離戰場。請容我再次強調，這場勝利是根基於出色的調查結果，而不是一般人所相信的投機者障眼法或花招。

——

在我位於華爾街的辦公室大樓外頭有一位年老的乞丐，我經常會給他一些錢。在一九二九年華爾街股市狂熱期間，他突然攔住我，並說：「我有一則小道消息要跟你說。」

當乞丐、擦鞋童、理髮師和美容師都覺得自己可以告訴你發財的方法時，我們真的應該好好提醒自己：想要無中生有、想要一夕致富的想法，是多麼地虛幻與危險。

當市場一片繁榮時，小道消息漫天飛舞。但是對於任何一個欣欣向榮的市場來說，那些小道消息聽起來都似是而真，這就是悲劇的開始。這些消息會一步步地將你吞噬。

那些被人們誤當成內幕消息的傳聞，簡直多得驚人。有一年冬天，我和太太住進紐約的聖瑞吉斯酒店，準備和一群親朋好友共進晚餐。席間，我接了一通電話。我的對話內容聽起來就像這樣：

「聯合瓦斯公司（Consolidated Gas）。是的，是的。很好，很好。嗯，嗯，很棒。」

幾個禮拜後，我去了自己位於南卡羅來納州的莊園，結果一名同樣出席那場聚會的親戚前來找我，她的眼中噙著淚，並告訴我她在股票中賠了許多錢。

「但你可能也跟我一樣，在聯合瓦斯的股票上賠了不少。」她邊啜泣著說。

「在聯合瓦斯上賠錢？」我驚訝地問。

「是的，」她說，「我是聽了你的推薦才買的。噢，嚴格來說你並不知道自己推薦了這支股票給我。我必須承認我偷聽了你的談話。但當我聽到你在電話中提到，『聯合瓦斯，好，很好。』我就無法阻止自己也去買了一些。」

但實際情況是這樣的，在感覺到聯合瓦斯很有可能出現下跌的情況下，我請人替我搜集一些情報。所以他打電話到聖瑞吉斯酒店，向我報告調查情形，並確認了我的猜想。我說「很好，很好」，是因為我從調查報告中證實了自己的預測。

於是我開始賣掉手中的股票，而我那位可愛的親戚卻在確信自己得到內幕消息的情況下，開始買進。

在投機的時候，我們的情感經常會設下陷阱，妨礙理智運作。舉例來說，預測何時該賣股票遠比何時該買股票更困難。當股票上漲時，人們往往會繼續持有股票，期待它漲得更高。當股票下跌時，人們也會繼續持有股票，期待有一天股價會反彈，讓自己可以在不賺不賠的情況下脫手。

但最理智的做法，其實就是在股票持續上漲的時候賣掉。如果犯了錯，則必須立即接受事實並趕緊脫手。

有些人總在賣出股票後，用那些「要是我當初那樣做……」的念頭，困擾自己。這種想法不僅愚蠢，更會磨損自己的信心。沒有投機者可以一直取勝。事實上，如果一位投機者的勝率高達五成，那麼他已經超過平均值。如果十次之中可以成功個三或四次，再加上有效控制錯誤將損失降至最低，那麼你應該可以賺到不少錢。

在我還年輕的時候，我曾聽人說（我忘記是誰），「在能安穩入睡的前提下進行買賣。」這則智慧箴言賦予我們一股最純淨的安詳。當潛意識試著向我們傳遞一些警告訊息時，我們就會出現焦慮的情緒。因此最睿智的做法，就是賣掉股票，直到你可以不用再提心吊膽。

事實上，我發現最聰明的做法就是每隔一段時間賣掉手中所有股票，暫時性地退隱江湖。沒有人會讓他的軍隊不眠不休地戰鬥；也沒有人會在不保留任何戰力的情況下，將所有軍隊都推上前線。年輕的我，在經歷了一些挫敗後，我決心以不超過自己經濟能力的方式進行投機操作，即使自己判斷錯誤，也不至於破產。透過保留大筆現金預備金的方式，當新的機會出現時，我也可以立即把握。

另一項人們經常會有的錯誤觀念，就是認為自己可以同時買賣股票、涉獵不動產、經營生意和參與政治活動。根據我的經驗，如果想要將事情做好，大部分的人一次只能進行一件事。在任何領域之中，傑出的操作者幾乎都有一種近乎直覺的「感覺」，能讓他們在事情還未發生、甚至不知道該如何解釋的情況下，就感測到危機。在某些事件如咖啡事件中，我在缺乏此種「感覺」的情況下進行投機操作，結果一塌糊塗。

如同法律、醫療等各種專業領域，投機也需要具備特殊的知識。如果你想開一間百貨公司和梅西（Macy's）或金貝爾（Gimbel）競爭，或生產能與福特及通用汽車一較高下的汽車，你不會在沒有接受事前訓練與準備的情況下，隨意出手。然而，有些人卻總是興高采烈地將自己的錢隨意投進股票市場，卻忽略了主導股票市場的角色，就跟經營梅西、汽車企業的專業人士並無不同。

那擁有一些存款、想要找個安全投資項目，卻又無法花太多時間研究的人，哪種投資才是最適合他們的？我的建議是找值得信賴的顧問。這些客觀且謹慎的投資分析師，其工作內容就是透過一支股票的優點來評判其投資價值，他們不效忠於任何公司，也沒有所謂的結盟關係，我認為這種新職業的出現是這半世紀以來，最有價值且健康的發展。

在我進入華爾街的時候，人人都還必須充當自己的分析師。也沒有美國證券交易委員會，替你要求各公司將評估其股票價值所需的資訊公開。那時候，保密是最普遍的行事守則。當時，也有許多關於那些金融巨擘如何拒絕公布資訊的故事。其中一間公司的總裁，認為該公司負責做的事就是：「加法、除法與保持沉默。」詹姆斯·史提曼也經常說著一個故事。有一次，在他從歐洲返國後，他碰巧遇到了摩根的合夥人喬治·柏金斯，柏金斯說，「你回來了。」

當史提曼連一個字都還沒回答，柏金斯又說：「噢！你不需要證實我的話。」

紐約證券交易所進行了一場漫長、艱難且成功的戰鬥，企圖讓各公司向其股東揭露內部的活動資訊。但在一八九〇與一九〇〇年代早期，這項努力還未開花結果。紐約證券交易所的第一步，就是以「股票上市能帶來什麼好處」的論點，說服各公司的股東。只有在這場戰爭中取勝，證券交易所才能接著要求他們公布更多資訊。

真要說起來，現在的問題反而是資訊太過雜亂。蒐集資訊變得一點都不難，難的地方在於挑出真正緊要的資訊，並判斷其內容的含義。正確的判斷變得比以往更加重要。

儘管如此，在現今的社會情況下，由於一些因素的影響，使得正確評估一支股票的行為越來越難。其中兩種因素就是經常出現的戰爭威脅，以及持續的通貨膨脹。

戰爭與通膨的威脅，值得我們細細研究與探討，因為它們良好地闡述了誘使人們去買股票的動機，有多麼矛盾。有些人在對某間公司抱持信心與希望的情況下，購買股票；其他人則因擔憂通膨將讓他們的資產縮水，而進行投資。自二次世界大戰之後，股票市場出現數次異常且謎樣的變化，這些情況的成因，正是因為此兩種動機同時運作的緣故。

許多產業的價值大量激增。與此同時，在政府易誘發通膨的政策長期執行之下，我們也感受到了其慢慢積累的後果。甚至就在我寫下這些字句的同時，通貨膨脹的腳步絲毫沒有放慢一步。

一九五五年冬天，盛行的投機操作使得股票市場開始抬升。一時之間，人心惶惶，紛

紛警覺在如此不健康的漲勢之下，一九二九年的崩盤事件可能會再次捲土重來。

參議院銀行貨幣委員會立刻下令展開調查，在經歷數個月的聽證會與調查後，他們發表了結果。但等到了這時候，市場早已回復平靜，於是委員會的調查報告就這樣被眾人遺忘了。

未來，還是會出現類似的投機波動與調查。當事件發生時，我們必須將兩件事銘記在心：

第一，股市並不能決定經濟狀況的健康程度。由於一九二九年的崩盤事件，讓許多人都以為股市本身就是經濟成長或衰退的主因。事實上，證券交易所不過是買家與賣家聚在一起的交易場所。而股票市場的功用，不過是記錄下這些賣家與買家對當下及未來商業情況的判斷。

簡而言之，股票市場是經濟的溫度計，而不是導致發燒的病毒。如果一個國家深受通貨膨脹所苦，或因政府信用低落而遭遇經濟困難，這些徵狀都會反映在股票市場上。但導致這些問題的根本原因，並不會出現在股票市場裡。

而我也必須再次強調，將溫度計與致病的病毒區分開來，是非常重要的。如果溫度計不能好好地運作，告訴我們正確的資訊，這將引發後續問題；但如果溫度計其實運作良好，其異常的起伏只是精確地反映出國家經濟狀況的病徵，那我們必須面對的又是另一種問題。

近些年，證券投資出現了許多結構性的變化，值得我們細細研究。在這些改變之中，最顯著的莫過於如雨後春筍般冒出來的投資信託和共同基金，還有免稅退休基金跟可扣稅基金。隨著法律對其資產規範的改變，這些機構如保險公司或儲蓄銀行，也開始購買股票。

由於資本利得稅的存在，讓許多投資者不願輕易地賣掉股票。許多公司在擴建其廠房時，情願使用自己的獲利或稅務註銷，而不願使用外來資金。關於這種做法與其他變化將對股票市場造成何種影響，目前還未看到任何詳盡的研究報告。

對於因各種抵稅形式而出現的可能結果，我們應該再次檢驗。由於現在的稅金相當高，因此有越來越多的商業決策，都是基於公司或個人的稅務狀態來決定。這些行為讓抵稅所產生的經濟影響越來越廣泛。

但防範此種新制度被濫用的需求，並不能與整體經濟政策所出現的大問題混淆。如果我們的整體經濟政策和國防發展是健全的，股票市場自然會適應大環境，也不需要擔心其突然崩潰。如果我們不保護自己國家的證券與信用，將沒有任何東西得以保值。

另一個值得防範的錯誤觀念，則是以為立法就可以保護人們免於投機性損失。我支持對股票市場進行必要性的規範。在一次世界大戰爆發前，我擔任紐約證券交易所的管理委員會理事，我總是主張制定更嚴格的規範。在股市崩盤後，面對各種衍生出來的濫用情況，我也支持制定額外的規範。

在任何情況下，我們都應盡力滅絕詐欺行為，並試著保護弱者，使其免於被強者蠶食。但沒有任何一條法律，可以防止我們不被自己的錯誤判斷傷害。進行股票投機失利的主要原因，不在於華爾街不守誠信，而是在於人們總以為自己可以不勞而獲，更以為股票市場是一個讓奇蹟發生的地方。

試著用法令規範投機行為，如同試著用法條規範人性。當禁酒令剛頒布時，我很支持這則法令。但很快地，我就發現這條法令有其極限，在這極限之外，我們是無法抑制人性的。只要人們繼續相信自己可以賭贏這一把、認定自己比其他人還聰明，總有那麼一段時間，你會看到他不斷嘗試證明自己。

如果美國政府真心致力於保護國民的利益，第一步就是維護美元的購買力。在二次大戰期間，上百萬的家庭在出於愛國的心理下，買下美國儲蓄債券。但由於美元購買力不斷下降，讓這些人眼睜睜地看著自己的積蓄付諸流水，而那些沒有被愛國精神感召的人們，則穩穩地保住了自己的財產。如果任何一家在紐約證券交易所上市的公司參與了美國儲蓄債券的交易，他們的董事們現在將面臨美國證券交易委員會的起訴。

第二十章

夢想的世外桃園

在這忙碌喧囂的世代裡，我們每個人都需要停下來，靜心想一想，這紛亂的世界與我們手邊的工作，是否已經竊占了我們的人生。

在這忙碌喧囂的世代裡，我們每個人都需要停下來，靜心想一想，這紛亂的世界與我們手邊的工作，是否已經竊占了我們的人生。即便只花一、兩個小時坐在公園長椅上，針對自己的行為進行客觀公正的沉思，也能產生極大的效果。

定期審思自己所作所為的重要性，是我早期開始從事投機操作後，學到最寶貴的一堂課。每當我完成了一項重大任務後，我會離開華爾街，找一處安靜的地方，回想自己進行的每個步驟。如果交易賠了錢，我希望能確保自己不要再犯同一個錯誤。如果交易相當成功，遠離滴答作響的股市行情機，會有助於我理清自己的思路，讓自己煥然一新，準備迎接下一個挑戰。

有了這個習慣後，我自然不會放過一九〇五年擺在我眼前的大好機會。當時我有機會可以在家鄉南卡羅來納州，買下自己夢想中的世外桃園——霍伯卡貝倫尼。此處的沙灘與鹽水沼澤曾經是美國最棒的獵鴨之處，還有大量魚群棲息的四條河流與海灣；一大片近乎原始的森林，還有最重要的——沒有電話。

許多年來，唯一可以接近這座廣達一萬七千畝莊園的方法，就是從喬治城搭船進去，距離約為四．八公里。一九三五年，在喬治城與北卡羅來納的威爾明頓間，搭起一座新橋梁和高速公路，從此要到霍伯卡就容易了。但即便如此，我還是保留了其孤立的狀態。所有的信件與電報都需要從喬治城送過來，一天兩次，而那兩次也是我希望自己與外界賓客接觸的唯一機會。

當我進入公共事務領域後，我發現擁有一處可逃避俗世的寧靜綠洲，與自己還在華爾街工作時一樣，給予我沉澱心靈的寧靜。尤其在二次世界大戰中，我總是力勸那些忙碌且工作過度的華盛頓官員們，逃離那股被苦澀與仇恨所籠罩的城市氛圍。這些官員是如此想贏得這場戰爭，連睡覺的時候還會把鉛筆跟筆記本放在旁邊，早上一起床就立刻朝辦公室奔馳而去，顧不得留一小段時間刷牙洗臉，好好打理自己。一場接一場的會議，一個接一個的危機，他們根本沒有機會停下來思考。

一九四五年下半年，當時的參謀長喬治．馬歇爾（George C. Marshall）將軍，在霍伯卡待了一個週末，我向他表示政府的領導者必須將眼光放遠，不能臣服於眼前的壓力，應該著眼於正在形成的問題。用力點著頭的將軍對我說：「在世界大戰剛開打的時候，每個禮拜我都會安排全體參謀部的人員，遠離華盛頓一、兩天。我不要他們帶著疲乏的心理狀態，去決定那些有可能影響上百萬名士兵性命的事。」

甚至是被眾多戰爭職責所壓垮的富蘭克林．羅斯福，他也同意沒有人可以不眠不休地忙下去。一九四四年四月，他來到霍伯卡。原本只打算在這裡待兩個禮拜的他，最後卻待了整整一個月。

霍伯卡這個名字據說是源自於印地安語，意指「在水之間」。那片土地之所以得到這個名字，是因為此地盤踞在沃卡莫河和大西洋之間。當我第一次來到南卡羅來納州帕立斯島這一帶，就立刻愛上這裡。當時八歲的我，來這裡拜訪姑婆莎森（Samson）。

從卡姆登出發，我們必須先到查爾斯頓，搭上蒸汽船「路易莎號」，向北前往喬治城。這是我生平第一次經歷海上航行，更是第一次體驗狂風暴雨！上了年紀的米諾娃跪在地上，祈求上帝現在就帶她到天堂。大海的威力與恐怖就這樣深深烙印在我心裡，直到今日。

抵達喬治城後，我們前往姑婆位於帕立斯島的家。也就是在這趟旅程中，我認識了姑婆的兒子奈德（Nat），從那天起，他便成了我童年時期的偶像。他是沿海一艘小船的船長，而那艘船擁有最帥氣的名字——女妖號（Banshee）。奈德用精彩絕倫的故事吸引我，故事的主角往往是沃卡莫河峽灣延伸出去十六公里內可抓到的火雞、小鹿和鴨子。因此，當我得知沃卡莫峽灣地要出售時，往日的童年回憶再次湧上心頭。

霍伯卡是一個歷史悠久的地方。其最早是國王喬治二世（George II.）賜給加特利勳爵（Carteret）的封地。早在英國殖民此地前，就傳說有西班牙人嘗試在此定居。殖民時期開始後，連通威爾明頓、北卡羅來納與查爾斯頓之間的沿海道路，直直穿越霍伯卡。而經過霍伯卡的那段道路叫做「國王之路」，如今只剩樹林間的小徑。

這些歷史細節讓羅斯福總統大感興趣。他的好奇心讓他發現威廉・奧斯頓（William

Alston）的鄉間宅邸曾位於此處，而奧斯頓那身為南卡羅來納官員的兒子喬瑟夫（Joseph），娶了阿龍・伯爾的女兒西奧朵西婭（Theodosia）。有一天，我帶著羅斯福總統來到霍伯卡森林交界處的溫紐灣，讓他看一座已被荒廢的遺跡，是英國人在獨立戰爭時所搭建的碉堡。在遺址附近還有幾座被雜草掩蓋的墳墓，裡面埋著幾位英國士兵。而我從不允許任何人開挖這些墳墓。

羅斯福總統驚訝地發現，自己並不是第一位來到霍伯卡的總統。總統格羅弗・克里夫蘭才是第一位，而此處有一個絕佳的狩獵景點名為「總統看台」，正是為了紀念他。「總統看台」是如何得名的？這是我最喜愛的故事之一。

告訴我這個故事的人，是獵鴨專家史汪尼・凱恩斯（Sawney Cains），曾擔任總統克里夫蘭的嚮導。根據史汪尼的故事，當時他划著船，帶領克里夫蘭總統到沼澤中，將船隻隱藏在矮棕梠樹間以便架設陷阱。接著，他護送總統到射擊看台上，途中他們必須穿越河岸邊緣一段軟爛的泥濘路。

在泥巴裡行走是一門藝術。你必須輕輕地將腳放下，並在腳還沒有陷得太深以前，迅速拔起。由於總統克里夫蘭的體重超過一百一十三公斤，接下來的發展可想而知。

史汪尼試著用自己的力量支撐克里夫蘭總統的體重，但總統的手臂卻突然從他的肩膀上滑落，整個人陷進泥濘的沼澤中。想到堂堂美國總統居然深陷在泥沼之中，史汪尼忽然爆發出一股超人般的力量。雖然要想抓穩總統圓滾滾的身體並不容易，但史汪尼還是做到了，並且使勁地將總統的身體從泥沼中硬拔出來。

總統的長筒靴就這麼直直地插在泥沼地上，但他的身體被史汪尼高高舉起，雙腳的襪子甚至沒有沾到一點泥巴。此刻，史汪尼腰部以下的身體，都埋在泥巴中。不過他還是想辦法爬了出來，並引導總統回到船上。兩人灰頭土臉，滿身爛泥。事後，他們好好地清洗一番，換上乾淨的衣服，並喝了一點「定心丸」（套用史汪尼的話）。

在喝了好幾口的「定心丸」後，克里夫蘭開始大笑，笑到肩膀無法克制地用力抖動，史汪尼此刻的心情可謂前所未有的舒坦。敘說這個故事的時候，史汪尼從未露出一絲笑容。對他來說，這可是一項非常嚴肅的話題。

由於當時還在戰爭期間，因此羅斯福總統私下前往霍伯卡的行程完全保密——至少一開始是如此。總統在復活節星期日的下午抵達，他的私人火車就停在喬治站，好讓他不被民眾看到。為了避免行經市鎮，特勤局走小路抵達霍伯卡。當我們一起通過莊園的大門時，住在附近的一名黑人小男童剛看瞥見披著斗篷的總統。男童忍不住驚呼：「噢！是喬治．華盛頓！」

而我這位祕密訪客的身分在喬治城並沒有隱藏太久。早在總統被人目擊到駕著敞篷車之前，許多鎮民就從突然出現在公路上的迷彩服士兵中隊，加上三名住進當地飯店的白宮特派員，聰明地猜到總統的來訪。而總統的私人火車還停在鎮上。由於我不允許霍伯卡出現電話，因此他們在車上安裝電話線，作為負責與華盛頓溝通的資訊中心。

毫無意外地，我的訪客身分被遠在九十五公里之外的查爾斯頓《新聞信使報》得知了。該報編輯是現已故的威廉・鮑爾（William Ball）。相當厭惡羅斯福新政的鮑爾，從不吝惜使用文字表達自己的立場。《新聞信使報》是羅斯福總統每天早餐托盤上會出現的報紙之一。在總統抵達此處不久後，該報的社論火力全開，每天都會出現抨擊總統的言論。

當我見到總統為這件事頗為煩心後，我去找了鮑爾，並告訴他，我認為在總統作客期間，應該要停止這些社論。我向他解釋，我完全尊重他的言論自由權利，但我只是覺得如此對一位到南卡羅來納作客的客人，是不太禮貌的。

除了這件事情外，羅斯福總統相當享受在這裡的生活，簡直是流連忘返了。當他抵達霍伯卡時，他身心俱疲又患了感冒。離開此處時，他不但皮膚曬得黝黑，身體更加健康，連他的醫生羅斯・麥金泰（Ross McIntire）上將都跟我說，總統的身體狀況已經有好些年都沒這麼好過。

霍伯卡的四月，或許是最美麗的時候吧。環繞房子四周的步道兩旁，正盛開著杜鵑花，濃密的綠葉幾乎要被一朵朵嫣紅、淡紫、粉紅、白花淹沒。可惜四月不是釣魚的好季節。為了替總統找出一處最有可能釣到魚的地方，我事前在多處河堤與海灣進行場勘。終於，我得知鎮上最大商店的老闆羅夫．福爾特（Ralph Ford），知道幾哩遠的大西洋上，有一處絕佳釣魚地點。福爾特帶著總統出海。海上有艘沉船，每當他們的船在沉船周圍打轉兒，總統總能釣到魚。

羅斯福總統一直企圖說服我，要我跟他一塊兒出海。但我知道他是一個愛惡作劇的人。如同我對他身邊的將軍華森（Watson）所說：「他明知我很容易暈船。如果我真的上船了，他一定會叫船長把船開到海浪最顛簸的地方。」

當羅斯福總統待在霍伯卡時，他完成了一件很重要的事。有一天，他向我展示空軍的報告，表示他們摧毀大量的日本軍機。「你能數一數嗎？」他一臉狐疑地看著我，「如果這份報告是真的，那日本不就沒剩幾台軍機了嗎？」在日本投降後，我們終於確信日本的空軍幾乎被全數殲滅。

總統暫住霍伯卡期間，海軍部長法蘭克．諾克斯（Frank Knox）過世。某天中午午餐席間，眾人話題提到誰是最適合的繼任人選。有人提到後來確實繼任海軍部長的詹姆斯．福萊斯特（James Forrestal），羅斯福總統卻說：「他是紐約人，我們已經有三位內閣來自紐約。你不覺得這樣太多了嗎，伯尼？」

「他的出身會影響他的能力嗎？」我回應。「現在是戰爭時刻。人民只希望你任命最棒的人。你必須任命一個清楚現況的人。你不能任命一個還要花時間學習的菜鳥。」

為了和總統協商，有許多重要訪客來到霍伯卡。每當我聽到有大人物抵達，我就會前往紐約或華盛頓待個數天。因為我希望總統把霍伯卡當成自己的家，自在地住著，而不用天天與我面面相覷。有一天，當我回到此地時，我的男僕威廉・萊西（William Lacey）興奮地對我說：「你知道今天誰來了嗎？馬克・克拉克將軍[1]，大老遠從義大利過來。」

但總統依舊在霍伯卡好好地休養了一陣子，享受好些年沒享受過的平靜。我安排他住在一樓的套房內，裡面有兩間房間，還可以完全地與房子其他部分隔開。他一天會睡上十至十二個小時。到了下午，他會開車到我女兒貝拉那裡喝一杯。晚上，他通常會一個人玩紙牌接龍。有一次，當威廉・里希（William E. Leahy）上將等著要跟他討論一些發過來的電報時，總統堅持要讓我看看他知道多少種接龍的形式。其中有兩種是我從來沒見過的。

另一天晚上，我跟華森、麥金泰，以及我的護士布蘭琪・希格斯（Blanche Higgins），在客廳玩金蘭姆（雙人紙牌遊戲）。總統自己推著輪椅進來，並在一旁口述信件內容給祕書聽。當他一邊說著信件內容，一邊豎起耳朵聽我們的玩笑話，看看誰要輸了、誰要贏了。每當我們開始笑起來，他也會跟著我們一起開懷大笑。

---

1 馬克・克拉克（Mark Clark），美國陸軍四星上將，第二次世界大戰期間，曾任美國第五軍團和第十五集團軍群司令，韓戰後期的聯合國軍指揮官。

羅斯福總統住的那棟房子，並不是霍伯卡最初的那座莊園宅邸。那棟寬敞的木造建築物於一九二九年燒毀，當時我們正在裡面慶祝聖誕節。在場除了我、妻子和三個孩子外，還有迪克·萊登跟內華達州參議員凱·彼德曼（Key Pittman）。

雖然我們及時搶救出一些珍貴的物品，但無法阻止火勢蔓延到整棟房子。我們站在前院，看著大火，突然間參議員彼德曼驚呼：

「我的老天，伯尼！你的地下室有一桶上好的玉米酒，如果火燒到那裡，桶子一定會爆炸。」

不知道究竟是憂心爆炸的威脅，還是無法捨棄那桶好酒，凱和迪克兩人迅速將浸溼的手帕固定在口鼻之上，便衝進地下室，然後兩人一起滾著大酒桶跑出來。

隔年，我開始重建那棟房子。為了杜絕再次發生火災，新的建築使用紅磚、水泥與鋼筋，但外觀依舊保持了喬治亞殖民時期的風格。房子裡總共有十間房間，雖然房子已安裝了中央暖氣系統，但每一間仍然配有獨立的衛浴和壁爐。

房子就坐落在猶如公園環境的小山坡上，周圍盡是木蘭樹、滿布苔蘚的橡樹、罕見的樟樹，以及一叢叢的山茶花與杜鵑。有一天，銀行家奧托·卡恩走出房子，看到西班牙苔蘚如披肩般漫掛在樹上，忍不住驚嘆：「這是我第一次感受到南方人如此熱愛南方的原因。」另一位訪客雷夫・普立茲（Ralph Pulitzer），也是紐約《世界報》（*World*）的發行人，曾寫下一首讚美霍伯卡的詩。儘管這首詩就保存在我的檔案中，但我不會擅自將它刊印出來。

房子前廊立著六根有二層樓高的雪白柱子，綠草如茵的坡地從門廊緩緩地延伸向溫紐灣。該海灣有四條河匯入：桑皮特河、黑河、沃卡莫河和皮迪河。沿著河邊，是種植稻米的農田，更高處則是棉花田的所在。曾有那麼一段時間，霍伯卡一萬七千英畝的農田中，有四分之一都用來種植這兩種作物，但現在的種植面積卻剩不到一百英畝。

在房子與喬治城高速公路之間，有一條長約七公里的道路，隱身在這片林地中。路途上，你會經過一片氛圍詭異的柏樹沼澤，各式各樣奇怪的樹瘤從水中探出身來。還有一大片松樹原始林及茂密的森林，直到二次世界大戰以前，這片樹林一直維持原樣。二戰中，軍用物資生產局下令砍伐此片林木，以便取得短缺的木材。沿著小路，你還會看到無人居住的黑人村莊。過去，此地曾有四個獨立的黑人村落，但由於稻米與棉花的產量銳減，村莊的人口也開始外移。當羅斯福總統來訪時，此地還剩一個村落，但後來也消失了。

一般來說，我們會在感恩節前後開放霍伯卡，並一直開放到四月底，通常五月份就會關閉。聖誕節那週總是最熱鬧的大型家庭聚會。我在此處舉辦宴會的第一年，到場人士多為我在華爾街認識的商人或世交。後來，訪客漸漸出現政治家和新聞報紙發行人、軍隊司令、作家、演員、劇場監製、教育家等。

有一個週末，那裡聚集了許多來自馬里蘭州的政治領袖，包括當時該州州長艾伯特・里奇（Albert C Ritchie）。根據我的回憶，那時候大家都在討論誰會成為馬里蘭州代表團的領導，參加民主黨全國代表大會。法蘭克・肯（Frank Kent）身為當時巴爾的摩《太陽報》（*Sun*）首席政治作家，他站在熊熊燃燒的壁爐前，高談闊論。看著房間內的人們面帶微笑，讓法蘭克更加熱血沸騰，侃侃而談。突然間，法蘭克跳了起來，奔離火爐，扭頭急著想要看自己的背面。原來當他慷慨激昂的發表言論時，褲子居然燒了起來！

另一場我所記得但較不激烈的討論，則是關於如何替民主黨募資。其中一位賓客是已故的肯塔基州參議員奧利・詹姆斯（Ollie James），他有個習慣，說話時喜歡使用賽馬術語來增添趣味。當時，有人建議透過某位人士來募資，他哼了一聲，「那樣做只會浪費我的時間。那傢伙的實力不會有dead heat[2]。」

溫斯頓・邱吉爾（Winston Churchill）和他的女兒黛安娜（Diana）曾在一九三二年，短暫來此作客。他們剛結束百慕達之旅，黛安娜在旅途中學了一首卡利普索歌，反覆哼唱著。霍伯卡的天氣很糟糕。我邀請了一些喬治城的資深市民，與南卡羅來納的名人。後來，邱吉爾先生曾數次向我問起那次聚會中的某些人。他記不得所有人的名字，但他會說：「那個光頭的商店主人，後來怎麼樣了？」

可惜霍伯卡那本舊的賓客名冊遺失了。但在這些客人之中，我依稀記得傑克・倫敦（Jack London），他是哥哥哈特維希的好友；艾德娜・菲伯（Edna Ferber）；迪恩斯・泰勒（Deems Taylor）；富蘭克林・亞當斯（Franklin P. Adams）；麥克斯・赫希（Max Hirsch），知名的賽馬訓練師；羅伯特・雪伍德（Robert Sherwood）；哈里・霍普金斯（Harry Hopkins）；鮑伯・李沃克（Bob Ruark）；赫達・霍伯（Hedda Hopper）；韋斯特布魯克・佩格勒（Westbrook Pegler）；海伍德・布魯（Heywood Broun）。當我詢問布魯要不要跟我們一起去獵鴨時，他說，「我在夢鄉裡狩獵就好。」摩納哥親王、也是現在的蘭尼埃三世（Rainier）的祖父，花了幾天的時間，在霍伯卡捕捉罕見的蝴蝶和小鳥。

奧馬・布拉德利（Omar Bradley）將軍的槍法神準。當空軍上將霍伊特・范登堡（Hoyt Vandenburg）跟史都華・賽明頓（Stuart Symington）來此處時，我們針對空軍的現況討論許久。在一九五三年上半年，參議員羅伯特・塔夫特（Robert A. Taft）和哈利・伯德（Harry F. Byrd）在這裡度過一個週末，一起狩獵一起暢談政治。他們兩人非常尊敬彼此，有時我不禁想著如果塔夫特沒有被癌症襲擊，我國的政治不知會有怎樣的發展。

---

2 是十八世紀的賽馬術語，意指雙方平分秋色，不相上下。

其他幾乎固定每年都會來此報到的報業朋友，有已故的喬瑟夫・普立茲（Joseph Pulitzer），他是《聖路易斯郵報》（*Post-Dispatch*）發行人；斯克里普斯－霍華德報系（Scripps-Howard Newspappers）的羅伊・霍爾德（Roy Howard）和沃克・史東（Walker Stone）；亞瑟・克羅克（Arthur Krock）；大衛・沙諾夫[3]；亨利・魯斯[4]和其太太克萊爾（Clare）；以及赫伯・斯沃普（Herbert Swope）；約翰・漢考克（John Hancock）和休・強森（Hugh Johnson）將軍在世的時候。

如果來訪的人與戲劇相關，像是沃特・休斯頓（Walter Huston）、約翰・高登、麥克斯・戈爾登（Max Gordon）或比利・羅斯（Billy Rose），我通常會帶他們去其中一個黑人村落。若剛好遇到星期六晚上，穀倉裡還會舉辦舞會。星期日，我們會到小小的白石灰牆教堂做禮拜。

過去，我們會在新年的時候舉辦獵鹿大賽，主持者是南卡羅來納州的州長，該活動總是吸引許多運動名人前來參與。這個獵鹿大賽是從州長理查・曼寧（Richard I. Manning）開始，並持續了好幾年。然而，我並不喜歡獵鹿，我的孩子們也不喜歡，他們不願意對鹿開槍。現在，霍伯卡成為非正式的野鹿保護區。騎馬的時候，沒跑多遠總會有鹿突然竄出來，從馬的鼻子跟前擦過。

我曾經在蘇格蘭、捷克斯洛伐克和加拿大打獵，但從沒有任何一個地方能勝過霍伯卡的春季，此地充滿各式各樣的獵物。我們的河流裡有大量的鱸魚、鯔魚、鰈魚、羊頭鯛、牙鱈、竹莢魚、西鯡。蜿蜒在農田間的河道上，還有鯿魚和鱒魚；沼澤中有牡蠣、蛤蠣、螃蟹、水龜和蝦子。

樹林與田野間，有大量的丘鷸、小鷸、鵪鶉和火雞。曾經有那麼一段時間，火雞數量大增，導致我經常需要停下馬車，讓一大群火雞過馬路。由於狐狸、負鼠、浣熊和野豬的數量不斷增加，火雞的巢穴經常受到攻擊，我曾試圖保護牠們，卻徒勞無功。這些野豬是過去那些被放生在樹林中的馴養豬後代，若是激怒牠們，會對人類造成極大的危險。

在我剛買下這裡時，有時候我們還會抓到山貓和水獺。曾經也有幾隻熊，但如今皆已失去蹤跡。

霍伯卡最為知名且大勝其他地方的動物，依舊是鴨子。在二十世紀初時，南卡羅來納

---

3 大衛・沙諾夫（David Sarnoff），美國商業無線電和電視的先趨和企業家。被譽為美國廣播通訊業之父。

4 亨利・魯斯（Henry Luce），著名的美國出版商，創辦了《時代周刊》、《財富》與《生活》三大雜誌，被稱為「時代之父」。

的沿海種滿了稻米，而稻田就像是鴨子的糧倉，我相信全美國沒有其他地方，比這裡更適合獵鴨。當南卡羅來納不再種植稻米後，此地的沼澤漸漸地沒有了鴨子的蹤影。另一個讓鴨子失去蹤影的原因，在於牠們位於加拿大的棲息地，每年都有上百萬顆鴨蛋被撿走並賣給烘焙店。

霍伯卡大量的鴨子群也引發了為數眾多的盜獵事件，而這些情況讓我苦惱不已。當我買下霍伯卡時，其沼澤地被租給費城的某間運動員俱樂部。這間狩獵俱樂部當時就已和桑尼·庚斯（Sawney Gains）家的幾個兄弟們為了盜獵問題，爭吵不休。庚斯一家幾代，都住在霍伯卡及鄰近地區，宣稱他們在「某種程度上」也擁有產權。

有一天，鮑爾·庚斯（Ball Gains）和他的兄弟赫克斯（Hucks）划著船，到了一名俱樂部成員進行射擊的地方。坐在船上的他們膝蓋上架著雙管獵槍，咒罵著那位北方人，還向那位北方人提到他們對紐約人的看法。

當我買下此地後，庚斯家兄弟包伯（Bob）和布魯堤（Pluty）成為我的嚮導。但鮑爾和赫克斯繼續進行盜獵行為。有一天早晨，我發現赫克斯出現在我的土地上，而且距離我不到一公里。我當場逮到他身上帶著一百六十六隻鴨子。我嚴肅地責備他，但最後詢問他是否願意替我工作，而不是繼續進行這種盜獵行為。

但我對鮑爾的盜獵行為一籌莫展。威脅、利誘對他都沒有效。在用盡各種方法還是無法讓他理解我對此事的堅定立場後，仁至義盡的我實在沒有辦法，只好讓他和另外一名盜獵者被逮。為此，鮑爾坐了九個月的牢。在他坐牢期間，我的律師負責照顧他的妻子與孩子，但當他被釋放出來後，還是不斷地來找麻煩。

有一天，赫克斯和我一起在「總統看台」上進行獵鴨活動。突然間，赫克斯緊張地對我說：「伯尼先生，鮑爾就在岸邊。你最好小心點。」

話才剛說完，赫克斯開始改變船的方向。我請他掉頭並直直朝岸邊划去，他聽了我的指示。當我爬上岸邊時，鮑爾一邊大聲咒罵我，並發誓他會將我的靈魂送去地獄，同時將手中的獵槍對準我。

直至今日，我還能回想起槍管的樣子。在我眼中，那些槍管是如此巨大，當下的我認為自己就算跳進槍管裡，身體也不會碰到管壁。我腦中一片空白，身體卻機械化地走向鮑爾，並質問他是否知道自己在做什麼。

就在這一刻，我的一名雇員吉米．包威爾（Jim Powell）上尉朝著此地衝過來，手中握著一把大大的六發式左輪手槍。我盡可能地鎮定下來，並說：「吉米上尉過來了。」鮑爾轉頭了。我衝上前一把抓住他的槍管，並將它們扭向天空。

在此之後，盜獵事件慢慢變少了。身高足足有一百九十三公分的包威爾，身型削瘦，天不怕地不怕，於是他成為此地的管理員。

只要想到我因為盜獵將人送進監獄，心裡就有點難受。鴨子本身並不是重點，但我知道如果鮑爾繼續進行盜獵，別人也會有樣學樣，很快地我的土地就會變成盜獵者的樂園。這些違法者不會尊敬我，其他人也不會。這正是我父親透過曼尼斯．包的故事，所要告訴我的道理——如果你接受他人的侮辱，你在南卡羅來納的尊嚴也毀了。

我很高興至少自己不用對赫克斯．庚斯使用這種強硬手段。赫克斯帶著一種簡單卻完美的幽默。當我請他告訴我為什麼有些鴨子失蹤時，他會觀察一下再回答我，「嗯，找個爛藉口總好過沒有。」

又有一次，在禁酒令時期，霍伯卡來了四位賓客——阿肯色州的喬．羅賓森（Joe Robinson）、密西西比州的派特．哈里森（Pat Harrison）、內華達州的凱．彼德曼和肯塔基州的史丹利（A. O. Stanley）。我們度過了一個愉快的早晨，正準備搭著四輪馬車返回宅邸時，我向擔任嚮導的赫克斯說：「赫克斯，你知道這些紳士是在華盛頓制定法律的參議員嗎？」

赫克斯的身體微微向前探，靠在馬車的前輪上並問：「他們真的就是那些在華盛頓討論法律的人嗎？」

「沒錯，赫克斯。」我回覆。

「這樣啊，如果他們對其他事物的了解不比對威士忌和鴨子還多，那我們這個國家就算是栽在惡魔手裡了。」赫克斯說。

赫克斯是當時南卡羅來納州州長柯爾・布利斯（Cole Blease）的死忠支持者，後來這名州長還成為了參議員。柯爾封自己為「平民百姓」的鬥士。赫克斯一直不懂為什麼他的英雄要對我大肆撻伐。每當布利斯來到喬治城，赫克斯就會跟他爭論此事；但這是唯一一件讓他對布利斯不滿意的事。

有一次赫克斯對我說：「當其他人在說話，大家會鼓掌。但如果是布利斯說話，大家會讚嘆哈雷路亞。如果大家都知道他要去哪裡發表演說，你擠都擠不進那個會場。當上帝和耶穌決定製造一個完美的男人時，祂們創造了柯爾・布利斯。」

赫克斯也曾說過，另一個來自南卡羅來納州的參議員故事，這位參議員很喜歡酒，卻支持禁酒令。而赫克斯喜歡第十八條修正案（禁酒令）的唯一原因，正是這條修正案讓他靠著私釀酒大賺了一筆。有一次，這名參議員發表了一篇精彩的禁酒令演講。赫克斯深深為其演講內容感動，忍不住湊上前問：「參議員，這場演說實在太棒了，但您究竟站在哪一方呢？」

赫克斯可以用嘴巴或哨子模擬出非常逼真的鴨子叫聲，逼真到其他獵人或鴨子根本分辨不出真偽。唯一一個技巧可跟他匹敵的人，就是我的兒子伯納德。當我問赫克斯為什麼他能變成傑出的鴨子獵人時，他會說，「伯尼先生，這道理就跟做所有生意一樣——你必須先了解目標。」

早期在進行獵鴨活動時，我們會在淩晨四點或四點半動身。眾人在黑暗中或月光的閃耀下，划船前行。四周一片死寂，只聽見船槳嘎吱嘎吱和河水拍打船身的聲音，不時也會有受到驚擾的鴨子發出叫聲，或從我們頭上振翅飛走。有時候，你還可以看到月亮緩緩地退隱落下，太陽亮晃晃地從地平線升起。

隨著耀眼的陽光灑下，向東便可望見成千上萬的鴨子。牠們就像從一個大罐子裡倒出來的蜜蜂般，密密麻麻。看著眼前的景致，有時你會想揉揉眼睛，想知道眼前的景象究竟是不是幻覺。太陽探出地平線後，成群結隊的鴨子就以V字型的陣勢，從稻田與濕地飛向沼澤區。在靠近沼澤或聽見獵人發出的呼喚聲後，他們會在引誘下降落。我曾看見一群鴨子同時飛起，在天空中勾勒出小河曲線的景致。

鴨子的數量是如此龐大，因此我定下規矩，早上十一點以後禁止打獵。只有在某些特別的情況下，我們才會持續打獵到十一點。一般而言，眾人會在九點結束打獵，十點半準備回家。

打獵活動後，那些死掉的鴨子多半會落在半徑一百二十碼以內的地方。搜尋獵物的獵犬在這裡派不上用場，因為沼澤中的牡蠣殼會割傷牠們的腳。我們試過各式各樣的發明，像是讓狗穿靴子等，卻都起不了作用。

但如果你能仔細數清楚自己打中的鴨子數，嚮導就可以為你撿拾獵物。出色的嚮導可以記住每隻鴨子被射中且掉落的地方。我曾經見過赫克斯撿起來將近兩百隻的鴨子，只遺漏了其中的兩、三隻。

在霍伯卡獵鴨的成果是如此豐碩，有時當我回到紐約或華盛頓跟其他朋友分享這些故事時，他們完全不相信我。威爾遜總統任命的司法部長湯瑪斯・格雷戈里（Thomas W. Gregory）總會對傑西・瓊斯（Jesse Jones）說：「傑西，往後坐好了，讓我們來聽聽伯尼會怎樣拿那些鴨子來騙人吧！」傑西是後來的商務部長，更被羅斯福任命為重建金融公司（Reconstruction Finance Corporation）的總裁。

回到一九一二或一九一三年，哈利・惠特尼（Harry Payne Whitney）和其兄弟在週末駕著他們的遊艇，到溫紐灣打獵。在第一天的狩獵結束後的午餐時刻，哈利・惠特尼對我說了：「伯尼，我願意花一百萬美元跟你買下這個地方。」他的口氣非常認真，但我並不想賣，所以我接著就把話題岔開了。

來自紐約的商人——羅伊・瑞尼（Roy Rainey）或許是我在霍伯卡遇過最厲害的獵鴨人。赫克斯斯跟我說過，有一次瑞尼被厚重的大外套影響，連續錯過兩隻鴨子。在用力地將外套甩掉後，瑞尼拍拍自己的手臂刺激血液循環，嘴裡大聲吼著：「放馬過來吧！」接著，他舉起槍，一口氣連續射中九十六隻鴨子。

獵鵪鶉是霍伯卡第二熱門的活動。然而隨著森林的枝葉越來越繁茂，要找到鳥兒的身影就更加困難。當你好不容易發現牠們的蹤影，濃密的灌木叢卻讓你無從開槍。我的鵪鶉狩獵活動多半在靠近南卡羅來納金斯特里的租地上進行，也就是往內陸大約七十二公里處。而此地也成為我現在到南卡羅來納最常待的地方，直到今日我還是會去那裡獵鵪鶉。

為了保護鵪鶉的生長平衡，一群鵪鶉（通常會有十二到二十隻）中，我不准許射殺超過五隻。因為這個數目對鵪鶉下一季生長數量的提升，能帶來最佳效果。

如同其他獵物，鵪鶉只會出現在食物充足且適合築巢的地方。在連續幾年內，我請人仔細檢查被射殺的鵪鶉胃袋，發現他們最喜歡吃鷓鴣豌豆或紫草科屬的種子，而這些植物總是長得非常茂盛。因此我們學會如何撿拾種子，並栽種在我的土地上。為了維護鵪鶉的數量，我更請員工幫我設陷阱捕捉那些相當難射中，且總有層層防護的濕地鳥兒，再將牠們放到坡地上。

——

在我所認識的人之中，最熱衷於打獵的莫過於阿肯色州參議員喬・羅賓森。他做任何事都極為積極熱烈，而正是這種過份積極的個性要了他的命。

身為參議院內的民主黨領袖，他必須努力推動羅斯福總統那項非常不受歡迎的最高法院重組案。連續好幾年喬都會服用毛地黃，減緩心絞痛症狀。他的醫生曾警告他必須放慢生活步調，但他沒有聽進去。在某個星期一清晨，當時正在為羅斯福法院重組案奮鬥的他，被人發現倒在床邊，失去氣息的身軀旁還放著攤開來的國會紀錄複本。

喬是一位很棒的夥伴，是食慾旺盛的大胃王，對任何事總是充滿熱誠，在行動與思想上總是勇往直前。我經常想誘拐他離開華盛頓，讓他好好休息幾天。當我覺得他工作過度時，我會在週末的一開始從紐約打電話過去，說：「喬，我明天要去霍伯卡，那班火車會在晚上七點四十五分經過華盛頓。我準備好你的位子了。」

而他總是這樣說：「很抱歉，但我不行。我實在無法離開這裡，連一天都不行。」

在我們聊了一下子後，喬會問：「你說那裡的打獵情況如何？」我會說：「很棒。」

接著他又會問：「你說火車幾點會經過這裡？」儘管他相當清楚車子會在七點四十五分抵達。最後他會故意用存心惹我的方式說，「我會看情況，但我實在不知道自己要怎麼抽身。」隔天晚上，他通常會準時搭上火車。

如同他對立法工作的投入，喬對狩獵也同樣忠貞不二。清晨太陽升起前，他就已經出去獵鴨子了。到了下午，他會開始獵鵪鶉。夜幕降臨時，他會坐在沼澤邊緣處，等著火雞飛到樹上休息。

有一回，以為自己周遭空無一人的羅賓森，看到一隻巨大的火雞飛到枝頭，距離他不過一百碼。一見那隻火雞長長的肉瘤，他就知道那是一隻公火雞（我不允許射殺母火雞）。喬慢慢地爬過去，舉起獵槍，嘴裡還喃喃念著：「看我如何打敗國務卿休斯。」他得意地帶著那隻火雞回來，那隻火雞重達十一公斤。很快地，我們聽到房子外面有一群黑人在聊天。其中一人說，喬先生實在太有趣了，居然稱呼火雞為國務卿休斯。

我們決定將這隻火雞送給總統沃倫・哈定（Warren G. Harding）。羅賓森回到華盛頓。好幾天過去了，他都沒有收到總統的消息。有一天，他碰巧遇到印第安納州的參議員吉米・華森（Jim Watson），對方說：「你送給總統的火雞實在太棒了。」

聽到他的話，總是有話直說的羅賓森回答：「是的，而且我想總統也不請我們民主黨的人一起吃，實在是太小氣了。」

很快地，白宮立刻寄給我們每個人一封情文並茂的道歉函。與此同時，我聽到喬發誓，下次如果再射到一隻十公斤的火雞，他再也不送給共和黨的人了。

威爾遜總統的私人醫生卡利・葛瑞森（Cary Grayson）就跟喬・羅賓森一樣，對打獵充滿了熱情，但他的技巧稍微沒那麼出色。對於卡利，我打從心底欣賞他，他是一位親切且溫文儒雅的紳士。他可以在樹林裡待上一整天，最後卻——套用一句其他訪客所說的：「帶著一根羽毛回家」。儘管如此，卡利的幽默卻從不會棄他而去。

有一次，我特意安排讓卡利除了撿羽毛外，可以成功帶著野味回來。當時他正穿梭在樹林間，突然狩獵嚮導拍了拍他的肩，示意他樹下有一隻大火雞。卡利舉起獵槍，發射，並衝上前檢視他的獵物。當他彎下身子時，發現那隻火雞被綁在樹上。在火雞的脖子上繫著一條繩子，掛著一張卡片，上面寫著：「伯納德・巴魯克敬賀。」

卡利跟我們所有人一樣，笑得樂不可支。而且他還親自將這個故事說給總統卡爾文・柯立芝（Calvin Coolidge）聽，這個故事因此在華盛頓被傳了開來。要不是卡利將這個故事跟其他人說，或許不會有人知道這件事，畢竟霍伯卡的規矩是從不洩露訪客的狩獵成績。

卡利的反應讓我更加確信，沒有任何一種運動可以像狩獵般，揭露一個人的本性。我所認知的運動中，沒有任何一種運動可以如此快速地誘發人們內心潛藏的野蠻，更可以讓人吐露實話。

在霍伯卡，我們還有一個規矩：賓客說他打中多少隻鴨子，就是多少隻。所有嚮導都被教導不管客人說了多少隻，他都不能質疑。

有一次，華森將軍和羅斯福的新聞祕書史蒂夫・厄里（Steve Early）互開玩笑，吹噓誰會獵到最多鳥。史蒂夫第一個回來，獲得前所未有的好成績。當華森走進來時，史蒂夫得意地問：「你打到幾隻？」

有那麼一瞬間，我想著華森會不會利用霍伯卡的規定，但他咧嘴一笑，說：「噢，只有一些。」

另一項霍伯卡的知名活動，就是拿著袋子和提燈獵捕小鷸，這個活動非常能檢驗人的本性。多數霍伯卡的常客都因為表現良好，而成為霍伯卡小鷸俱樂部的會員。但也有那麼一個人，沒有通過會員測驗。

當時，我們一群人搭著莫提默・希夫（Mortimer Schiff）的車子，準備前往霍伯卡。除了那位先生以外，車上還坐著中央聯盟信託（Central Union Trust）總裁詹姆斯・華萊士、前標準石油總裁現任洲際橡膠公司總裁霍爾德・佩吉（Howard Page）、金融家奧克利・索恩（Oakleigh Thorne）、華爾街的約翰・布萊克（John Black）、哥哥哈特維希跟我。

這位先生從未去過霍伯卡，對於其他人向他描述的霍伯卡狩獵盛況，明顯感到懷疑。眾人決定，小鷸俱樂部或許有機會可以增添新成員了。

一天晚上，奧克利擺出有如教皇般的莊嚴神情，煞有介事地抓著他的小鬍子，對我說：「伯尼，為什麼你不讓我們去獵小鷸？」他宣稱自己明白我不喜歡這個活動，因為太過簡單，但他同時向我爭論這是一件非常新鮮的活動，他相信大家都會立刻愛上的。

我辯解說，看著男人一手抓著袋子和提燈，一邊用口哨吸引鳥，讓牠們朝著光線飛過來，一頭鑽進袋子裡，實在是件滿蠢的活動。最後我讓步了，決定進行一晚的小鷸狩獵活動，但僅止於此。

接著，眾人開始打賭誰會抓到最多小鷸。很快地，我們的候選人就上鉤了。由於活動聽起來超級簡單，於是他下了賭注。在記錄完大家的賭注後，我將紙張傳閱下去，讓大家更改並確認自己的賭金。

隔天晚上，活動不太順利。小鷸跟所有的鳥一樣，當然不會乖乖地在聽到口哨或見到燈光後，自動自發地飛進袋子裡。而我們也很擔心那位候選人會發現此事。白天，我們不斷聽到報告，說我們那位候選人四處向僕人與狩獵嚮導打聽情況。但沒有人揭穿這個笑話。當這個人向我的黑人管家詢問對小鷸狩獵有什麼心得時，管家說：「對那些民主黨員來說滿好玩的。」

最後，責任落到包伯·庚斯的頭上，他帶著候選人站在一處好位置上，教他該如何舞動袋子與提燈，以及利用口哨吸引小鳥。當包伯走回來時，他說：「伯尼先生，我不想出去帶那個人回來。他對這件事的反應一定會超級糟糕。」

此時，那位候選人開始發出噪音，企圖吸引小鷸。我們可以聽到那位地位崇高的銀行家，依照指示開始吹著口哨，想要讓鳥兒飛到袋子裡。他吹得越大聲，我們笑得越厲害。有些人笑倒在地上打滾，有的人還試圖用拳頭塞住嘴巴，以免笑聲傳過去。

沒有人出去將我們的候選人帶回來。沒過多久，他自己一個人走進來了。在我們看見他的臉色後，笑聲立刻停止。

「這件事太愚蠢了！」他憤怒地說。「那個某某某聽過這件事嗎？」他質問著，他口中的「某某某」指的是一位跟他同樣有名的銀行家總裁，此人也是他的競爭對手。他接著還說了更多。

霍伯卡小鷂俱樂部的名冊上有眾多來自金融界、製造業、法律界、藝文界與政治圈的人，但這位候選人因為缺乏部分特質而無法成為我們的一員。

第二十一章

黑人地位的提升

來到美國的黑人往往不知道自己先祖的過往。他們缺乏對自身背景的認同與驕傲，而這本來應是所有民族對自己文化風俗所具有的共同情感。

讓我在南方買下第二個家的其中一個原因，是因為母親要我不可以與自己成長的土地脫節。此外，她更敦促我應該為南方復興貢獻心力，尤其是「替黑人做些事」。

我從未忘記母親的耳提面命，因此每當我在南方進行任何活動時，我總會試著改善那邊的生活條件，同時盡己之力，想辦法改變黑人的命運。

當卡姆登城鎮詢問我，是否可以協助蓋一間當地醫院時，我訂了一條附加規定——必須為有色人種的病人，保留一定比例的病床。

卡姆登的人們認為，建立這座醫院可能要花上兩萬美元。我告訴他們這些錢是不夠的，但只要他們願意支持協助這項計畫，我可以負擔全部的建造費。他們同意了。後來，這間醫院意外燒毀，我又資助他們蓋了另一間更棒的醫院和護理中心。

當我捐錢給南卡羅來納州的大學時，也分得了這些資金給黑人學校。而我為白人與黑人所提供的獎學金數量，也是按照比例分配。

但有些時候，想做的事情很多，卻不是每件都能如願以償。有一回，我在喬治城買下一塊土地，想蓋一座現代的遊樂場給黑人使用。附近居民卻大肆抗議我的行為。當時我準備鐵了心，一定要蓋這座遊樂場，但喬治城的黑人學校校長貝克（J. B. Beck）博士卻來找我。貝克博士每次來訪時，都會直接從廚房走進來，但離開時會走前門。

「伯尼先生，」他懇求道，「我希望你可以終止這個計畫。我們和當地居民的關係現在非常好，我不希望因為這件事生變。」

於是，我只好買下另外一塊土地，在那裡蓋了遊樂場。

面對這些情況，貝克博士的處理方式向來比我睿智。當我在和黑人與白人交涉時，我總是試著表現出比一般人更寬容、慷慨的態度，希望其他人也可以仿效我的做法。但我後來學到：如果你真的想讓這些榜樣發揮最大功效，你絕對不能讓自己的想法領先那些你試圖影響的人太多。同樣的道理也適用於任何領域的事務。

這個觀點或許無法滿足那些想要在一夜之間就改變世界的人，也或許無法滿足那些希望事情永遠不要改變的人。我相信，改變是生活的一部分。但我喜歡的改變步調，是讓其製造出來的問題不要多過於好處。

每當我想起在十九世紀末、二十世紀初在南卡羅來納州的黑人境況，我就會被這段期間所發生的驚人進步嚇一跳。我小時候認識的黑人，都是其他奴隸的兒子或女兒，他們總是個性純真、討人喜歡，但有時也比較不負責任。在一九二〇年代末期，南卡羅來納州的黑人多半是佃農。現在那些住在我們家附近的黑人，都是商人或專業人士。他們擁有自己的田地，更是當地最可靠的農夫。

最近，我曾問過一個經常處理黑人事務的南方人，黑人農夫在面對農產品價格下跌的問題，他們是怎麼樣處理的。「他們改成自己耕作，」那位來自南方的白人欽佩地說，

「當他們擁有了一塊地，他們願意犧牲一切來保全這塊地。」

我所認識的另一名白人鄰居，試圖向一名黑人農夫買下其耕地內的一畝濕地。但對方不肯賣。為了測試他，那位鄰居開出了一畝地五百美元的交易條件，這在當時可是相當驚人的數字。但這位黑人農夫說：「對不起，上尉，我無法幫你。我不會割捨任何一塊土地的。」

我自己莊園中的經理也曾告訴我，黑人農地的收穫量就跟那些最有效率的白人農場一樣多，而且他們也跟那些白人一樣能迅速學會最新的農耕技巧。

每當我回想起剛買下霍伯卡時黑人的生活環境，再看到現在的這些進步，這一切真的讓我備感欣慰。在那個年代，當你在南方買下一座莊園時，總會有一定數量的黑人跟著土地一起移轉。他們世世代代都住在那裡。他們不知道除了這裡，還有哪裡是家。他們認為新的買主必須照顧他們，並給予他們工作。

有一次，我的管理人哈利·唐納森（Harry Donaldson）說他想要開除一名黑人，因為他實在太懶惰。這件事引起的後果，讓我對這些黑人的想法，有了相當深刻的體認。一般來說，我願意給一個人全部的權力，這樣他也能承擔自己應擔當的責任，但有件事例外——除了我以外，沒有人可以開除霍伯卡任何一名黑人。

因此，我決定親自聽聽那名黑人要如何為自己辯解。某個星期日下午，太太和她的繼母與我一起走到農倉，我派人找來莫里斯（Morris）。一名上了年紀、身穿灰色羊毛衫的黑人出現了。他手裡抓著帽子，先向女士們鞠躬，再向我鞠躬。

「莫里斯，」我說，「哈利上尉說你很懶惰，不肯工作。他認為你不應該繼續待在這裡。」

「伯尼先生，」莫里斯說，「我在這裡出生，我不會離開這裡。」他說的話非常簡單，且不帶有一絲羞愧。

當莫里斯在說話時，他會在我們面前來回走動。「伯尼先生，在我獲得自由之前，就出生在這個地方。我的母親和父親就在稻田裡工作。父親就埋在這裡。我生命中的第一個記憶就是田埂。那時候，我才這麼一點高。」他用手比了比高度。

「這雙臂和雙腿的力氣以及這衰老的背，都貢獻在您的稻田中了，伯尼先生。再過不久，上帝就會帶著可憐的老莫里斯到天堂去了。而這副老朽的身軀想要與那已經逝去的雙手、雙腳及背的青春，一起埋葬在您的稻梗間。不行，伯尼先生，您不能讓老莫里斯去其他地方。」

「我有大麻煩了。」他繼續說。他轉身面對在場的女士們，向她們訴說。他的妻子已經過世，留下一個女兒讓他照顧。他說，每天辛苦地在稻田中耕作，晚上還要看管一個活蹦亂跳的女兒，實在太辛苦了。當他提到現在墮落的年輕人有多麼不負責任時，他的聲調直往下沉，語氣轉為像在竊竊私語般，而那些嘟囔在口中的話，比說出來的話語更為真切。

「這位女士能懂我，」他認真地對我的太太悄聲說道。

莫里斯的故事是如此地可憐、卑微卻又如此熟悉——他的女兒在沒有丈夫的情況下，生下了一個小女嬰。莫里斯繼續說著，他是如何餵養他的小孫女，為她維持一個家，給予她關愛。

「在場的女士一定明白我想說的。」他再次強調，彷彿這些內容太過敏感纖細，我無法理解般。

「我試著當一位好黑人，伯尼先生，」他做出結論，「但如果我有時候表現得不好，是因為上帝將我創造成這樣。你必須接受上帝這樣創造出來的我。」

我曾聽過許多人為他們自己辯解或編造藉口，但從沒有任何一種說詞是如此動人，或像這位老黑人的言語一樣充滿人性的公理正義。後來，他成為我們一家人最喜愛的雇員，而這位機靈的老黑人也明白這一點。

有一次，我問莫里斯想要什麼聖誕禮物。他說他想要一些「溫暖的衣櫃」，他的意思是保暖的衛生衣褲。又有一次，我責備莫里斯不聽我的指示，在農場養火雞。莫里斯替自己辯解，說：「是那些火雞太笨了，居然在下雨時抬著脖子，所以就被雨水淹死了。」

莫里斯也開始替我養雞，但那些雞感染了瘟疫，於是我放棄這項實驗。我試著教莫里斯和其他一些黑人，以更科學的方法進行耕作，可是沒能得到什麼成果。

但是到了今天，我所認識的黑人農夫都跟白人一樣老練，總能快速吸收最先進的農耕技巧。就拿受眾人尊重的伊利．威爾森（Ely Wilson）為代表。他為自己兩百畝的農田親自挑選種子，採用多種施肥方法，更將蔬菜、棉花、菸草和玉米進行輪流耕作。他就跟所有鄰居一樣，善於使用科學農耕技術。此外，他還是我們社區裡最傑出的獵鳥槍手。

或者，以特洛伊．瓊斯（Troy Jones）為例，他一邊替我工作，一邊看顧自己一百畝的農田。當特洛伊買下自己的農地時，還有許多地方是未整理的。他和妻子親自剷除那些植物、樹木殘根。現在，他們已經將所有的農場債務清償完畢。

特洛伊現在才三十五歲。但他第一次進行農耕時，他使用的是公牛。後來他買了一隻騾子，直到幾年前，他又買了拖拉機。以前他清理農田裡的雜草會用火，現在他已經會用犁了。

除了農耕，你還可以在各方面的社會活動中，看見黑人活躍的身影。像霍伯卡這樣大型的沿海種植地，對黑人而言，如同是一個自給自足的完整小社會。基本上，霍伯卡此地的黑人都是土生土長。對他們來說，霍伯卡以外的世界與他們無關。有些人甚至連幾哩之外、只要過一條河的喬治城都沒有去過。據我所知，當我買下霍伯卡時，其中只有兩個黑人去過查爾斯頓。

他們對於政治也不大關心，儘管在我那時候，他們已經全部成為共和黨最忠誠的支持者。有一次，我問一位善良且表現相當出色的木匠兼水泥工亞伯拉罕．甘迺迪（Abraham Kennedy），選舉時他是否會去參加投票。

「不，先生，我不參與那種事。」他說。

「你會投給民主黨嗎？」我問。

「不會，老闆。」亞伯拉罕回覆。「打從我還是個孩子，我的母親會拿一張亞伯拉罕．林肯的照片給我，要我每晚跪在床前對著照片禱告，並發誓除了他以外再也不可以投票給其他人。」

在我買下這片種植場時，其農務已完全停止。於是，我規畫了重建計畫，作為計畫的一部分，所有的小屋都修復到相當不錯的狀態。那些黑人親自動手，當然也有領薪水。任何想工作的有色男人或女人們，都可以輕易地找到工作，勞動一天就能領到相當合理的工資。有時，他們也可以得到燃料或庭院的小塊土地。以物質方面來說，他們並未面臨匱乏或受苦。

至於那些年邁或不良於行的人，我讓他們可以在喬治城的福特雜貨店賒帳，那些帳單會定期送到我手上。我想這可能就是那時代的退休福利吧。

在我接管霍伯卡這片土地時，大部分的黑人都沒有閱讀能力。所以，我們建立了一所學校，而這所學校後來也成為我女兒貝拉的驕傲。每一天，她都會召集四個村莊的小孩。某天，其中兩名十七歲的男孩無故缺席。貝拉和朋友騎著馬，四處尋找這兩個孩子，終於，發現了躲在沼澤中的他們。由於馬兒無法行走於泥沼中，所以貝拉跳下馬，並在朋友的驚呼下，毅然決然地踏進沼澤，並扭著兩個孩子的耳朵走回來。

很少有黑人可以接受良好的教育。但這一代的黑人跟上一代境況大為不同。在我的農莊裡，有一個黑人從來沒有接受過教育，但他努力將兩個孩子送進大學，現在他們都是老師。

以前我所認識的黑人（像我們家的老護士米諾娃），都非常迷信。樹林、小溪、空氣與天空中，都充滿了幽靈。例如，他們相信在新月的時候穿越樹林，是非常危險的。因此，那些黑人總是帶著提燈，你還可以聽到他們不斷地唱歌或大聲吆喝，好為自己壯膽。

還有各種模樣與型態的「惡靈」。他們有可能化身成巫婆，虐打老人家，但多數時候他們看起來更像動物。他們的體積可以如公牛那般龐大，也可以像貓一樣嬌小。多數時候，他們只會有一顆眼睛，就位在前額的正中間。

你必須總是躲在惡靈的某一側。更重要的是，絕對不要讓惡靈從你雙腿間跑過去。有些勇敢的黑人聲稱他們曾經踢過惡靈，但沒有任何效果。「你的腿直直地穿過去，什麼都碰不到。」

越聰明的黑人就越少碰見惡靈。無知的人總是見到最多。但我猜想，他們應該都是相信世界上有鬼魂存在。

有一天晚上，我的賓客坐在桌子前說鬼故事。那位替我們收拾餐盤的黑人男孩一邊聽著，一邊眼睛越睜越大。晚餐過後，其中一位客人艾迪．史密斯（Ed Smith）要那個男孩到街底為他捎個訊息。那個黑人男孩試圖推託，但最後還是硬著頭皮出發了。我們所有人都聽見那個男孩一邊吹著口哨、一邊大聲唱歌，就這樣一路去到穀倉那裡。回來時，男孩依舊吹著口哨、唱著歌。艾迪．史密斯走到外面，躲進一棵樹後面。

當那個男孩靠近時，艾迪發出像鬼一般的聲音。「嗚——嗚——嗚——！」

男孩停下腳步，伸長他的脖子。

「是你嗎，艾迪先生？」

「嗚——嗚——嗚——！」

「艾迪先生，」那男孩以顫抖的聲音說，「我知道是你，但我還是要跑走了。」

是不是很多時候，我們其實都和這個男孩一樣？

另一個由我引進的創舉，就是固定醫療。我在霍伯卡的村莊裡蓋了一間診所。每個星期，我的私人醫師貝爾（F. A. Bell）會來這裡看診，並以無償替所有黑人進行治療。然而，還是有許多黑人喜歡向「巫醫」拿藥，這些巫醫相信所謂的超自然力量。許多黑人都很畏懼巫醫會將惡靈放進一個人體內。我甚至聽過許多例子，說那些逃家的妻子與丈夫們在害怕巫醫的施法下，自行返家。

現在的喬治城依舊還有一、兩位巫醫，但他們的客戶只剩下那些對毒藥與咒術深信不疑的年邁黑人。

—

對這些舊時代的黑人來說，影響他們最深的莫過於宗教。在所有的農莊裡，地位最高或影響力最大的人，往往是牧師。他們替人們進行施洗，主持他們的結婚，並送他們踏上最後一程。我們稱這些牧師為「大斧」，因為他們通常沒有經過正常任命程序。儘管只有非常少數的大斧牧師有閱讀能力，但他們依舊是人們最推崇的領袖。

還有一個原因可以解釋為什麼宗教對黑人來說如此重要。我認為，這是因為歷史背景。來到美國的黑人往往不知道自己先祖的過往。他們缺乏對自身背景的認同與驕傲，而這本來應是所有民族對自己文化風俗所具有的共同情感。

幾年前，當我在閱讀嘉布莉．威爾許（Galbraith Welch）的《北非前奏曲》（*North African Prelude*）時，突然有了這個體悟。她在書中提到，非洲歷史上的知名黑人國王與戰士。我認為這種傳承下來的故事，是各地所有黑人的驕傲與勇氣來源。我寫信給威爾許小姐，請她繼續進行這方面的研究。後來，當利比亞的總統威廉．杜伯曼（William Tubman）訪問美國時，我見到他並建議他請威爾許小姐去利比亞進行研究。事後，他也的確這麼做了。

我曾經想過雇用些人針對南卡羅來納州偏遠地區的黑人民間故事，進行有系統的調查整理，而我非常後悔自己沒有執行這個想法。現在為時已晚，因為那些舊時風俗已一去不復返——雖然這點也讓人感到欣慰。

不過，在霍伯卡的黑人生活還是有許多溫暖且珍貴的時刻。他們會大肆慶祝每個節日。無論是生日、受洗、結婚，總是伴隨著猶如祭典般的熱鬧活動。每個禮拜六晚上，穀倉都會舉辦舞會。我們會在男人、女人、男孩與女孩中，挑出跳得最棒或打扮得最漂亮的人，並頒獎給他們。

事實上，那些後來在紐約、巴黎和倫敦大受歡迎的現代舞，我早在霍伯卡的時候就看過了。在這些舞蹈中，一部分的「背景音樂」是由口琴擔當，但大部分的時候都是由拍手或踏腳來營造音律，他們也告訴我這種敲打模式是來自非洲的原始鼓手。

這些拍手與踏腳的韻律感，也同樣運用在教會禮拜中。在我們重建了霍伯卡村莊內的木造小教堂後，最年長的黑人請我主持新教堂的獻堂禮。我花了好一番工夫才解釋清楚我無法勝任這個工作的原因。最後，我們安排一位正式的黑人牧師來主持典禮。

那間外觀有些洗白的教堂就這樣佇立在霍伯卡的土地上，為人們服務超過二十五年。我雖然沒有信奉任何教條，但我尊重所有宗教，且我所認識的人都因為自身虔誠的信仰而過得很快樂。有時候，我會在霍伯卡教堂中，坐在粗製的長椅上，參加他們的儀式。而那些原始的儀式更充滿了最質樸的美。儀式中的各種環節完美無缺地銜接在一起，如同一首神聖的讚歌。

一般來說，禮拜會由一位平日在農田裡工作的長者帶領大家開始歌唱，唱歌的同時他們也會拍手並踏著腳。有些歌曲是經歷數世代的製作而完成，更是霍伯卡此地特有的歌。領導人會吟唱一句歌詞，觀眾接著重複一遍，他們會以這種方法完成一首歌的每個段落。

當歌曲突然結束後，另一位長者會跪在祭壇上，以洪亮的聲音開始念祈禱文，伴隨著減弱的拍手聲與踏腳聲。他會祈禱作物與家畜興旺，釣魚與狩獵豐收，以及霍伯卡的事情一切順利。禱告中，不時會有人發出「是的，主。」或「阿門」的聲音。

禱告結束後，又會有另外一首歌。由於領導的人內心充滿喜悅，他會開始跳起舞。當舞蹈開始時，拍手的聲音就會變大聲。很快地，三分之一的信眾都站到走道或聖壇前。其餘還坐在長椅上的人會隨著音樂擺動。一盞盞掛在燈座上的煤油燈，隨著氣氛搖曳閃動。

接著是布道。我個人最喜歡的牧師是摩西・詹金斯（Moses Jenkins），他的兒子賓斯（Prince）現在還是為我工作。摩西・詹金斯對以色列人逃脫奴役的命運，並重獲自由的故事，格外喜歡。他所講述的《出埃及記》簡直堪稱一絕。

摩西・詹金斯會稍微托一下臉上的金框眼鏡，而這個動作對信眾來說，就代表著學習時間到了。接著，他會拿起那本由我太太貢獻給教會的大本聖經，朗誦《出埃及記》中的美麗詞句：

「耶和華的使者從荊棘裡火焰中向摩西顯現。摩西觀看，不料，荊棘被火燒著，卻沒有燒燬。」

此時信眾便會緩慢地低吟：「荊棘卻沒有燒毀。」

摩西・詹金斯繼續說。

「耶和華神見他過去要看、就從荊棘裡呼叫說，摩西、摩西，」

「摩西、摩西，」信徒複誦。

「然後他說，我在這裡。」牧師繼續說著。

聽眾齊聲說：「我在這裡。」

接著，詹金斯會繼續描述摩西如何去晉見法老王，而法老王拒絕讓希伯來人和平離去。接著傳染病降臨，法老王最後終於同意讓猶太人離開，但他很快就感到後悔，並派追兵一路追殺。在詹金斯的描述下，這場追逐戰特別鮮活生動。記得在第一次世界大戰過後，他在場景中添加了一些現代元素，像是：「來福槍和機關槍噠噠噠的響著！」

一般時候，摩西都會讓他的布道結束在法老王與士兵淹沒在紅海的場景中，氣氛充滿了振奮與滿足。但當他狀況好的時候，他有時會跳過埃及部分，描述在以色列人花了四十年找到應許之地前，是如何流浪在荒野間。他將這段大量簡化，為了協助自己描述那些讓人緊張的地方，他會提到瑪麗或約瑟、耶穌或聖徒保羅的地方。

當《出埃及記》中的摩西在西奈山下搭起帳篷，準備攀上山巔取得上帝賜與人們的律法時，他讓亞倫（Aaron）和其他兩人替他看守帳篷。「你們待在裡頭，」詹金斯口中的摩西說道，「當我不在的時候你們要保持清醒，留心外頭。」

「但你們猜事情怎麼樣了？」詹金斯問道。「當摩西回來時，這些糊塗蟲都睡著了。」

在整場布道中，隨著牧師情感豐沛的語調抑揚，拍手與踏腳聲也會如潮水般漲退。布道結束後，還會唱歌與禱告。通常，這些儀式會持續到凌晨一點。然後，所有信徒魚貫地走進漆黑的夜色中，小聲低語，成群結隊地談笑，一同返回自己的村落。

對黑人來說，宗教賦予他們希望，讓他們在生命的最後擁有此生不能擁有的平等。其中最讓我感到印象深刻的，便是黑人擁有一種幸運的天賦，能讓信仰貼近自己的生命需求，透過抗拒或接受的心路歷程，完整地發展一套適合自己的信仰模式。當然，有許多時候他們天生具備的敏銳觀察力與務實態度，也會讓他們成為懷疑論者。我的朋友卡利・葛瑞森就經常說一個故事，闡述了黑人對天堂最踏實的想法。

故事中，一名上了年紀的黑人，渴望能得到教會的照護。他向教會執事表達此事，對方說：

「亞伯拉罕，你必須擁有信仰才能得到教會的救贖。你相信《聖經》裡的每個字嗎？」

「是的，先生。」亞伯拉罕回應。

「你相信約拿和鯨魚的故事嗎？」

「是的，先生。」

「你相信但以理和獅子的故事嗎？那些什麼都沒吃而飢腸轆轆的非洲獅子們？但以理直接走近牠們，並在獅子的面前睡覺，牠們卻沒有傷害他。」

「飢餓的非洲獅，他就在牠們面前睡覺？」

「這是《聖經》說的。」執事向他表示。

「那我相信。」

「那你相信希伯來人的孩子能站在滾燙的熔爐中嗎？那些孩子一腳踏進熔爐裡，踩在紅通通的木炭上，全身被火焰吞噬，卻沒有任何一點燒傷。」

「一點傷都沒有？是正常的火嗎？」

「沒錯，一點傷都沒有。」

亞伯拉罕搖搖頭並說：「執事，我不相信。」

「那麼你便不能得到教會的關照。」

亞伯拉罕拿起他的帽子，慢慢地走出去。抵達門邊時，他停下腳步，並回頭對執事說。

「對了，執事。我也不相信但以理跟獅子的故事。」

——

我在霍伯卡的那些日子，有關黑人方面的問題，我只遇過一次真正的危機。由於霍伯卡白人小孩很少，沒有專門為他們開課，因此赫克斯·庚斯便請來一位老師，指導他的兩個女兒。有一天（那時我和家人都在北邊），那位老師和她的兩名學生正駕著馬車通過松樹林。突然間，一名黑人從濃郁的樹叢中跳出來，將老師從馬車上脫拉下來。

孩子開始放聲尖叫。老師奮力掙扎。最後，在她幾乎筋疲力竭之際，她靈機一動喊著，「噢，感謝老天，赫克斯先生來了！」

她的計謀成功了。那名黑人丟下她，頭也不回地衝進樹林裡。

這件侵犯未果的消息立刻傳遍整個鄉間，就好像有人敲著鼓到處宣傳一般。男人搭著船從喬治城趕過來。還有許多從尼克千里迢迢騎馬趕來的人，他們的馬鞍上掛著來福槍與獵槍。很快地，樹林、沼澤、濕地和水道間，全是搜索的人群。

在進行地毯式的搜索後，那名犯人的身分被確認，是外地來的黑人。在這裡，我們鮮少會雇用外地的黑人，也不太鼓勵這些陌生人出現在霍伯卡。

歷經幾個小時的搜索後，犯人抓到了，被帶到我們莊園的院子裡。在治安官、我的總管哈利・唐納森和吉米・包威爾上尉的身邊，擠滿了人群。所有人都大聲要求立刻吊死犯人。甚至已經有人在前院那顆被綠苔包覆的橡樹樹枝上，繫上一條繩子。

試圖阻止眾人動用私刑的吉米・包威爾走到激憤的人群中，要求大家聽他說一句。「不要在這裡對他動用私刑，」他懇求，「要不然安妮小姐（我的太太）、貝拉小姐和芮尼小姐（我的女兒們）將再也不願回到霍伯卡。這樣做將永遠破壞他們的家園。讓我們將他送到尼克。」

當眾人面面相覷、不知該如何是好時，治安官趁機抓起犯人將他趕上船，並搶在眾人意識到事情發展前，將這名黑人帶往喬治城。抵達那裡後，人犯被安全地關起來。在南卡羅來納州，強暴與企圖強暴都是死罪。開庭後，犯人在陪審團的參與下被判死刑，並且吊死。

治安官與吉米上尉的行為代表了那些同樣痛恨私刑、更痛恨私刑玷汙南方聲譽的廣大群眾。我曾經提供一筆資金，用來抓住並舉發那些動用私刑者。其他人的想法跟我一樣，大家用著自己的方法，努力杜絕私刑的存在。

隨著時間漸漸過去了，霍伯卡的黑人村莊開始沒落。對於這個發展，我很高興。是的，雖然我很懷念過去那些我所熟識的黑人村民，但我知道這種衰落的過程，代表著進步的發生。

離開霍伯卡的黑人，可以得到更多更廣的機會。戰爭期間，那些從軍的黑人為他們的人生注入了全新的視野。從那些退伍的人身上，我感受到他們變得體魄強健，循規蹈矩。

還有更多黑人離開這塊土地，前往北方或南方的大城市，而政府施行的農產品價格補助政策，限制農田的種植面積，也加速了黑人的遷居過程。

回顧這些歲月，我認為經濟與教育方面的提升，是提升北方與南方黑人地位的關鍵要素。遙想當年我大學畢業時，班上只有一個黑人，他是一位傑出的辯論家更獲得獎學金。數年後，我在街上巧遇他。我問他為什麼不來參加我們的校友聚會。

「我以為自己可以拋開種族的包袱，」他對我說，「但這對我來說依舊太沉重。」

但我認為，今日的黑人大學畢業生不會再有這樣的感受。在我們的人口比例之中，有非常多的黑人如今也擁有良好的教育與經濟地位。像拉爾夫．邦奇[1]和傑基．羅賓森[2]等人，以身為個人而不是黑人的立場，打敗所有美國人，為自己在國內贏得一席之地。而他們也不是唯一的兩人。

如同我們所有人，黑人也無法逃避時代變遷的洪流。這條河流的流水是如此湍急，不可能有人可以逆流回到過去。眼前的道路，看上去危機四伏。但只要想到我們已經前進了這麼多，對於未來可能遭遇的困難，我便滿懷信心，深信必能將其一一克服。

1 拉爾夫．邦奇（Ralph Bunche），美國的政治學家、外交家。是第一位獲得諾貝爾獎的有色人。一九六三年，獲得林登．詹森總統頒發的自由勳章。

2 傑基．羅賓森（Jackie Robinson），美國職棒大聯盟史上第一位非裔美國人球員。一九四七年四月十五日，羅賓森穿著四十二號球衣以先發一壘手的身分，代表布魯克林道奇隊上場比賽，在此之前，黑人球員只被允許在黑人聯盟打球。

第二十二章

未來展望

歷經世紀交替後，我們可以明顯感受到一個改變：整個金融戰場變得異常壯闊，再也沒有一個人或多個人可以主宰此處。

有些人很早就確立了自己的志向並且努力追取，而他們如何獲得成功的人生，也成為眾人口中的傳奇。然而這樣的形容，並不適合我。我的野心總在各種相互衝突的欲望中摩擦，然後被擊敗。關於我人生面貌的總觀，就像是一連串倉促事件所構築的畫面。

在我初登華爾街舞台時，正值美國舊世代的落幕與新時代的展開，儘管當時的我並不明白此事。那時，主宰金融界的大人物為摩根、哈里曼、瑞恩、希爾、杜克、洛克菲勒，他們正站在人生與權勢的巔峰上。

在長期的觀察並聽到他們的各種冒險事蹟後，我忍不住對自己說：「如果他們可以，你為什麼不行？」我用盡力氣，想要超越他們，更將目標放在愛德華．哈里曼身上，對我來說他就是繁華與成功的化身。他是牧師之子，從最底層做起，我也是。他賭賽馬、競速、拳擊賽和選舉，我也是。

在我研究鐵路史時，讀到他如何取得那個當時只有兩條鏽跡斑斑軌道的聯合太平洋鐵路，並將該公司搖身一變成為美國最頂尖的鐵路公司時，我就感到無比興奮。我最喜歡哈里曼的一個故事，就是國民城市銀行的詹姆斯．史提曼問他，他最喜歡做什麼。哈里曼回答：「被別人告知某件事絕對不可行，然後不留餘地地跳進去，拼命做。」

但我沒有辦法成為第二個哈里曼，或許是因為我不是那塊料子。儘管如此，我認為能夠造就「強盜大亨」或「創造之神」（某些作家給予哈里曼的稱謂）的機運，已經一去不返。一八九八年七月四日，我們因掌握美西戰爭即將勝利的消息，在股票市場大賺一筆，此事或許比我所想的更具象徵意義。就在美國逐漸踏上世界最強國的頂峰同時，金融界的個人主義也毫無節制地膨脹到最大。

歷經世紀交替後，我們可以明顯感受到一個改變：整個金融戰場變得異常壯闊，再也沒有一個人或多個人可以主宰此處。一九〇七年的摩根，曾試著遏止一場大恐慌的蔓延，但到了一九二九年的華爾街股災，已經沒有任何一個人可以挽救局勢。

這種改變，在股票市場也是顯而易見的。在一八九八年，當時紐約證券交易所上市的股票中，有百分之六十都是鐵路股。而這樣的現象也解釋了在南北戰爭後，美國的經濟著重於國土的開拓與發展。到了一九一四年，紐約股市上市的股票中，鐵路股占的比例不到四〇%，一九二五年下滑至十七%，一九五七年更僅剩十三%。

直到一次世界大戰爆發前，極少外國政府在美國進行金融活動，僅有面臨波爾戰爭的英國和為日俄戰爭做準備的日本。但到了今天，美國已經成為外國金融活動的大本營。

另一個造成時代改變的原因，就是世代的交替。摩根和洛克菲勒比我年長三十有餘；哈里曼比我早入行二十二年，瑞恩也比我大十九歲。而到了我這個世代，越來越多並不只是甘於賺錢的人。以我自己來說，父親就是我最好的榜樣，總是不斷提醒我：「現在你有錢了，你打算如何運用這些錢？」

與此同時，國內也有越來越多人關注到社會責任的議題。那些賺進大筆財富的金融巨擘，也開始施予和付出——他們發現與賺錢相比，想做好這件事其實並不容易。更重要的是，西奧多．羅斯福和伍德羅．威爾遜的進步思想，也讓許多社會變革和情感巨浪得到相應的抒發與體現。

如同之前所述，在政治哲學的掌握上，我走得相當緩慢。我人生中第一次投票是一八九二年，投給了格羅弗．克里夫蘭。一八九六年，我的想法糾結錯亂，導致我想不起自己投給了誰。當威廉．布萊恩[1]來到紐約時，我去聽了他的演講，並深深被他折服。但當我走出麥迪遜廣場花園後，隨著我離他的聲音越來越遠，心裡頭的感動也越來越淡。我周遭的每個人都反對他。

當我幾乎下定決心要投給麥金利時，曾經擔任博雷加德將軍部下的舅公費雪．柯恩和我談起敗局命定論[2]和重建時期。他說如果我投給共和黨候選人，我的手臂會腐爛。我猜，最後我或許投給了民主黨的約翰．帕默爾（John M. Palmer），我的父親也是他的支持者。

然而，當羅斯福出來選總統時，我投給了他，因為他反對「剝削聯盟」。我還記得當時的自己在一天結束後，內心有多麼地焦躁與不愉快。當我從辦公室窗戶望出去，俯瞰著華爾街與三一教堂的庭院時，我發現自己想起詩人湯瑪斯．葛雷（Thomas Gray）的《輓歌》（*Elegy*），並想著自己當初為什麼不去念醫學系。

當時，加雷・加勒特（Garet Garrett）經常在傍晚時來找我。加雷當時是紐約晚報的編輯，後來也成為《紐約論壇報》（*New York Tribune*）和《星期六晚報》（*Saturday Evening Post*）的編輯。他總是在股市收盤後出現，聽我描述腦中想著的各種念頭。當他起身離去時，會對我說：「伯尼，你不屬於華爾街；你應該在華盛頓。」

—

但真正讓我（我相信也是美國所有商業人士）想法產生改變的，是第一次世界大戰。這場戰爭迫使過去「自由放任」的傳統發生改變，並讓政府不得不扮演一個全新的角色。那些在戰爭中曾經做過的事，並不會被遺忘。自此之後，每當新危機出現，不管是國內的經濟大蕭條或二次世界大戰爆發，政府的行為模式就會再次進入一戰時期所建立的模式

1 威廉・布萊恩（William Jennings Bryan），美國政治家、律師。能言善辯，曾三次代表民主黨競選總統，均失敗。

2 敗局命定論（lost cause），美國的文學運動。此運動目的為讓美國南方傳統社會接受聯盟國戰敗的事實。美國南方各州因一八六五年戰敗一事，導致其經濟與精神上相當頹喪。許多南方人士為尋求慰藉，將戰敗的理由歸因於不可抗力的因素及戰爭英雄令出不行之上。

中。

而我也成為推動這場國家思維變革與政府角色大轉變的人之一。但這並不代表我具有什麼特殊的遠見。當一次世界大戰爆發時，我自然還沒有什麼國際觀。軍事策略對我來說也不具有任何意義；我不了解應該做哪些事，才能讓處於戰爭中的國家經濟得到全面動員。

隨著戰爭席捲全球，我開始思考如果美國也被捲入戰爭，我們應該要做些什麼。我第一次踏入白宮，是因為當時的財政部長威廉·麥卡杜（William G. McAdoo）安排我和總統威爾遜見面，討論我為國防部預算所擬定的經濟資源動員方案。

當國防委員會的諮詢委員會設立後，我成為其中一員，並負責調節原物料供應，便於準備計畫的推動。由於各種產品都需要原物料，因此我發現自己必須牽涉經濟各層面的事務。很快地，我明白如果依照往常的商業模式去做，我將無法完成交待給我的任務。

我需要一個全新的方法，一個囊括所有因素與原物料、商業領袖與工人，以結成一個巨大產業軍隊的方法。

在某些程度上，我也必須把自己學到的知識與其他商人分享，但這並不容易。在早期的會議上，每當工會領袖發表意見時，委員會的某些商人就會打斷他們的發言。我發現自己總是在說：「請讓龔帕斯[3]講完。我想聽聽他的意見。」

在這個新的產業軍隊中，過去原本是商人或金融家的人們，卻披上巡佐或上尉的角色。許多產業領袖已經習慣將自己視為絕對的權威，絕不容許政府或其他人干預他們的工廠或公司事務。當你要向這些人解釋為什麼他們應該改變強烈的個人主義作風、接受政府或其他企業甚至是競爭對手的命令時，往往是一件極為困難的事。

嘗試讓這些商業領袖接受以國家利益為前提的宏觀思維，我並非總能順利。就拿亨利・福特來做個例子。當時，我前往他入住的華盛頓飯店找他，向他解釋由於戰爭非常需要鋼，而製造汽車會用到大量的鋼，因此他應該縮減私用汽車產量。

但福特堅稱他可以在製造汽車的同時提供軍備品。「只要告訴我政府需要什麼，我就會做。」他堅定表示。

儘管我再三向他解釋，鋼的產量不足以同時支撐戰爭和汽車生產，他依舊沒有改變他的立場。

但其他擁有同樣強烈個人主義思維的業界人士，卻明白了整體局勢。有一天，我邀請了詹姆斯・杜克共用午餐，商討我們對菸草業的計畫。杜克抗議我們的做法，並指責我們的想法大錯特錯。我找來負責菸草部門的人，並說：「杜克先生現在全權負責。」當杜克

3 龔帕斯（Gompers），美國工會領袖，美國勞工歷史重要人物。

表達他對我說的事抱持反對態度時，我又說：「你不喜歡我們做的事，那麼請告訴我，我們該怎麼做，這是必須解決的問題。」

杜克提出了幾項非常寶貴的建議。儘管他在政治上反對威爾遜，但他成為了我們最強大的後援。

總體來說，這就是我在面對動員問題所採取的方式。但是戰爭不會等我們，因此我沒有足夠的時間說服所有人。但在各行各業中，我總能找到一些值得信賴的人，並告訴我在面對眼前的問題時，我們應該如何去做。

我在前面的章節已提過丹尼爾．古根漢如何幫助我們，將銅礦的價格砍到一半以下。後來，政府又面臨該以什麼價格，支付用來製造船的鋼板。我去拜訪了弗列克（H. C. Frick）。弗列克在他那座知名的私人圖書館內接見我。我問他政府應該付多少錢。

「這對我來說不是一個公平的問題，」弗列克抗議，「我可是美國鋼鐵的財政委員。」

「我來找你，並非因為你是鋼鐵業的代表，」我對他說，「而是，我視你為愛國的公民。」

「一磅，二．五分美元。」他立刻說。

與此同時，有些鋼鐵公司發言人開的價格是四．二五分，而黑市的價格更飆到十八．五分。

此外，還有許多許多人——安德魯·梅隆[4]、克里夫蘭鋼鐵業者帕魯斯·麥金利（Price McKinney）、聖喬瑟夫鉛礦公司（St. Joseph Lead Company）的柯林頓·克蘭尼（Clinton H. Crane）、紐澤西標準石油的艾弗里德·貝福德（Alfred C. Bedford）、紐澤西鋅礦（New Jersey Zinc）的艾德嘉·帕爾默（Edgar Palmer）等等，都用類似弗列克與古根漢的方式，熱切回應政府的政策。

如果我沒有那段在華爾街的經歷，我懷疑自己是否還有足夠的能力可以勝任這份戰時工作。我在金融圈的工作，讓我有機會認識並了解許多業界領袖的人格特質。我知道誰對愛國主義會有最直接的響應。對於其他人，我也知道如果想讓他們合作，最好的方法就是讓他們明白，政府是比任何個體都還要強大的集團。

每當面對這種攤牌時刻，我就很慶幸自己過去在華爾街時，是靠自己一人獨立賺錢。假使我是依賴特定產業來賺錢，我很可能不得不臣服於某些我不樂見的情況。在設定政府收購鋼盤的價格時，其中一名委員表示，如果我們讓這些大型鋼鐵企業覺得不悅，他們很有可能會透過終止合作的方式，讓他握有股份的那間小鋼鐵公司倒閉。

我告訴他，在這方面我沒有任何需要擔心的，「他們傷害不到我。」

4 安德魯·梅隆（Andrew Mellon），美國銀行家、工業家、政治家，美國共和黨成員，曾任美國財政部長和美國駐英國大使。並且是唯一一位歷經三任總統的財政部長。

我在華爾街所得到的經歷，更賦予我處理許多問題的能力。事實上，當我發現許多動員問題都可以延用我過去進行投機操作的方法來解決時，讓我頗為驚訝。

舉例來說，我很快就發現，許多物料短缺問題是肇因於心理預期。製造商在想到未來可能會面臨原料不足的問題，就會開始拼命採購。而位於供應鏈的廠商在預期未來價格可能會直線向上衝的情況下，也會不太願意賣出手中的物品。

在股票市場中，我學到一旦人們持續性的正向思維被打破，原本熱絡的市場也會突然反轉。進入戰爭後，為了壓低關鍵性戰爭原物料，我的目標便是打破業界對於供應價格會不斷飆升的預期思想。

此外，在華爾街的經驗讓我學到，策畫一件成功的金融操作，和軍事部署沒有兩樣。在付諸行動前，你必須先摸清楚對手的強項與弱點。

對於不願意合作的對象，我們經常以攻擊其弱點的方式來使其就範。在國內，我們以強徵、斷絕能源供應或鐵路運輸的方式來威脅。對國外，使用的方式雖有不同，但箇中原理都是一樣的。

比方說，在戰爭期間，英國代表曾表示他們無法控制加爾各答的黃麻纖維價格，因為印度是一個獨立政府。於是我去找了財政部長麥卡杜，請他先不要讓一艘載著銀子的船離開。那艘船的目的地是印度，上面的銀子則是用來穩定當地貨幣。利蘭・薩默斯（Leland

Summers）率領著一支外交使團到倫敦，對英國官員表示即便孟買和加爾各答的交易可能會因此被迫中斷，美國也不會讓船離開。很快地，英國政府就找到控制加爾各答黃麻價格的方法。

整場戰事中，我們唯一遇到最嚴重的供應問題，就是硝酸鹽。由於施肥和製作炸彈都需要硝酸鹽，但國內的產量供不應求。直到戰爭結束，硝酸鹽嚴重的短缺問題才告終。每當載著硝酸鹽的蒸汽船被擊沉，就會對國內造成極大的傷害。

在美國宣布投入戰爭後，一夜之間硝酸鹽的價格暴漲近一又三分之一倍，更在三個禮拜內漲到兩倍。飆升的價格反而引起硝酸鹽的大搶購，投機者試圖買斷市場上所有的硝酸鹽以控制市場，強迫售價繼續向上攀升。

就在這個時候，威爾遜總統召見我，要我放下其他職務，專心解決此一問題。我絞盡腦汁，卻想不出一個好方法。負責軍需品生產的委員們來到華盛頓，詢問他們該如何取得所需的硝酸鹽好完成他們的任務。我向他們保證我會解決供應問題。

會議結束後，負責掌管化學部門的查爾斯．麥克杜威（Charles MacDowell）問我：「老大，你要怎樣實踐你的承諾？」

我老實承認，「我不知道，麥克，但我不能讓他們帶著『政府什麼辦法都沒有』的想法，離開這裡。」

接下來的那幾天，是我這一生中最難熬的日子，我食不下嚥，夜不能寐。甚至是一小杯水都能讓我嗆到。我想這可能是我這輩子裡最想放棄、且最接近恐慌的一次經驗。某一天早晨，我正在更衣，看著鏡中慘白扭曲的臉孔，我憤怒地對自己說：「為什麼要這樣，你這個懦夫。打起精神，像個男人。」

而接下來發生的事情讓我不禁想著，老天是不是特別眷顧我。在我強迫自己吞下早餐後，便前往辦公室。我剛坐下沒多久，一位海軍情報官帶著幾條攔截到的電報進來，內容顯示智利的政府將其黃金儲備放在德國，但德國卻一直不願歸還。

終於，我有事可以做了。幾天後，智利大使來找我。他向我抱怨自己的國家因為原物料短缺和通貨膨脹的控制困境，出現許多問題。我知道德國在智利那裡還有二十萬噸左右的硝酸鹽，卻一直苦無方法運過去。我向智利大使提議，如果他們願意查扣德國的硝酸鹽，我願以一磅四．二五分美元的價格跟他們購買，而全額將在和平協議簽訂後的六個月內以黃金支付。

智利大使的前腳才離開，我立刻安排前往智利的船隻，好讓過程不要再有任何延宕。

弔詭的是，部分國務院官員反對這個做法，認為這違背了《與敵國貿易法》（*Trading with the Enemy Act.*）。我對他們的想法感到吃驚。「你是說，」我質問，「我不可以買德國的硝酸鹽來炸德國嗎？」

這個問題最後交給了威爾遜總統，而他支持我的做法。整件事情的結果就是我們終於取得國內稀缺的硝酸鹽，而智利也順利地克服其國內的危機。要不是因為我們得知智利的困境，並以此作為談條件的基礎，也不可能達成這份協議。

在國與國之間，同時滿足彼此的需求是最佳的談判基礎。儘管這個道理聽起來如此淺顯易懂，但從我們於二次世界大戰結束後與其他盟友談判的過程來看，我們顯然不明白這個道理。我們過分依賴條約的正式文字，卻忽略為了真正締造一個更持久的聯盟關係，我們應該做哪些事來強化雙方的共同利益基礎。

我們無法收買別國的友誼。用金錢買來的「朋友」，翻臉就跟翻書一樣快。只有在以共同利益為基礎的情況下，國家之間才有可能出現容許彼此犯錯、包容彼此缺點的時候。

除了共同利益外，我們在與盟國交涉時，也應該展現最正直的無私精神。在與盟國相處時，應把握並使用的黃金守則就是：「己所不欲，勿施於人。」

第一個將此準則視為美國行事標準的人，就是威爾遜總統。他認為無論我們用多少錢買下戰爭物資，我們也應該用同樣的價格賣給其他盟友。

在一場關於此原則的爭議中，我第一次感受到溫斯頓．邱吉爾為什麼能成為那麼一位偉大的戰時領袖。當時，我們提議如果英國跟美國購買商品，他們可以用跟我們一樣的價格；同樣地，如果我們在英國購買商品，我們也能使用他們自己對內的價格。部分英國商人反對這項協議。當這項爭議來到當時擔任軍需部部長邱吉爾的手中時，他認為這是盟友之間最公平的相處之道。

而這項原則也應用在我們從智利取得的硝酸鹽上。我駁回所有建議我們善用此物資來締造美國商業優勢的提案。此外，我們更同意透過國際硝酸鹽執行委員會（International Nitrate Executive），公平分配這些資源。而這個委員會也成為二次大戰中用來分配稀缺資源的聯合委員會（Combined Boards）前身。

我提名由邱吉爾擔任國際硝酸鹽執行委員會的主席。至此之後，每當他提起這件事，總會開玩笑說，是我讓他成了「世界硝酸鹽大王」。

在我們成為朋友的四十多年間，我從未見過邱吉爾對美國做出任何苛刻或卑鄙之舉。在維護英國的利益上，他總是毫不遲疑，但也不會忘記給予美國友善的益處。在二次世界大戰中，美國曾面臨必須挪用給予英國的物資，我聽到他平靜地對羅斯福總統說：「我的人民正活在水深火熱的邊緣上，你們不能切斷他們的糧食供應。」我也曾聽到他因其他英國人對美國這個國家與其領導做出侮辱性的評論時，毫不猶豫地挺身而出。

某一次，邱吉爾在倫敦舉辦了一場晚宴，並邀請我參加，席間還有一些討厭羅斯福總統與其新政的英國保守黨黨員。其中一位男士為了娛樂在場人士，問了我一個謎語：「羅斯福跟哥倫布有什麼共通點？」謎底揭曉：「羅斯福就像哥倫布一樣不知道自己該何去何從，也不知道自己身在何方，返航後更不知道自己曾經去了哪裡。」

我起身說道：「或許羅斯福確實和哥倫布有些相似，他們探索了新世界，為舊時代開啟新視野，解決了舊時代的困境。」邱吉爾大為讚賞地拍著桌子，並說：「你們聽聽！你們聽聽！」

——

第一次世界大戰結束後，美國人民與商人們，都試著重拾自己往日的平靜生活。但我沒有。我猜最主要的原因在於，與賺錢相比，為公眾服務能帶給我更高的滿足。此外，我也發現在戰爭的作用下，有許多問題並不是光憑等待，就會慢慢紓解。

因此，當眾多的夥伴們都認為該開始重拾「自由放任」的主義時，我卻依舊陷在政府該扮演何種角色的問題中。威爾遜總統帶著我一起去了巴黎，擔任討論《凡爾賽條約》（*Treaty of Versailles*）經濟問題的顧問。我也和他並肩作戰，試著讓美國加入國際聯盟[5]。此後，我開始為國內農民爭取更高的國民收入；我甚至試著重組國內鐵路，想辦法突破因

5 是《凡爾賽條約》簽訂後組成的國際組織，宗旨是減少武器數量、平息國際糾紛及維持民眾的生活水平。

戰後賠款條約與債務所造成的僵局。

每當我回想起這些事情，我們曾經必須面對、苦纏的困境——從大蕭條、二次世界大戰與此之後和俄羅斯發生的冷戰關係，就讓我訝異地感受到，所有事件其實都是繞著戰爭與和平在運轉。自一九一四年開始，美國與全世界幾乎都在加入戰爭、退出戰爭之間，來回奔波。我們總是堅持和平時期的經濟與社會，必須符合我們的需求。然而，在一九一四年以後，幾乎沒有一年的日子是擺脫戰爭與其後續局勢的影響。

從農業生產過剩到解決國家債務，所有經濟問題都肇因於戰爭的錯亂。一生之中，我們兩度為了戰爭不得不徹底改變經濟的運作模式，接著，再想辦法重拾和平時期的運作。

與此同時，我們也可以見到戰爭就像是一種加速劑，讓所有發生中的變化，加速進展。舉例來說，要不是因為畏懼敵人會比自己更早研發出核分裂的技術，或許我們到現在都還無法完成這項研究。

至於政府治理方面的問題，兩次世界大戰所引發的問題，其實一直沒能真正克服。不管我們做了什麼，還有更多事需要進行。這就像是在追一台我們永遠都不可能趕上的列車。

在我的第二部作品中，我希望自己能徹底檢驗戰爭與和平的關鍵交互作用，並分享自己從經驗中學到的教訓。或許，我應該在剩下的篇幅中，表述自己是怎麼樣看待未來國家可能面臨的危機本質，以及我們又該如何更好地去理解這些事物。

我們必須明白，眼前這些重大考驗在本質上，就是在測試我們自我管理的能力。我們並非因物資缺乏而受苦。我們企圖掌握的絕對之力——不管是建設性或毀滅性，都已達到過去所不能及的程度。而我們最缺乏的，是掌握並指引這種巨大力量與生產力的能力。

而這一項自我約束的測驗，共有三個面相。

第一，這是一個價值觀測試，測驗我們為了獲得安穩，願意放棄哪些事物。

第二，這是一個邏輯測試，測驗我們是否具備找出最佳解決策略的能力。

第三，這是一個自律的測試，測試我們是否可以堅守自己的價值觀，以及無論耗費多少個人代價，也力求其在政策上的貫徹。

從我們決定國家應該花多少預算在國防支出上，就能看出我們對這三個面向的思維。有些人辯駁，「美國的經濟只承受得了這麼多」。但在這兩場戰爭中，美國經濟展現出了比任何人預期都還要高的承受力。美國與其聯盟國所能處理的實體資源，也遠超過蘇維埃政權和其衛星國。對我來說，我絕對不認可在捍衛自己的自由方面，我們的付出居然不能比敵方還多。

我們的經濟承受度，展現了我們為達目的，願意做多少自我約束與籌備。或許，我們無法同時擁有所需的國防力量與渴望的事物。但只要我們願意割捨那些與國家利益相衝突的不切實際幻想，我們就能擁有最大化的資源。

而這些國防預算應透過何種方式分配到各大人口區塊中，成為僵持不下的鬥爭，模糊了解決問題的最佳選擇。各大壓力集團紛紛急著將此一重責大任推到其他人的肩膀上。正是因為這種「管別人就好，千萬不要來管我」的態度，才會讓二次世界大戰與韓戰期間面臨通貨膨脹的問題。而這也依然是我們在冷戰中面臨通膨壓力的主要原因。

在滿足國防預算方面上，我國的民主社會並沒有發展（或借用他人之法）出一套，迫使個人將自身利益置於國家利益之後的約束機制。

我們也同樣沒有想清楚，在冷戰中為求生存，政府應該扮演何種角色。有些人只想著該如何減免賦稅，卻沒有體認到只有透過賦稅，我們才能發展國防需求，捍衛世上最值得珍惜的事物。與此同時，還有許多人不斷提出必須耗費巨額國家預算才能執行的新政策，卻沒想到在民主國家制度下，稅金的來源本就有限。

稅金的負擔越重，人們越難體會到這個重擔其實是平均地背負在每個人身上。我們透過戰爭學到，當所有人都明白每個人為國犧牲的程度都是一樣多的時候，就能增強國家士氣；此外，有些事情也不得不暫緩，以滿足當前最緊要的需求。然而，我們卻沒能理解面對冷戰情勢，其實也需要抱持這樣的心態。

如果我們因為其他較不重要的政策而擴大賦稅的擔子，或因為課稅系統與通膨的關係，導致重擔不公平地落在部分市民身上，都會大幅減弱人民對政策的支持度——即便是最重要的政策。我們不能用太平盛世的經濟與道德標準，來應付冷戰。

對於支付更高的稅金，我從未有任何不悅。儘管我認為政府部門確實存在許多應刪減的支出與浪費，但在國防預算得到穩妥的保證，以及確實建立政府信用之前，我絕不同意刪減稅金。如果沒能做到這兩點，政府將缺乏危機應變的能力。

最近，經常有人在討論「終極武器」的發展，並深信這樣的武器將能保證我們的國防力量。如果洲際彈道飛彈成功發明了，戰爭的發展確實會被推向另一層級。但即便洲際彈道飛彈開發完善，我們依舊會面臨同樣的問題：我們是否具備自我管理的能力，讓我們得以面對問題，並懂得解決當務之急。

在我這一生八十七年的歲月裡，我見證了一連串的科技革新。但沒有任何一種革新可以擺脫對人類性格與思考能力的需求。

—

一旦談論到紀律與思考的必要性時，總會讓人覺得是老一派的冗長說教。這種企圖擺脫舊時真理的態度，也是我們社會當前的問題之一。許多人對於這些真理打從心底贊同，卻沒有將之付諸於行動。只要我們一天不將這些想法化成行動，它們就只是一段文字。

可悲的是，現在的教育風氣似乎逐漸加強了這種忽視。許多學校都認為只要能讓孩子快快樂樂地去上學，他們的責任就完成了，卻沒有教導孩子們該如何思考。儘管課程包含的內容越來越包羅萬象，但在紀律方面的指導卻著實令人憂心。那些企圖培育出專家的專才學校，也讓大眾產生了一種錯覺，以為擁有的知識越多，就代表一個人的教育程度越好。

但知識並不等同於思考能力。就讓我引用一個最近發生的例子來說明吧。當二戰即將落幕時，許多經濟學家與統計學家預估，戰爭的結束將導致一千萬名以上的工人失業。而這項預測也得到了十分有力的統計數據來支持。

羅斯福總統要我和可靠的夥伴約翰・漢考克，擬定一項能帶領國家從戰爭走入和平的復甦政策。對於戰爭的結束，我們並沒有發現大規模失業的可能。相反地，在報告中我們預測將會有了不起的「繁榮盛況」。當我們的報告於一九四四年二月發布後，我更進一步推斷，在戰爭結束的五至七年間，無論政府做什麼，整個社會都會出現好幾年的繁榮。

這份報告的基礎是什麼？我們並沒有針對美元的購買力進行任何統計調查，也沒有調查一般經濟評論家在預測經濟狀況時喜歡使用的「消費態度」或任何指數。支持我們論點的主要根據，是基於戰爭毀掉了大半世界。我深信沒有任何事情，可以阻止全世界進行戰後重建。如同我當時對夥伴所說，為了重建自己的家園，「男人與女人、民眾與政府，將想盡辦法懇求、借或甚至是偷」，並彌補過去因戰爭而無法滿足的各種需求。

我所想表達的重點是，沒有經過判斷與思考的資訊是沒有用的。為了能做出正確且合理的判斷，我們必須著眼於大環境。那些較優秀的教育家漸漸開始了解，教育的目的不該是灌輸各種專業化知識，而是了解所有問題都是環環相扣的能力。在這個世界上，幾乎沒有任何事情是遺世而獨立。每件事都會相互作用。如果任何一個方法能成功奏效，也是因為這個方法在其他層面上擁有許多支持的後援。

第二次世界大戰後，我們企圖壓制通貨膨脹所做的努力，只是一個漫長且失敗（我們必須悲傷地承認）的零星抵抗。國會與眾多的執行部會爭論著在杜絕通貨膨脹上，我們只需控制貨幣或固定少部分物資的價格（與此同時，卻讓大量的農場品與工資隨心所欲不受管控），就能有效達成目的。我對此零碎政策抱持反對態度，並且提出警告，表示經濟需要一個更完整的目標，而眼前的政策將只是一套完整且同步的資源動員計畫中的一個環節。

當二次世界大戰結束後，我再一次為施行整體政策而奮鬥著——這次，我們必須締造和平。正如同我們制定出一套全球策略試圖贏得戰爭，我認為想要解決締造和平所需面對的問題，也應以同等程度的整體性，制定策略，好讓美國的實力得以完全發揮。許多官員談論著「總體外交」的必要性。然而，拼湊起所有相互關係以制定一個統一且全球性的策略，是一件極度費時且至今依舊未能完成的課題。

之所以失敗的其中一個原因，就是因為我們過於渴望找到一個迅速且簡單的方法。美國大眾花了一段時間才明瞭：沒有任何捷徑可以讓我們直接得到和平。預防第三次世界大戰的發生，應該是我們、甚至是下一代的終身目標。

對於眼前必須完成的每項任務，我們除了應該好好思考究竟可以完成多少，更應思考哪些事情是絕對不可做的。

更重要的，我們必須確定自己將所有心力放在問題的關鍵核心上，而不是解決一些擾人心煩的枝微末節。人類的本性總會導致我們逃避解決不了的難題，因此眼前的問題越嚴重，我們就越應該將這個原則緊記在心。

當眼前出現巨大的危機，人們卻陷在毫無意義的瑣碎爭吵時，總讓人感嘆不已。有人認為這類無謂的爭吵反映出人們並不了解事態嚴重性的無知，但我對此深感懷疑。我反而認為這種舉動正是為了轉移注意力——當人們發現眼前的問題過於龐大且屢遭挫敗後，便會製造出新的問題，轉移自己的目標。

人類總是企圖找理由來加速自己的行動，就好像跑得越快，我們就越能掌握方向似的。每隔一段時間，我們就必須停下來問問自己，如果眼前的問題有方法可解，那我們的注意力是否放對了地方；還是我們將心思放錯了地方，為著無關緊要的麻煩疲於奔命，而無法真正地向前邁進。

如果想要求取和平，這些絕對是至關重要的。我認為，有兩大議題是阻撓我們求取和平的主因。只要這兩個問題一天不解決，永久的和平便不可能降臨。

其中一個問題就是分裂的德國，以及其未來的統一之路。只要德國一日不統一，我們就須慎防以武力統一德國的發生。而這也是為什麼北大西洋公約組織需要具備兵力的主因。即使被蘇維埃侵略的威脅解除了，我們還需慎防其衛星國的軍隊另找藉口侵略德國，如法炮製他們入侵韓國的手段。另外，部分德國組織也可能以國內「革命」或政變為由，武力統一德國。

為了避免第三次世界大戰爆發，在鐵幕[6]一方必定要有西方軍隊的勢力，以協助西德抵抗入侵。而這些軍隊必須具備即刻作戰的能力，而不是僅限於紙上談兵。

無論我們是否可以達成協議，令蘇維埃退出東歐、美軍撤出西德，北大西洋公約組織的存在還是有其必要。然而，在雙方的信任建立起來之前，此類協議的約束力依舊有限。

此外，如果德國的問題一天不解決，真正解除武裝的日子便遙遙無期。

6 鐵幕（Iron Curtain），冷戰時期將歐洲分為兩個不同的政治影響區域的界線。

維持永久性和平的第二不可或缺要素，就是擬定一套萬無一失的核武監管與控制系統，同時制定違反協議的國家該受何種制裁。一旦各國達成協議，便沒有任何國家可以片面行使否決權。

在那場我有幸代表美國參與聯合國研議國際核子武器管制條例的會議上，我們並未假定美國將無限期地維持其核子獨斷的地位。我們非常清楚遲早會有其他國家開始發展核武。但無論持有核武的國家是一個或六十一個，我們眼前的問題都不會改變：既然沒有任何一個國家能有效地抵抗核武破壞，大家就需要一套穩固的系統以杜絕軍事上的核武活動。

隨著擁有核武的國家數目不斷上升，管制核武的急迫性就越高。即便是俄羅斯也明白這個道理。擔任蘇維埃對美代表的安德烈．維辛斯基（Andrei Vishinsky），在過世前幾日邀請我到紐約，參加在蘇聯大使館舉辦的招待會。活動間曾有一度只有我們兩人，於是我對他說蘇俄反對控制核武，是非常不智的選擇。

「現在想要製造這些炸彈越來越容易了，」我提醒他，「很快地，許多國家都會有核武。連你們的衛星國都有可能擁有。屆時你們該怎麼辦？」

我又說，「在美國西部邊疆有句老話，『一把史密斯威森左輪手槍能讓眾人平等。』一旦小國握有核武，他們也可以威脅任何大國。」

我如此作結，「現在只有兩個國家握有核武，因此問題還相對簡單。等到其他國家開始製造核武、讓你覺得必須制定一套規範的協議時，為時已晚。」

之後，在其它會議上，我也將同樣的話對蘇維埃高層如安德烈・葛羅米柯（Andrei Gromyko）、雅各布・馬利克（Jacob Malik）和德米特里・謝皮洛夫（Dmitri Shepilov）等人說。我不知道這些話語是否發揮效用，但在蘇維埃於一九五六年至一九五七年間的撤軍言談間，確實透露出對核武問題的正視。

無論蘇維埃的立場如何，世界其他各國的選擇依舊只有兩種：要、或不要。禁止核武測試，並不能解決問題。即便這些測試都停止運作，核彈對世界造成的威脅也不會減少。而我們當然也不能期待小國接受只有大國擁有核武的情況。只有當這些國家都受到完善的保護，他們才不會繼續研發核子武器，並企圖測試自己的核武。

如果我們能針對核武制定有效的管控方法，世界才能真正免於輻射塵爆的威脅。也唯有如此，世界上才不會發生任何核武試爆；全世界的科學家將共同努力，朝和平的方向發展原子利用。

科學家與眾人必須善用自身的影響力，除了杜絕任何核武試爆外，更要找出一套有效的核武管控模式。

與此同時，任何可推廣核能和平利用的計畫，如艾森豪總統所提出的國際核儲備等，也應大力推行。但無論和平的原子計畫如何發展，大部分國家還是會保留絕大部分可用來進行核分裂或製作核武的材料。因此，核子武器的威脅並不會消失。

既然核能戰爭的威脅無法根絕，我建議最好的做法就是睜大雙眼，仔細明辨情況，而不是讓自己處在無實質效力協定的虛幻和平中。

為了找出一個有效的制衡手段，我們必須不斷努力。對於任何國家提出的提案，我們應認真研讀。要想保有我們手中的自由，和所有國家（包括俄羅斯）一同享受和平時代，我們就絕不能讓渴望和平與害怕挑起戰爭的恐懼，蒙蔽雙眼，逃避現實。

幾年前，我曾對一群大學生發表演講，在演講內容中我企圖總結自己這一生的信念。我點出在戰爭與和平、繁榮與毀滅、奴役與自由不斷循環的過程中，人類的歷史才漸漸成型。每經歷一次大破壞，就會進入一次重建，而這次重建往往能帶領全人類走向更高的巔峰——至少在物質層面確實如此。

然而，我們不禁開始思考，現在的文明社會是否經得起再一次的毀滅。舊時代的毀滅與重建循環，並非我們現世人所樂見，我們渴望的是一種可繼續向上疊加的進步。而我也深信，這是我們當代人的共同目標。

為了打破毀滅與重建的步調，我們必須跳脫人類自古以來從一個極端、走向另一個極端的習性。我們必須尋求更高的自律，擺脫無言的服從與盲目的反對。

並非因為人類在歷史上處處展現的智慧讓我相信理性，而是理性依舊是人類實踐自我約束的最佳利器。儘管有時當社會沉淪在某些瘋狂氛圍中時，理性確實成為第一號受害者。完美或烏托邦皆非我們能力所及。但如果說狂熱的登峰造極之夢無法實現，我們依舊可以避開踏入絕望的深淵——只要我們學會如何分析理解問題，明白在我們心中最為珍貴的事物，並以個人或國家的角度明白事情的輕重緩急，重新振作自我。

華爾街孤狼巴魯克：交易市場中戰勝人性的生存哲學

Baruch: My Own Story

作　　者　伯納德・巴魯克
譯　　者　李祐寧
副總編輯　李映慧
編　　輯　林玟萱

總 編 輯　陳旭華
電　　郵　ymal@ms14.hinet.net

社　　長　郭重興
發行人兼出版總監　曾大福
出　　版　大牌出版 / 遠足文化事業股份有限公司
發　　行　遠足文化事業股份有限公司
地　　址　23141 新北市新店區民權路108-2號9樓
電　　話　+886- 2- 2218 1417
傳　　真　+886- 2- 8667 1851

印務主任　黃禮賢
封面設計　萬勝安
排　　版　極翔企業有限公司
印　　刷　成陽印刷股份有限公司
法律顧問　華洋法律事務所　蘇文生律師

定　　價　420 元
初版一刷　2016年4月

國家圖書館出版品預行編目資料

華爾街孤狼巴魯克：交易市場中戰勝人性的生存哲學 / 伯納德・巴魯克 著；
李祐寧 譯. -- 初版. -- 新北市：大牌出版：遠足文化發行, 2016.04
面；　公分
譯自：Baruch : my own story
ISBN 978-986-5797-68-3（平裝）

1.巴魯克（Baruch, Bernard Mannes, 1870-1965）　2.投資　3.傳記

563.5　　105002843